U0910626

推动治蜀兴川再上新台阶

——2016年四川省委党校行政学院系统优秀调研文集

Tuidong Zhishu Xingchuan
Zaishang Xintaijie
2016 Nian Sichuan Shengwei Dangxiao Xingzheng Xueyuan Xitong Youxiu Diaoyan Wenji

主　编　裴泽庆　李翔宇

西南财经大学出版社
Southwestern University of Finance & Economics Press
中国·成都

图书在版编目(CIP)数据

推动治蜀兴川再上新台阶:2016 年四川省委党校行政学院系统优秀调研文集/裴泽庆,李翔宇主编．—成都:西南财经大学出版社,2020. 7
ISBN 978-7-5504-4414-0

Ⅰ.①推… Ⅱ.①裴…②李… Ⅲ.①区域经济发展—调查研究—四川—文集②社会发展—调查研究—四川—文集 Ⅳ.①F127.71-53

中国版本图书馆 CIP 数据核字(2020)第 088339 号

推动治蜀兴川再上新台阶——2016 年四川省委党校行政学院系统优秀调研文集
主编 裴泽庆 李翔宇

责任编辑:李玉斗
封面设计:杨红鹰 张姗姗
责任印制:朱曼丽

出版发行	西南财经大学出版社(四川省成都市光华村街 55 号)
网　　址	http://www.bookcj.com
电子邮件	bookcj@foxmail.com
邮政编码	610074
电　　话	028-87353785
照　　排	四川胜翔数码印务设计有限公司
印　　刷	四川五洲彩印有限责任公司
成品尺寸	185mm×260mm
印　　张	12.25
字　　数	286 千字
版　　次	2020 年 7 月第 1 版
印　　次	2020 年 7 月第 1 次印刷
书　　号	ISBN 978-7-5504-4414-0
定　　价	78.00 元

前　言

《中国共产党党校（行政学院）工作条例》指出，科研工作是党校（行政学院）发展的基础支撑。中共四川省委党校、四川行政学院一直将科研工作作为基础性工作来抓，通过整合全校、全省党校系统力量，以扎实的调查研究为基础，以课题、专著、论文等为载体，致力于推动全省党校系统科研工作不断取得新突破。

2016年，党的十八届六中全会召开，全面从严治党进入历史的新高度。2016年是“十三五”规划的开局之年，也是中共中央国务院印发《关于打赢脱贫攻坚战的决定》的第二年。这些都为2016年度党校（行政学院）的调研工作指明了方向。按照四川省委省政府的工作部署，本着立足实践、围绕重点、服务地方党委和政府决策的宗旨，着眼夯实党委和政府的“思想库”建设基础，中共四川省委党校、四川行政学院统一领导和组织全省各级党校和行政学院开展了2016年度调研工作。

我们共收到全省党校和行政学院系统申报的2016年度调研课题865项，经四川省哲学社会科学研究成果鉴定中心组织专家进行立项评审，共立项264项。各课题组以问题为导向，深入一线开展调查研究并撰写了结项报告。按照严格的评审程序，经过专家鉴定，264项立项课题完成259项。我们选择了结项课题中的部分优秀调研成果，结集出版。

本书收录的优秀调研成果，紧紧围绕年度党委政府的重点中心工作和地方实际需要，特别是围绕全面从严治党、精准扶贫、经济发展、社会治理等重大紧迫的问题展开研究。无论是系统的理论分析，还是扎实的调查研究，均较好地实现了探究性、理论性和实践性的统一。

编者

目　录

社区治理精细化的探索

——以成都市武侯区“深化社区网格治理机制”改革为例 …………………… (1)

川东北传统村落的人文格局与保护策略

——基于万源市的实证调研 ……………………………………………………… (8)

大竹县小微企业发展情况的调研报告 ……………………………………………… (20)

“杨帮武民心工作法”助力精准脱贫致富的探索 ………………………………… (26)

秦巴山区精准扶贫面临的现实难题与对策研究

——对万源市精准扶贫工作的调查与思考 ……………………………………… (37)

对农村敬老院存在的主要问题的调查与思考

——以德阳为例 …………………………………………………………………… (49)

关于岳池县农村空巢老人生存状态的调查与思考

——以普安镇为例 ………………………………………………………………… (54)

苍溪乡村旅游发展新探析 …………………………………………………………… (62)

乐山市社会养老服务体系发展现状及路径探索 …………………………………… (69)

四川省非重点贫困县脱贫攻坚调查与思考

——以夹江县“插花式”精准扶贫为例 ………………………………………… (85)

对农村党员积分制管理方式的研究

——以井研县镇阳乡为例 ………………………………………………………… (93)

凉山彝族自治州“十三五”期间养老需求与养老产业发展的对策研究 ……… (107)

凉山彝族自治州生态休闲农业情况调查 ………………………………………… (118)

西昌发展大健康产业的调查研究 ………………………………………………… (129)

关于泸州市失独家庭的调研报告 ………………………………………………… (136)

农村基层社会治理方式创新研究
——以泸州为例 …………………………………………………………………（142）
新理念引领新发展的基层实践思考
——以北川擂鼓镇构建新型股份合作经济为例 ……………………………（150）
社会治理视角下的农村信访工作机制创新研究
——以南充市顺庆区金台镇“三级评定”信访工作法为例 ………………（157）
干部驻村帮扶制度实施中存在的问题及对策研究
——以巴中为例 …………………………………………………………………（165）
高县构建“效能型”机关党建新机制的调查与建议 ……………………………（174）
资阳市全面建成小康社会进程中的农民增收问题研究 …………………………（182）

社区治理精细化的探索

——以成都市武侯区“深化社区网格治理机制”改革为例

中共成都市委党校 成都行政学院 课题组

党的十八届五中全会通过的《中共中央关于制定国民经济和社会发展第十三个五年规划的建议》指出，加强和创新社会治理，推进社会治理精细化，构建全民共建共享的社会治理格局。创新社会治理，完善社会治理体系，提升社会治理水平，是近年来党和国家一直着力推动的一项兼具战略性和基础性的重要任务。从推进社会治理社会化到现代化、再到精细化等要求上的演变，既可以看出党和国家对社会治理认识的逐步深化，也说明社会治理不断地出现了一些新的情况与问题，党和国家的发展战略也据此做出针对性回应。

社区及社区社会组织是实现精细化的突破口，五脏俱全的社区往往蕴含着最直接的改革源泉。比如，社区行政化倾向的老大难问题依然难以破解，导致无法向居民提供精细化的服务；社会组织力量依旧薄弱，难以有效且可持续地参与服务社区居民的事业；政府虽有放权赋能、积极扶持之心，但难以精准把握群众日益增长的物质文化等方面的需求，费力不讨好的情况时有发生。

问题倒逼改革。2013 年 10 月，武侯区启动以“网格立体化、主体多元化、服务社会化”为主要内容的社区网格治理机制改革，着力构建多元参与、协商共治的社区治理新格局。经过两年多的实践，武侯区在推动社区治理方式由“粗放型”向“精细型”转变、治理主体由“单一型”向“共治型”转变、公共服务由“政府包办型”向“购买服务型”转变等方面取得了初步成效，并荣获“2014 中国十大社会治理创新”奖。因此，总结武侯区改革探索的经验和问题，进而建立一套行之有效且可复制的制度，对于创新社会治理，推进社会治理精细化，在理论和实践方面都是有意义的。

一、武侯区“深化社区网格治理机制”改革的制度设计及初步成效

1. 探索构建社区“立体化”网格体系，实现服务对象的精准定位

精准定位服务对象是实现精细化治理的前提。为此，武侯区构建了“立体化”的社区四级网格体系。一级网格以社区为单位，主要承担社区党组织、居民自治组织、综合服务管理站的职能职责；二级网格以社区内大的区块为单位，承担牵头组织、承接实施网格内的社会管理和公共服务职能；三级网格以二级网格下的自治院

落、物管小区、驻区单位为单位，承担网格内的社会管理和公共服务具体落地的职能；三级网格中人口、户数较多的自治院落、物管小区进一步细分为四级网格，主要参与和协助三级网格开展各项工作及活动。目前，武侯全区共建立一级网格 85 个、二级网格 460 个、三级网格 1 742 个、四级网格 1 297 个。

在网格体系中，二级网格因要牵头负责一个片区的社会管理和公共服务而显得尤其重要。它要求除书记、主任以外的其他社区两委成员都要下沉到二级网格中，成为网格长。在实际操作中，这一制度设计最明显的成果就是提升了社区管理与服务的精准度与时效性。在以网格长为指导，三级、四级网格员积极参与的新型模式下，武侯区现在基本能保证对社区动态及时把握、需求及时反馈、服务及时跟进、纠纷及时调处、隐患及时排查等。不少网格长深有感触地说："划分了责任田，这个家我也当得更有底了。"而居民的感受则更直接而真切，不少居民表示："脸见得勤了，话说得多了，心也就近了。"

2. 创新社区网格治理"多元化"参与机制，盘活社区治理资源

社区是一座社会资源富矿。所谓社区治理能力，很大程度上指的就是善于发现、调动、整合并运用蕴藏在社区中的社会资源的能力。武侯区在多年的社区治理探索中，对"多元参与、协商共治"的理念已经有了广泛共识，已初步形成以社区党组织为核心、社区自治组织为主导、社区居民为主体，社区社会组织、志愿服务组织和驻区单位等共同参与的"一核多元"共治格局。而此次改革的一项重要举措就是以政府购买服务的方式，把原来下沉到社区的行政事务类事项"转移"给上述社会力量承担，实现"权随责走、费随事转"。

资源激活后的社区治理因此发生了一系列新变化：首先，无论是政务事项，还是居民服务，不再由社区"唱独角戏"，而是由新成立的社会组织居民服务中心针对不同的服务需求，统筹安排社会组织、志愿服务组织、驻区单位等多元社会主体通过竞争来承接服务项目。其次，社会力量服务政府也不再是免费打工，而是在地位平等、身份受尊重、劳动有回报、合作与互动的基础上，各类社会主体共同参与社区治理并获得报酬。各类社会主体参与社区治理的积极性得到激发。最后，长期以来，社区两委因忙于烦琐的行政事务而疏于社区自治，社区去行政化仿佛遥不可及。但随着越来越多的社会主体被吸纳到社区治理中分担治理任务，社区两委得以有更多的时间和精力专注于思考社区服务事业的兴办、服务活动的组织、社会组织的培育、社会利益的协调和社会资源的整合等关乎社区发展的事情，其逐步回归自治的职责有了真正实现的可能。

3. 建立社区网格治理"社会化"服务机制，实现社区服务的精细化、专业化、标准化

在目前的社区治理中，居民日益增长的物质文化需要与政府所能提供的服务不完全适应是一个客观的现实存在。因为政府的服务供给是大一统式的、单一的、相对恒定的，而居民的需求则是多样的、追求品质的、不断发展变化的。当政府渐渐力不从心时，社会组织却跃跃欲试。武侯区拿出 3 000 多万元资金来购买服务的举措，仿佛往社区投入了一条"鲶鱼"，激发了社区的活力，不仅吸引了专业性的社会组织前

来，更催生了大量社区自身的社会组织。目前，武侯全区登记备案的社会组织达1 127 个，从事社区服务的社会组织共计 152 家，其中 105 家是推进网格治理机制改革后新登记注册的（改革后 J 街道社会组织发展对比情况，见图 1）。

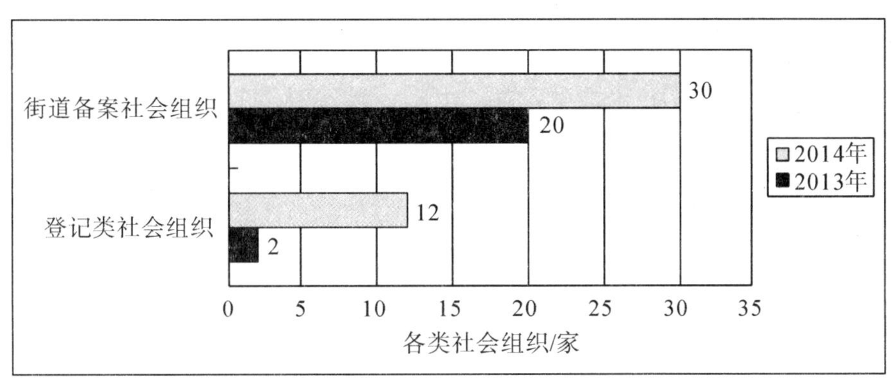

图 1　J 街道各类社会组织发展对比

社区敞开大门，社会组织大显身手。一方面，通过承接由政府下沉到社区的行政事项，社会组织有机会全方位、多角度地参与到社区治理中，不仅为居民提供多元化、个性化、专业化的服务，更与正在或潜在的服务对象有了更多的接触与沟通，为发展延伸服务打下基础；另一方面，政府选择的多元化、居民需求的多样化也鞭策着社会组织不断提升服务水平。有的社会组织将“没有最好、只有更好”作为服务的标准，有的将“从草根到品牌”确立为组织的梦想。而作为直接受益人的居民，对社会组织的态度也从最初的怀疑观望逐步转变为接受欢迎甚至依赖。有的居民动情地说：“我生活困难，但又不够申请低保的条件，他们给了我很多帮助，让我发现自己的潜力，找回生活的希望。”经过两年多的发展，目前的社区服务已逐步出现政府信誉和群众口碑好、社会效益和市场地位提高等多赢的可喜效果。

二、武侯区“深化社区网格治理机制”改革存在的主要问题

1. 社区“归位”有了可能，但说易行难

社区“归位”难，直接影响到社区治理精细化的推进。在调研中我们发现，社区去行政化，至少还存在以下几个方面的问题：

一是社区难以真正超脱。此次改革，绝大多数社区都采取了以原社区公共服务站人员为基础成立社会组织，承接下沉到本社区的各类行政服务的模式。

第一种模式是社区居委会以原社区公共服务站人员为基础，成立社会组织承接本社区的各类行政服务下沉工作。第二种模式是街道统一引入成熟的专业社会工作机构，统一打包承接所有下沉的多项行政服务类工作。第三种模式是将下沉的各项行政服务事项进行拆分，将其中一部分行政服务下沉事项统一打包交由专业社会组织承接，其余部分则由社区自身成立的社会组织以及原社区公共服务站转制成立的社会组织分别承接。

这对于有的社区来说，仿佛无所谓改革，几乎换汤不换药。社区也没有把转制而来的社会组织看作一个相对独立的主体，依旧是有任务直接下、活儿一起干。

二是社区长期的行政化影响尚有极大惯性。有的社区对社会组织不放心、不放手，认为经费给了社会组织，但最后考核的依然是社区，因而改革伊始就试图把社会组织变成自己的“手”和“腿”，引起社会组织反感；而与固有管控思维相对的，却是部分社区自身自治能力已经严重萎缩，对于社会组织大量接手行政事务不仅没有感到如释重负，反而无所适从，对新的工作方向感到茫然。有的社区党支部书记坦言：“现在这些事都不由我们干了，那我们该干些什么呢?”

三是社区对社会组织的认知有偏差甚至误解。社区在承接行政服务方面驾轻就熟，专业组织在提供公益服务等方面术业有专攻；社区有人熟、地熟之便利，专业组织有规范、专业之优势。但有的社区不仅不善于互补与合作，反而带有偏见与傲慢。有的社区负责人甚至表示：“专业组织不是能干吗？那就让他们干吧。如果没有社区带路，他们连居民家的门儿都进不了。”也有部分是因为失落而产生了抗拒心理。如有位社区主任就讲：“我们居委会本来就是群众选出来一心一意为居民服务的，何必要那么多社会组织来，帮的忙少，添的事儿多。”这样的故步自封不仅影响社区治理合力的形成，更给自身“归位”徒增阻碍。

2. 社会组织蓬勃兴起，但发展水平参差不齐

社会组织发展不平衡是制约社区治理精细化的重要因素。

首先，安于现状的社会组织不在少数。由于目前大部分的社会组织都是转制而来，其成员对从“铁饭碗”突然转入社会和市场感到不适应，既无理念的更新，也无制度的规范，更无长远的规划，工作基本停留于完成规定动作，发展前景堪忧。

其次，部分社会组织有“跑偏”倾向。相对于大多数社会组织的按部就班，有的社会组织能够敏锐捕捉到社会和市场带来的机遇，因而把主要精力也放在了拓展延伸服务甚至营利性服务上面，对首先需要完成的139项政务事项却敷衍应付。

再次，关于社会组织的发展，从理念到路径都存在争议。以公益事业为核心价值的社会组织是否应该做政务服务？社会组织应该是应社会需求而产生，还是靠外力催熟？如此等等。因此，如何让改革从理念到落地、变争论为共识，是确保改革不偏向、社会组织不走样所必须正视和解决的问题。

最后，多重因素制约着社会组织的可持续发展。一是结构不平衡。实践中，除了文体兴趣活动类的社会组织外，多数社区都更愿意发展生活服务、教育培训等微利性的社会组织，因而公益类社会组织的比例相对较低，维权类则更少（改革后H社区所形成的社会组织分类情况，见图2）。二是造血功能不强。大多数社会组织主要还是依靠政府购买服务也就是财政经费支持来维持运转，而靠自身能力和实力主动争取项目经费，能够自给自足保证正常运转的社会组织依然是少数。三是社会组织的组织化、制度化程度不高。改革中，武侯区制定了《武侯区承接政府购买服务社会工作服务机构准入标准（试行）》，引导社会组织健全组织、完善制度、提升能力。但仍有部分新成立的草根型社会组织因其规模小，人员流动性大，其组织设置简单，人员管理松散，组织运转随意，离有法可依、有章可循的基本要求还有不小差距。

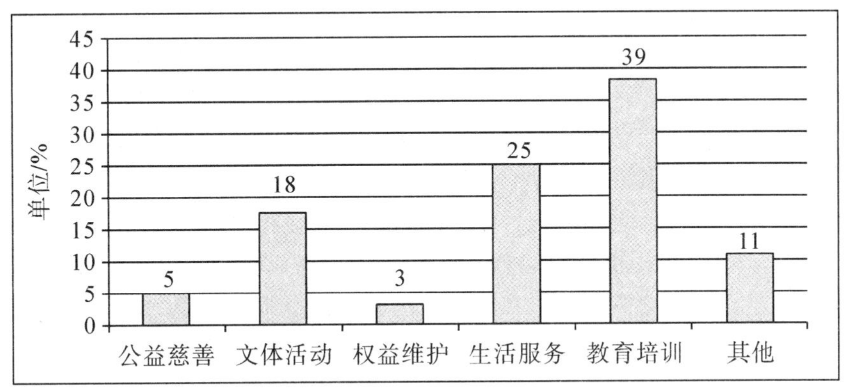

图 2　H 社区社会组织分类情况

3. 制度设计精细完备，但执行过程不可控

设计好却落实差的制度是无法为社区治理精细化提供有力支撑的。此次改革，武侯区从一开始就有制度保障方面的考量，先后出台了《武侯区区级部门下沉社区政务服务事项纳入政府购买目录》《武侯区区级部门政务服务事项准入社区管理办法》《武侯区关于社区平台购买社会服务的指导意见》《武侯区社区平台购买社会服务资金管理办法》等系列配套文件，梳理出“基层群众性自治组织依法依规协助政府工作事项”“其他下沉到社区的政务服务事项”等权责清单。但是，再精巧的制度设计也会因为执行因素而打折扣。比如，部分业务主管部门下沉事项很任性。按有关文件要求，区级部门、街道确需下沉到社区的行政事务，必须符合准入标准，对未列入“清单”的事项，区级部门和街道不得以行政命令方式要求社区办理；对“清单”之外的行政事项，社区可以予以拒绝。但在实际操作过程中，部门往往以各种看似合理的理由尽可能地挖掘出更多需要社区承担的事项。再比如，执行“费随事转”有时很随意。这在临时工作任务的经费配比上尤其突出。一位社区主任就说：“各种调查、统计多是临时性任务，139 项里也没包含，一般只要对口科室下了通知，社区就要马上去执行。”一名社区工作人员也讲：“反正事情来了我们就做，有没有钱也没人给我们说，都稀里糊涂的，有时事后会补发，但更多时候是没下文。”这样的问题也延伸到了社会组织。虽然大多数社会组织都认可处于社区治理第一线，各种临时性任务很难完全避免，但既无制度化的工作交接，又无经费配套的模式还是让大家十分困扰，进而引发对改革的质疑。

三、关于武侯区“深化社区网格治理机制”改革的几点思考

1. 从认识层面看：不忘初心，方能坚守方向

实现社区治理精细化，既是理念上的重大转变，也意味着实际工作的更高要求，但其最终目标依然是充分动员社区力量和社区资源，共建共享守望相助、服务完善、管理有序、安定祥和的现代生活共同体。对于政府来说，既然是终极目标，必然不可能一蹴而就，需要有设计、有步骤。随着“治理”理念的深入人心，政府在促使社

区“归位”、培育社会组织方面投入了大量的人财物及政策资源，此次武侯区的改革是又一次力度更大的尝试。政府推进改革的决心和诚意自然无须怀疑，但当平台搭建起来、制度规范起来之后，政府就该逐步退居幕后，更多地起引导和监督作用，让社区各类治理主体在实践磨砺中慢慢成长，避免因自觉或不自觉地干预过多而使社会组织重蹈社区行政化的覆辙。

对于刚刚起步的社会组织而言，政府的扶持虽然显得至关重要，但不能因此而完全依附于政府。社会组织必须清醒地认识到，温室里的花朵是没有竞争力的，居民的满意度才是决定其可持续发展的根本因素。因此，社会组织自身的能力建设将是终身必修课。与此同时，虽然不应把社会组织的少数营利行为统统视为洪水猛兽，但毕竟社会组织的主要功能不在于直接创造经济价值，而主要是从事具有公益性的活动和服务。因此，如何在获取收益与发挥公益性功能之间实现平衡，是众多社区社会组织应该恰当把握的尺度。

而对于社区来说，应充分认识到社会组织是来帮忙而非添乱的。社会组织对于减轻社区压力、沟通党和政府与社区居民之间的关系、提升居民生活质量都有重要的作用。事实证明，那些社会组织发展状况较好的社区，其社区管理人员往往也是比较超脱的。他们将主要精力放在如何更好地满足居民对美好生活的向往上面，因而能精细梳理居民的需求，动员更多主体参与“社区营造”，使社区服务更精细，进而增强居民对社区的认同感与归属感。合作共治的良性互动不仅推动了社区建设，对巩固党的基层组织的意义也是重大而深远的。

2. 从实际操作层面看：正视问题，方能更好前进

毫无疑问，政府对社会组织在宏观社会和微观社区实现精细化治理中所能发挥的作用充满关切和乐观期待，因而有强烈的改革冲动。可以肯定的是，“政府购买服务”在很长的时间内都会是扶持社会组织的主要方式，购买力度也会持续加大。然而，如果社会组织的主要业务不是自主自愿的选择，而是来自完成政府购买的行政事项，就很难说其组织的独立性、服务的多样性不会受到影响。因此，政府应当更多地鼓励社会组织从“官办”走向“民办”，依靠自身服务公众的能力和互惠性的社会机制来筹集资金。比如社区“爱心驿站”因其为贫困家庭发放生活必需品的良好服务口碑而得到当地企业、社会团体和居民个人的积极捐赠；它们自己也通过收集废旧物品、组织二手市场特卖会所获得的收益购买一部分物品，政府的接济反而只占了很小比例。因此，政府扶持的重点也应该更多地转移到此类从事社会保障与社会福利事业的社会组织上来。这样的政策和资金导向既能催生出更多公益性社会组织，也能有效遏制某些社会组织的营利冲动，促使其健康发展。

与此同时，虽然不是所有的社会组织都需要严谨的组织规章制度，或者对专业性人才都有强烈的需求（比如一些兴趣类社会组织），但从发展的眼光看，社区社会组织要得到长远发展，这两方面都是不可或缺的要件。因为政府选择社会组织时是有准入标准的，一个内部管理无序、内部制度不健全，没有章程也没有规则的社会组织不可能有社会公信力，也不可能通过资质审核。而专业人才之所以重要，是因为我们在调研中发现，有些社区社会组织虽然有很好的想法，也有干事的热情，但由于自身能

力所限，对于诸如募捐，资助，项目申请、运行、管理、评估等基本活动都缺乏相关的知识与技能，导致经费筹措难，工作起色小。因此，指导并督促社会组织建立健全内部管理制度，培养成员遵章守制的习惯，制定专业人才的引进制度和激励政策，使他们乐意留在社区为居民服务，应该成为社会组织能力建设的两大主要着力点。

3. 从文化培育上看：久久为功，方能厚植根本

如何让有限的政府资源得到最大限度的利用，如何为社区居民提供更精细的服务，如何增强居民对社区的情感认同与心理归属，一直都是社区建设的重大课题。武侯区的改革在这些方面进行了有益探索。但是，任何改革都不可能立竿见影，也不可能一劳永逸。其中，两大关乎社区治理的基础工程尤其需要水滴石穿的韧劲才能完成。

一是以社区党建引领社区治理。如果说有哪个组织能够覆盖社区的各个层面各个角落，能够最大限度地整合社区的各种资源，能够最高效地将社区居民组织动员起来，毫无疑问，只有党组织才有这样的资源和能力。对于绝大多数居民和社区各类治理主体而言，社区党组织依然是他们最信任的，社区党支部书记也是最有威信的。居民有了诉求，会首先想到向党组织反映；有了困难，也会第一时间向党组织寻求帮助。因此，如何通过联系服务群众的“最后一公里”，有效发挥基层党组织的社会功能与文化功能、政治功能与服务功能，既是巩固党的基层群众基础的需要，也是凝聚社区人心的需要。

二是以社区营造激发居民参与热情。归根结底，居民才是社区治理的主体。社区治理的绩效最终要以居民高兴不高兴、答应不答应、满意不满意来衡量。政府在社区组织的某些活动之所以应者寥寥，是因为其不是居民自发产生的需求；政府的个别惠民工程之所以换不来居民的口碑，是因为其没能解决居民最迫切的问题；部分社会组织之所以不被居民认可，也是因为其没能为居民提供他们所真正需要的服务。因此，为了积累社区的集体社会资本，变居民的冷淡冷漠为热情热心，创造社区共同生活福祉，“社区营造”的概念应运而生。“社区营造”指的是居住在同一社区的居民，持续以集体行动来处理共同面对的社区生活议题，例如居住环境的改善、公共空间的营造、安全秩序的维护、居家养老的需求、邻里守望的期待等。因为共同行动，居民彼此之间以及居民与社区环境之间会逐步建立起紧密关联而又互信互助的社会联系；因为解决问题，居民的自治参与意识和协商共治的能力会得以提升。事实上，近些年来，在武侯区积极推进以基层民主引领基层治理的过程中，居民通过“四个民主”的学习操练，已经为实现“四个自我”积累了有利的条件。但居民主体意识、参与意识以及自治精神的培育依然不可能是朝夕之功，而是需要持之以恒的努力。如果说推进改革更多的是需要勇气，那么激发居民参与热情更多的则是需要耐心。

课题负责人：吴欣

课题组成员：付启章、刘锋

川东北传统村落的人文格局与保护策略

——基于万源市的实证调研

中共达州市委党校 达州行政学院 课题组

2014 年 4 月，住房和城乡建设部、文化部、国家文物局、财政部发布《关于切实加强中国传统村落保护的指导意见》，指出“传统村落传承着中华民族的历史记忆、生产生活智慧、文化艺术结晶和民族地域特色，维系着中华文明的根，寄托着中华各族儿女的乡愁”。从文化生态和乡村聚落的角度，传统村落的内涵主要指在农业生产方式及家族社会基础上形成的劳作居住、社会交往和休养生息的地理区域和文化场所，承载了中国传统农业生态文明和社会文化心理，集中体现中国传统哲学思维的人文气质，是继承、展现和创造性发展中华传统文化的重要物质和精神载体。本课题聚焦川东北传统村落的人文格局及其变迁，以川东北地区万源市行政辖区内的传统村落为个案，通过理论梳理、现场考察、文献整理、座谈访问等手段，具体探讨川东北传统村落基本情况及人文格局，并就城市化进程中传统村落的保护和利用提出对策建议。

一、万源市传统村落现状

万源市位于川东北地区的北部边缘地带和川陕渝三省（市）接合部 7 个县市的交汇处，是渠江流域（州河）的主要源头和流经区域，系秦巴地区商贸中心和川东北重要的物流、人流和信息流中心，全市辖区面积 4 065 平方千米。历史上受特殊的山区环境和经济社会条件的限制，万源形成了众多呈区域集中分布的传统村落。

（一）地理特征与气候条件

万源市地处大巴山腹心地带，位于北纬 30°39′~32°20′、东经 107°28′~108°31′之间，是中国南北气候的分界线和嘉陵江、汉江的分水岭。

1. 地形特征

万源地貌类型主要为山地，山地占辖区面积的 83%。辖区内山峦重叠，沟壑纵横，地表崎岖不平，海拔高差大，相对高差达 2 000 米，大部分地方海拔 600~1 400 米。大巴山主脉自西北向东南绵亘于境内北部，主要山峰海拔均在 1 600 米以上。

2. 气候条件

万源市位于中纬度地区，属于北亚热带，立体气候特征明显，气候差异性大。冬无严寒，夏无酷热，雨量充沛，四季分明，常年平均气温 14.1℃，年均降雨量

1 169.3 毫米，年均相对湿度 70%，日照时数 1 474.4 小时，无霜期 236.8 天，气候受北方干冷气流和海洋暖湿气流的交替控制。西南部较东北部山势平缓，地形开阔，一般日照较长。东北部由于高山遮挡，倾角较大，日出晚日落早，加上多有云雾笼罩，日照少。

3. 人口及农业

2015 年年底，万源市总人口 588 139 人，其中城镇人口 138 294 人，乡村人口 449 845 人，乡村人口占总人口的比例为 76.5%。万源自然条件整体较差，尽管近年农业机械、农田水利基本建设资金投入加大，但农业机械化及水利化水平还很低，传统农耕作业和农民日常生活方式受自然条件限制严重，农业科技转化的能力有限，农业人口向第二、第三产业转移的速度缓慢，影响了农业劳动生产率的进一步提高，也抑制了农民收入稳定增长。

（二）传统村落数量与分布

1. 数量

万源传统村落数量众多，全市被上级文物主管部门认可的古建筑包括民居、桥梁、祠堂及墓葬等有 45 处，尤其是草坝、河口、罗文、旧院、白沙等地明清时期古墓葬留存较多，保存较完好。曾家乡现存明清时期古院落约 26 处，各村均有分布，大部分保存较为完好，其中以古柏大院、巨家大院、潘家大院、覃家坝老房子大院、严家院为代表。魏家古镇的清代风格街肆建筑保存完好，青石板街面基本完整保存，明清古建筑现存 100 多幢。受山区地形影响，各传统村落地理位置偏僻、交通不便，基本延续了农业社会的生产生活方式，受现代文明冲击程度较低，进而在城市化进程中保留了较为完整的原始面貌。

2. 分布

万源传统村落整体上集中分布于荔枝古道①主干和周边范围，共涉及 11 个乡镇。根据史籍记载及古道踏访，荔枝古道在万源境内路程较长，而且保存完好，遗迹众多，基本路段为西南部鹰背乡、庙垭乡名扬村、秦河乡三官场村、玉带乡、魏家乡及西北部竹峪镇、虹桥乡。万源传统村落便呈团块状集中分布于以上乡镇。

3. 典型样本

课题组选取 21 处传统村落的民居、桥梁、祠堂等古建筑做具体说明。传统民居（祠堂）所在地主要包括西南段曾家、玉带、秦河、茶垭等地，西北段包括虹桥、溪口等地；桥梁所在地主要包括西南段河口、大沙、石窝、玉带、草坝等地。其他散落辖区内各地传统民居和桥梁建筑包括白沙、蜂桶等非荔枝古道范围乡镇。传统村落主要建筑及古墓葬分布见表 1。

---

① 荔枝古道，系唐玄宗为满足宠妃杨玉环食新鲜荔枝的喜好而修建的运输驿道，起于重庆涪陵，经重庆、达州、巴中等地，终于西安，涉及 10 多个县市，全程 1 000 多千米。2015 年 5 月，达州市正式启动“荔枝古道”申报世界自然与文化遗产工作。

表 1　荔枝古道万源境内各传统村落主要建筑及古墓葬分布

区域		类型				
		传统民居	祠堂	桥梁	古墓葬	
					重点	一般
西南段	曾家乡	2			5	5
	大沙乡	1		3		6
	玉带乡	1		1	1	10
	秦河乡	1			2	5
	罗文镇	1				2
	茶垭乡		1			1
	河口镇			1	1	5
	草坝镇			1		5
	石窝镇			1	1	2
	柳黄乡				1	1
	魏家乡				2	5
西北段	虹桥乡	1				1
	长石乡	1				1
其他	丝罗乡	1			1	6
	花萼乡	1				2
	白沙镇			1	1	1
	蜂桶乡			1		
	石塘镇			1		
	官渡镇				1	
	庙垭乡				2	4

注：主要建筑共 21 处，重点古墓葬 18 处，境内一般古墓葬 103 处，表内仅统计部分乡镇。

（三）万源市传统村落的人文格局构成

围绕传统村落的农业文明特征及自然生态系统，以人的生产生活活动及文化心理为中心，着眼于传统村落的人文特质和中国传统哲学观念，课题组拟从以下几个方面进一步分析万源地区传统村落的人文格局。

1. 自然生态及农耕生活方式

山区地理环境和自然生态是传统村落布局和发展的根本物质条件，直接决定了农业文明的生产生活模式，是传统村落相关物质和精神文化的载体和基础。

2. 传统建筑格局及哲学意义

秉承中国传统哲学尤其是道家“天人”关系理论，传统建筑格局一方面体现人与自然的气息相通，另一方面则由农业家族观念进一步在建筑格局和装饰手法进行再现和强化。

3. 家族伦理及精神

中国传统农业基础上所形成的以血缘为核心和纽带的家族组织结构，主要依靠儒家文化作为维系家族伦理秩序稳定的文化支撑和精神信仰。随着社会的变迁，家族伦理有所调整，基本精神相应发生了转化。

4. 民俗节庆与地方宗教信仰

与农业生产结构相适应，民俗节庆通过群体活动的形式表达了传统村落的生态自然特征和心理感知模式。宗教信仰则在传统“儒释道”信仰的基础上进一步世俗化和实用化，典型体现了中国传统宗教信仰的实用理性特征和着重现世的民族信仰心理。

5. 墓葬文化

墓葬文化作为死后世界的生活空间复原直接对应于现实生活，是生命活动的折射和反映，体现了中国传统文化中的死亡哲学，成为考察传统村落人文特征的重要渠道。

6. 民间文艺

民间文艺通过各种文学艺术形式呈现了传统村落中广大民众的情感意志、审美观念和人生寄托，具有自发性、朴素性和直接性等特点。

以上六个方面共同指向传统村落中作为生命活动主体的人，在历史和现代之间通过文化传承的作用为传统村落的文化再造和创造性发展提供了依据。

（四）万源市传统村落一般特征

1. 集中分布，数量众多

与达州市辖区其他各县（区）及周边市县相比，万源现存明清时代传统村落数量和比重已经远远超过平均水平，全市辖区内分布广泛，并在一定范围内集中分布，规模较大，在川东北地区首屈一指。如魏家集镇传统民居便达百余幢，曾家乡传统院落的体量与数量、明清古墓的规格与数量，均集中体现了这一典型特点，而全市各乡镇各类明清古墓已发现千余座。

2. 区域交流，文化融通

因地理区位和战事影响，历史上万源辖地曾反复变更，客观上起到促进文化融合和生产技术交流的作用。多处乡镇地处南北交通要道与通江万源交界处，明清时期曾是商贾云集的繁华集镇。石窝《紫云坪植茗灵园记》摩崖石刻记载便反映出万源种茶历史源于福建，始于宋代。草坝、河口等地墓葬石刻，明显受到巴中一带文化影响。烟霞山古墓的石刻艺术也具有北方石窟的风格，融合了川东北及巴中南龛等地的石窟开凿艺术和审美艺术。

3. 遗存丰富，内涵多样

万源传统村落的整体格局和人文遗存呈现出多元互融的特点，在建筑模式的宏观布局与微观装饰方面均最大限度地追求人的身心和谐与“天人合一”思想，并以日常生产生活为核心，进一步辐射到文化心理、宗教信仰、家族伦理、民俗节庆及墓葬等方面，在物质和精神两方面均有丰富的表现和内涵。如鹰背乡杨家山三合院正房堂屋建筑壁画及装饰、曾家乡各大院落与明清古墓群、魏家乡清代街肆、曾家乡覃大仙民间宗教信仰等人文类型均指向这一特征。

4. 保存完整，技艺精湛

因历史上交通商贸往来及相对封闭的自然地理，万源各地80%以上传统村落保存完好，而且传统村落布局及建筑过程中附着或延伸的各种文化艺术装饰大都表现出精湛高超的技艺水平。如鹰背乡杨家山三合院正房堂屋结构复杂，设计科学巧妙，集染、绘、雕、塑工艺于一身，真实而具体地反映了清朝中期的时代风貌和当地人民的生产、生活、文化等状况，在古代建筑、绘画、雕刻、民俗、教育等诸多领域都具有重要的研究价值。烟霞山区域的古民居整体保存较为完整，风格质朴典雅，构造精巧、布局合理，极具大巴山民居特色，完整地体现了传统建筑上的精髓，对研究明清时期当地人民的建筑、雕刻等工艺水平及民间民居建筑风格特点具有重要的参考价值。

二、川东北传统村落的人文格局的内涵与特征

根据以上对传统村落人文格局构成的理论把握，基于文化生态学的视角，按照万源市各传统村落的人文活动现状，课题组将传统村落人文格局各构成部分的内涵与特征归纳如下。

（一）自然生态及农耕生活方式

1. 自然生态

万源市系秦巴山区生物多样性关键区域的重要组成部分，总体森林覆盖率62.3%，各乡镇生态植被良好，是传统村落存在和发展的重要自然生态基础。以万源曾家乡为例，辖区面积约56.76平方千米，森林覆盖率为69%，植被多为阔叶林、针叶林、阔叶混交林，树木160余种，属于国家二级、三级保护树木有香樟、楠木、红豆、银杏、桂花等，百年以上珍稀名木古树120株，300~1 300年的有30株。覃家坝村2组赶场沟大院宅北，一排16棵古柏高大挺拔，树龄140~1 300年，直径0.2~0.8米，高20~28米。

2. 农业生产

万源属典型的山区农业市，土地构成了各传统村落基本的生产资料。历史上经济生产方式以农耕为主，“地多险峻，稻田不过十分之一，全赖锄挖，山坡遍种杂粮，以资衣食”（清乾隆《太平县志》）。万源传统农业以种植水稻、玉米、土豆、小麦和油菜等粮油作物为主。

3. 农耕文明

受当地地形地貌特征和农业生产方式影响，各传统村落在历史上形成了独特的适应农业生产和生活需要的农时选择和农耕、休闲习俗、礼俗制度、文化教育和宗教信仰等文化集成，主要包括社会治理、人际交往理念以及语言、戏剧、民歌、风俗及各类祭祀活动等类型。

（二）传统院落布局与建筑形态

1. 传统院落布局

“自然和谐，天人合一”，是万源大部分传统村落选址及院落布局的主要特征，根据地形环境和生态系统特点呈现出多样性的变化，但总体上不脱离这一基本特征。曾家乡烟霞山上营、中营、下营、山平上、覃家坝、聂家岩、徐家营等古院落的木

屋、彩楼，套有天井的四合院镶嵌在绿树环抱之中。木板吊脚楼多分布在溪口乡、大竹河、虹桥乡等地，多依山傍水，就势而建，呈虎坐形，讲究朝向，大部分属半干栏式建筑。

2. 建筑形态

曾家乡明清时期古院落呈四合院或三合院布局，分为门房、正房、厢房、倒座房及相邻廊道，均对称分布，以正堂屋为中心左右延伸，可长三间、长五间，正堂屋的左右连接的多少决定四合院的初建规模。根据地势，还可以建成品字形或多套形的四合院。各院落门、窗木雕及柱础浮雕生动形象，堂屋穿方及垂柱多装饰以浅浮雕花草人物图案。魏家乡整体风貌既丰富多彩又和谐统一，房屋多为两层的木瓦结构，建筑精美，砖雕、石雕、木雕都有很高的工艺水平，古建筑梁柱、斗拱、檩椽、墙面、天花均雕梁画栋，千姿百态。

3. 传统院落布局及建筑形态的传统哲学特征

一方面，以三合院或四合院为核心的传统院落布局体现了追求“天人合一”及人际和谐的思想，注重仁义礼智信，寓中庸于和谐，讲究等级秩序；另一方面，从中国传统人居环境观的角度，传统院落布局及建筑格式则充分体现了“天人合一”的整体观念、师法自然的哲学思想、崇尚和谐的理想境界、趋吉避凶的基本原则、唯变所适的辩证思想，既能够发挥防御保卫功能，有利于生产生活，又能够进一步展现和营造理想的村落景观。

（三）家族伦理及精神传承

1. 族规家训

家族构成了传统社会的基础。在传统村落中，族规家训以及作为物质载体的宗祠成为约束规范家族、家庭成员的道德规范和价值目标。尽管近百年来，家族势力由兴盛到衰亡，以至基本消失，许多族规家训基本上失去了约束能力，但族规家训所反映的儒家伦理精神一定程度上对乡村社会治理依然有作用。如万源龙洞坝刘姓嘉庆堂族规共十六条，以“遵孝悌笃宗族”为核心，强调耕读书礼，崇尚节俭朴厚，并注重履行国家义务和社会关系的和谐。万源龙洞坝刘姓的家训为“谨遵：孝悌忠信，礼义廉耻。除戒：奸邪诈为，嫖赌嚼谣”。这体现了严格的家庭教育和严谨的处世原则，崇尚忠孝立家、以德行世、诗礼为上、勤俭自尊。

2. 字辈家祭

字辈（字派、字序），表明同宗家族世系血缘秩序的取名序列，蕴含着儒家对人际关系和伦理秩序的规定。如万源徐氏宗族字派“宗德流芳，世代永昌”，刘氏宗族字派“志道兴仁，达理明经”，康氏宗族字派“文明诗大兴，万代进朝廷”，均表达了传统村落对子嗣延续和家族整合的伦理导向。万源各传统村落一般保留了家祭习俗，各院落正房堂屋设有专门祭祀祖先的神榜。神榜上面有匾，两侧有对联，匾上多书“祖德流芳”“奉先思孝”“神明永佑”等，常见对联为“朝夕莫忘亲命语，晨昏须荐祖宗香”等，在建筑造型及行为礼仪方面进一步巩固儒家血缘亲情关系和道德规约。随着社会的变迁，具体行为规范有所调整，但伦理精神的核心却延续不断。

3. 碑刻图绘

烟霞山不仅在建筑格式上融合儒家精神，同时儒家人文教化还延伸至村民的日常教育。覃家坝祠堂旧址至今还保留两块碑刻，石碑高0.7米，长3.1米，柳体楷书，刻于咸丰七年（1857年），其中之一即为理学家朱柏庐的《治家格言》。鹰背乡杨家山三合院正房堂屋两侧墙壁上彩绘二十四孝图，从中可见传统家族伦理及人文精神在村民文化心理与日常生活中的重要影响。

（四）民俗节庆与地方宗教信仰

在漫长的历史过程中，万源逐渐形成并传承了具有大巴山地方特色的传统民俗节庆和宗教信仰的活动，其中农事类民俗与祭祖祭神等祭祀节庆，与四川境内汉民族占主体的广大区域相一致，延续至今。

1. 传统节庆

源于古代季节气候的二十四节气，后来逐步演化为纪念日、传统庆典、公众祭祀一类日子，春节、清明节、端午节、中元节、中秋节、重阳节、腊八节等节日在万源各地均通过各种形式进行庆祝。

2. 民间习俗

民间习俗主要包括万源辖区内各地流传的风尚礼节与生活习俗，以故事歌谣、谚语俗话、方言俚语等形式表现出来，具有浓郁的川东北地域特征和当地居民生活习性。

3. 民间宗教

传统上，万源汉民族对仙、佛、神等的信仰根深蒂固，但真正信奉某种宗教并成为虔诚教徒者较少，这体现了传统民间信仰实用理性和世俗功利的特点。当前尚存天神、地神、星宿、天象、水神（大多数地区主祭井神、龙神和川主，龙王庙和川主庙各乡都有，1950年前香火鼎盛，现时有零星活动）、火神、山神、祖先神、门神、灶神、财神、行业神、其他神灵崇拜。其中较为普遍的有烟霞山覃大仙、花萼山老祖徐庶、观世音菩萨、关圣帝君、龙王爷等信仰。其中覃大仙及徐庶老祖信仰属万源地区独特的民间信仰对象。烟霞山位于曾家乡覃家坝村4组，明末清初建覃大仙塔，相继建烟霞山庙宇（已毁于20世纪50年代），内有覃大仙石塔，塔座直径近2米，高4米，覃大仙塑像坐于塔中，据说塔下面是覃大仙肉身。会期农历二月十九、六月十九。据《万源县志》载，“花萼老祖”徐庶[①]，供奉于花萼山主顶南天门祖师庙，其影响一度波及川、陕、鄂等地，后被毁。八台山主峰下侧有一百堂藏，相传为徐庶隐居处，民国初年建有徐庶庙，后不复存在。近年万源城区重建佛教场所徐庶庙。

（五）墓葬文化

墓葬文化是传统村落人文格局中的重要构成部分，是传统建筑布局及世俗伦理观念的体现。万源各地古墓葬较多，仅明清时代的古墓就达千余座，大多保存完好，被上级文物主管部门认可的历代古墓葬374处，其中省级文物保护单位1处，达州市级文物保护单位5处，万源市重点文物保护单位6处，被省考古队文物专家誉为川东北古墓群的瑰宝。受地理和文化的影响，古墓葬绝大多数分布在河口、草坝、罗文、黄

① 徐庶，东汉末年刘备帐下人物，曾推荐诸葛亮，后归曹操，并仕于曹魏。万源当地传说徐庶平息西凉马腾之乱后，领三千兵马到花萼山和八台山隐居，将昆仑山的药材移种到花萼山，在八台山开采银矿，济贫救苦。

钟、竹峪一带。罗文片区古墓数量最多，雕刻最精美的当数曾家乡。罗文全乡大型古墓60多座，中型古墓180多座，小型古墓近300座，大部分分布在院落屋后或山林，墓葬形制多为土冢墓，并建有石质仿木结构牌楼及各式陪碑、墓亭、牌楼等，其中以覃步元夫妇墓、马三品墓为代表。其雕刻及纹饰丰富精美，涵盖了建筑、书法、文学、戏曲等方面的科学和艺术价值，是川东地区这一时期石刻工艺的集大成者。

（六）民间文艺

民间文艺系农民劳动休息时或农闲时，通过说书、讲故事、讲笑话、唱歌跳舞等形式以消除疲劳或抒发内心的喜怒哀乐的文学艺术形式，主要包括口传文学、曲艺、舞蹈、游戏、体育、电影电视等。万源各地除相关传统民俗体现民间文艺的内涵外，还有红歌、民歌、民谣、舞狮、舞龙、车灯等。

1. 以“巴山背二歌”为代表的民歌民谣

“巴山背二歌”源于秦汉时期，主要反映了“背二哥”等农民群体的生活状况、劳动场景和内心世界，内容广泛，涉及天地、人神、男女爱情等题材，是研究大巴山区人文地理历史和当地风土习性的重要依据，现广泛分布于万源境内各地。主要有传十字、慢赶羊、拉号子、新春调、跳水调、开花调、吃烟调、咒郎调、花鼓子调、细篾草帽调等，歌词大都为二二三结构的七言诗，表现手法多用赋、比、兴。调式全系民族五声调式中的徵调式，其曲式结构大多为上下两个乐句的单段体，唱腔高亢悠扬，现已被列入四川省省级非物质文化遗产保护名录。

2. 薅草锣鼓（锣鼓草、撵草歌）

薅草锣鼓主要流行于万源北部乡镇及蜂桶、新店等地，因其地域辽阔、种植面积大，为加快薅草进度，鼓舞劳动热情，而由大半山区农民群体自发创作并传承的艺术形式。其音调清亮、民间音乐性较强，有时一人唱众人和调，同时也有说唱形式，伴奏乐器有小鼓、兜锣儿、大扎钹、大锣等，歌词广泛，内容丰富。薅草锣鼓是独具地方特色的农耕文化和民间文艺活动现象。

三、推进和强化传统村落保护的原则与策略

传统村落的保护开发工作是万源乃至整个达州地区社会文化事业发展的重要组成部分，对提升地方城市文化形象和现代化发展水平，延续和创新性发展中华传统村落文化有着重要的战略意义。传统村落的保护工作涉及部门众多、内容庞大、系统性较强，是一项长期、复杂和艰巨的社会文化工程。推进和强化传统村落保护和发展应遵循自然生态与历史人文并重、继承保护与创新发展并重、统筹规划与因地制宜并重等原则。

传统村落保护发展具体策略如下：

（一）成立机构宏观统筹，全面掌握基础信息

1. 成立市县两级“传统村落保护利用工作领导小组”

领导小组由党委政府协调统筹，成员单位主要由农业委员会、林业局、土地规划局、文物保护部门、国土资源部门、旅游局、民族宗教事务局等部门和各传统村落所

在乡镇政府构成。应尽快出台传统村落保护利用管理办法，建立传统村落保护利用市县两级工作联席会议制度和责任追究制度，各级政府积极落实，主要领导负责，各职能部门协同参与，将传统村落保护纳入年度绩效考核，各级人大、政协应对传统村落保护进行跟踪督察。

2. 开展传统村落专项普查

按照“一乡一档”要求，对各传统村落的自然生态环境、民居建筑、祠堂宗庙、古墓古桥及风俗习惯、民间传说等基本信息进行全面调查，建立由各种文字、图片、视频、录音资料构成的基础信息数据库。

3. 建立传统村落名录

在深入调研和系统清理的基础上，对传统村落遗产进行甄别、分类、评级，建立名录档案，持续推进国家、省级传统村落的申报认定以及传统村落名录和文物保护单位的申报审批工作，加快民间艺术传承人的申报和认定。

（二）构建人才支撑体系，深化理论实证研究

传统村落保护与利用工作需要具备人文地理学、民俗学、生态学、民族学、古建筑学、社会学、非物质文化遗产学等学科背景的专业人才。

1. 设置传统村落创新研究平台

充分整合和利用省内外各高校和科研院所相关学科的研究资源和学科优势，开展对本地传统村落的多学科交叉研究，推出一批高质量的保护与研究创新成果，提高传统村落保护利用工作的有效性和科学性。

2. 成立传统村落保护与利用专家团队

专家团队主要由省内外知名传统村落研究专家组成，吸收本区域相关专业技术人员参加。一方面，对已建档的传统村落信息系统的立档工作和村落档案进行考核验收；另一方面，参与全市传统村落保护和利用项目的审定评估，提供专业建议，开展传统村落保护项目巡查和技术指导等工作。

3. 培养本地专业技术人才队伍

重视本地传统建筑工匠、民间艺术传承人和熟知传统村落情况的当地群众的挖掘培育，加大专业技术培训力度，积极开展传统村落保护与利用工作。同时，发挥民间文艺家和摄影家的独特作用，采用现代科技手段，汇集传统村落相关内容，用文字、录音、录像、图片相结合的方式全面清晰地记录传统村落原生态信息，为传统村落文化研究和文化遗产保护与传承提供科学依据。

（三）区分多元层级标准，编制系统完整规划

市县两级政府将传统村落保护利用纳入政府重点工作范围和城镇化总体规划，在全面掌握区域内传统村落整体情况的基础上，按照高标准、高起点、有特色、规范化的要求，对传统村落的认定、规划、保护、开发、利用等方面做出详细规定，制定相应的近期、中期、长期保护利用规划，并明确具体实施政策和方案。

1. 区分三类规划重点

结合全市发展定位、村落文化特色及产业整体布局等情况，坚持传统村落保护与利用的技术标准、文化标准和历史标准，市级制定全市范围内保护利用总体规划；县

（区、市）对行政辖区内传统村落保护利用进行整体规划；相关重点村编制单个传统村落保护利用规划。针对传统村落实际状况有区别地实施原真性保护或风貌性保护。

2. 严格保护利用规划要求

为保存传统村落原有的自然生态环境和人文格局，严格限制传统村落核心保护区的改建、扩建，严格规范乡土建筑修缮、拆迁，严格审批新建建筑用地，统一规定建筑风格、高度、密度、色彩等控制指标。

3. 明确规划内容与原则

为体现传统村落人文格局的完整性和延续性，充分体现传统村落的主题和特色，应紧密围绕传统村落演变、现状、特色，发掘与继承传统村落文化内涵，注重人的主体性，引导公众参与，满足传统村落经济、社会的发展以及村落居民生活和发展的要求，积极、动态地规划，协调生态、环境、文化、景观等多种要素的有机融合。

（四）立足地域特色资源，推进协调综合利用

万源当前和今后一个时期全市工作总体思路是，坚持生态立市，着力建设秦巴生态康养旅游文化名城和川陕革命老区振兴发展示范区。因此，在保护传统村落时，应立足当地特色资源，推进综合利用。

1. 发挥国家生态文明示范区社会影响

坚定生态立市、生态兴市、生态富市，坚持绿色发展路径，围绕建设“中国西部生态休闲养生基地、中国中央山地度假公园”目标，进一步建立和巩固传统村落生态环境“活态”保护、协调发展框架体系。

2. 建立特色农产品体系

2015 年，万源市成功创建国家生态原产地产品保护示范区。要充分利用地理优势，改善生态环境，调整农业结构，围绕现代农业产业项目建设，发展特色农业、生态、绿色、富硒特色农产品和地理标志产品体系。同时提升地方特色名产的传统制作工艺水平，大力推进天然中药材、生态蔬菜果品规模种植以及无公害生猪、旧院黑鸡规模养殖。

3. 持续发展村落休闲体验农业和文化创意产业

依托传统村落自然生态、文化遗产和特色农业，推出一批以自然气候为吸引点的避暑度假型、以生态景观为载体的城郊休闲型、以特色农作物采摘为主导的乡村体验型的村落特色农村产业项目，提升传统村落经济活力，实现保护与发展的相互促进和良性循环。

4. 培育传统村落旅游新型业态

充分挖掘传统村落文化内涵，结合地形地貌特征，完善旅游要素配套，将田园体验、文化体验、农耕体验与民宿体验等结合，统筹协调不同区位、资源及村落形态的空间整体布局和发展路径选择，重点扶持一批不同类型、不同资源禀赋条件、不同业态特征的传统村落保护与利用示范村，结合城乡融合发展和乡村旅游发展战略，结合大中城市的休闲度假圈层，围绕重庆、成都、西安等大中城市发展和培育一批乡土文化深度体验旅游目的地。

（五）修缮展示村落物件，完善宣传教育网络

1. 传统村落文物普查修缮

市县两级政府及相关部门对区域内传统村落文物进行全面考察，并进行传统村落文物登记建档，根据不同价值的传统村落、乡土建筑制定详细保护方案，长时间追踪、了解传统村落文物的保护情况，对具有极高史料价值、破坏严重的传统村落文物进行重点保护和全力修缮，严格要求传统村落文物修缮施工单位的相关资质。

2. 妥善保护安置文物及相关物件

对相关传统村落文物进行申报，根据国家的相关政策，妥善安置文物，对修缮完毕的传统村落，通过制定不同等级的分级保护制度，进行科学规范的管理。同时，还要对传统村落周围的土地进行妥善保护，对原始水渠、古道、水塘、古墙等历史环境要素进行修复还原与有效保护。

3. 传统村落物件展示陈列

挖掘和整理历史名人事迹、民歌戏曲、传统体育、族谱家规、民间故事等非物质文化遗产，通过数字化技术，利用博物馆、文化展览馆及电视宣传片和宣传画册等手段展示传统村落的建筑风格、生态文化、风俗民情、生产生活用具等，直观反映传统村落的农耕文化和独特的审美价值和文化内涵。

4. 提高宣传教育实效性

利用电视、广播、报刊、网络、客户端、微信公众号等媒体，广泛开展社会宣传教育，举办展览、讲座、专题研讨、学术交流会、知识竞赛等系列活动，增强全社会对传统村落文化与自然遗产的保护意识。各级党校、行政学院应开设“传统村落”或“文化遗产保护”专题课程，提高各级官员的文物保护意识和文化自觉。利用农村广播、壁画板报等多种形式，向广大群众宣传传统村落保护的基本知识，加深其对传统村落文化资源的认知和了解，激发全体村民的自发保护意识。

（六）吸纳社会参与人员，扩大资金来源渠道

1. 健全完善乡土人才服务网络

营造有利于乡土人才创新创业的政策和体制，确保各项优惠政策落地生根，发掘和宣传一批综合素质高、示范带动作用明显的乡土人才。建立乡土人才信息库，实施乡土人才信息动态管理，围绕重点现代农业和传统村落发展需要，加大乡土人才培育力度，多种形式提升乡土人才综合素质和能力。

2. 有效整合凝聚社会资源

通过出台优惠政策和专项资金补助，鼓励和倡导村落保护主体多元化，引导外迁居民返乡定居，允许热爱民间艺术、崇尚自然生活的个体以投资修复和承包租赁等方式获得传统村落一定年限的入住经营权，提升传统村落文化的效益。建立政府奖励制度，对传统村落保护、乡土建筑保护的优秀项目和有突出贡献的个人给予奖励。

3. 探索传统村落和古建筑认领保护利用政策

鼓励引导村民利用自身力量保护和村集体、政府筹资保护，鼓励社会公众以“认领、认养、认保”和租用、购买等方式参与保护利用，引导农民与社会公众在自愿基础上实现乡土建筑产权或使用权的转移性保护。以单体出让、整体出租使用年限

等方式，允许企业和个人租用或购买产权实现保护利用。

4. 加大保护资金的筹集和整合力度

全方位多渠道筹集资金，整合中央财政投资、达州市级财政投资、县级财政配套资金、整合连片扶贫开发建设项目资金、整村推进扶贫项目资金、省级财政新农村建设示范片专项资金等资金，加大传统村落的资金保障力度。同时，制定相关激励政策，开展股份制试点，通过土地、房屋产权的置换或租赁等方式，鼓励、吸纳社会资金参与传统村落、乡土建筑的保护与开发。

（七）加强村民自我管理，活化村落人文传统

传统村落的保护利用必须注重物质与非物质文化遗产的有机结合，并与新农村建设配合协调，构建传统村落的文化、人、自然、物均“活”起来的全新保护格局。

1. 完善基础设施建设

完善传统村落交通、水电气及通信等基础设施和防灾设施，改变传统村落贫困落后面貌，加大传统村落安全防灾保障项目建设力度，整治重要文化遗产周边、公共空间、坑塘河道等公共环境，有效提升传统村落原住村民的生活质量，并助其延续固有的文化传统和生活方式。

2. 建立村民主体参与机制

建立从规划建设到经营管理的村民民主参与的“利益协同”机制，充分尊重原住村民的知情权、自治权、决策权和监督权。加大传统村落保护用地的倾斜和保障力度，新农村建设用地指标和土地综合整治项目结余指标优先满足传统村落农房改造、基础设施、公共服务设施的建设需要。允许原住村民以旧换新或产权置换，给予其一定的经济补偿后移交村集体或当地政府保护修缮利用。支持村民通过城镇保障房建设进行异地搬迁或原地修缮等方式改善居住条件。

3. 构建开放的互动格局

利用传统村落自然生态环境及农耕生活方式开展农特产品种植、农事体验、农技竞赛等活动，加强对传统村落民风民俗、传统技艺、传说故事等文化形式的收集和演绎，保留传统村落的文化活性及历史记忆，并将之融入村民百姓日常生活当中。设立农耕文化展示区及相关体验项目，融入科普性、趣味性与参与性，并进一步与现代文明相结合，发扬并传承中国传统村落文化的精髓，从而进一步深化传统村落人文内涵，提高社会文化影响力，创造就业机会，增加村民收入。

4. 持续传承民间文化

发掘整理传统村落民间民俗文化，重点发现和支持传统村落民间民俗文化传承人，创造丰富多彩的民俗节庆和仪式活动，展示地方特色和民族特征，增强人文感召力，扩大传统村落文化与现代社会互动适应渠道。

课题负责人：陈怀松

课题组成员：易开均、薛宗保、李传松

大竹县小微企业发展情况的调研报告

中共大竹县委党校 大竹行政学校 课题组

大竹县是西部地区的农业大县，大型的工业企业入驻不多，中小企业及小微企业占大竹县工业经济的比重较大。从实际情况看，小微企业作为实体经济领域的重要主体，在扩大社会就业、满足社会消费需求、增加城乡居民收入等方面发挥着重要作用，是大竹实现“次级突破”所不可缺少的重要力量。为此，课题组对全县小微企业发展情况进行了专题调研。

一、大竹县小微企业发展现状

（一）基本情况

我国第三次社会经济调查数据显示：2013 年大竹县有中小微企业 3 296 户，其中中小型规模工业企业 170 户，微型企业 388 户；小微企业从业人员达到 39 221 人，较上年增加 3 255 人，占全县就业人员的 31%；小微企业累计完成增加值 21. 3 亿元，同比增长 18. 6%，占地区生产总值的 10%；完成主营业务收入 74. 5 亿元，同比增长 19. 8%；实现税金 1. 9 亿元，同比增长 12. 6%。目前，大竹县小微企业总量达 2 158 户，其中微型企业 648 户。

全县共有第二产业和第三产业的小微企业法人单位 835 个，占全部企业法人单位的 92. 67%。其中，工业企业法人单位 342 个，占全部企业法人单位的 37. 96%；批发业企业法人单位 98 个，占 10. 88%；零售业企业法人单位 137 个，占 15. 21%。

小微企业从业人员 39 221 人，占全部企业法人单位从业人员的 55. 78%。其中，工业企业法人单位从业人员 23 589 人，占全部企业法人单位从业人员的 33. 55%；建筑业企业法人单位从业人员 7 318 人，占全部企业法人单位从业人员的 10. 41%；批发业企业法人单位从业人员 1 579 人，占全部企业法人单位从业人员的 2. 25%。

小微企业法人单位资产总计 79. 62 亿元，占全部企业法人单位资产总额的 48. 11%。其中，工业企业法人单位资产总计 47. 40 亿元，占全部企业法人单位资产总额的 28. 64%；租赁和商务服务业企业法人单位资产总计 3. 99 亿元，占全部企业法人单位资产总额的 2. 41%；房地产开发经营企业法人单位资产总计 4. 32 亿元，占全部企业法人单位资产总额的 2. 61%（详见表 1）。

表 1　按行业分组的小微企业法人单位、从业人员和资产总计

	企业法人单位/个	从业人员/人	资产总计/亿元
合 计	835	39 221	79. 62
工业	342	23 589	47. 40
建筑业	21	7 318	2. 77
交通运输业	22	529	2. 67
仓储业	1	50	0. 39
邮政业	2	13	0. 01
信息传输业	0	0	0
软件和信息技术服务业	0	0	0
批发业	98	1 579	3. 16
零售业	137	1 139	3. 95
住宿业	11	774	0. 90
餐饮业	7	236	0. 26
房地产开发经营	16	232	4. 32
物业管理	17	407	0. 29
租赁和商务服务业	51	686	3. 99
其他未列明行业	103	2 616	9. 40

注：表中小微企业法人单位合计数含从事农、林、牧、渔服务业和兼营第二、第三产业活动的农、林、牧、渔业小微企业法人单位 7 个，从业人员 53 人，资产总计 0. 11 亿元。

（二）行业分布

大竹县小微企业中，农、林、牧、渔业 99 户，采矿业 92 户，制造业 417 户，电力、燃气及水的生产和供应业 25 户，建筑业 27 户，交通运输、仓储和邮政业 35 户，信息传输、计算机服务和软件业 102 户，批发和零售业 841 户，住宿和餐饮业 42 户，金融业 46 户，房地产业 67 户，租赁和商务服务业 140 户，科学研究、技术服务和地质勘查业 9 户，水利、环境和公共设施管理业 2 户，居民服务和其他服务业 28 户，教育 1 户，卫生、社会保障和社会福利业 8 户，文化、体育和娱乐业 16 户，其他 62 户。从地域分布来看，以乡镇为主。

（三）发展特点

一是小微企业数量不断增加。“国九条”“国四条” 的出台，极大地激发了社会的创业热情，小微企业明显增多，仅从 2011 年年底到 2013 年年底小微企业户数就从 1 583 户增长到 1 721 户，净增 138 户。2016 年大竹县又动员 15 户大中企业结对帮扶小微企业 589 户，通过发展小微企业，累计带动就业 7. 6 万人。

二是产业分布广泛，但重点集中在批发和零售业。

三是发展活力显现，“船小好调头”，小微企业发展涉及多个领域、多个行业，为县域经济发展做出了积极贡献。

二、大竹县小微企业发展存在的困难及原因

应该说，大竹县小微企业的发展有一定成就，但就小微企业本身在西部不发达地区应有的地位来说，还不尽如人意，具体表现在如下几个方面：

（一）当前政府和全社会对小微企业发展重视不够

小微企业作为实体经济领域的重要主体，在扩大社会就业、满足社会消费需求、增加城乡居民收入等方面发挥着重要作用，是大竹县实现次级突破不可缺少的重要力量。但部分领导对此认识不足，没有给予足够的重视，各部门工作力度明显有待加大。

（二）对国家和省、市有关扶持小微企业发展政策的宣传不够，政策落实不够，扶持力度不够

我国小微企业的发展政策支持与服务体系存在严重的问题，其中最为棘手的问题是政策不全面，落实难。绝大多数小微企业主对国家和省、市出台的扶持政策不了解，相关部门帮扶也不到位，小微企业发展没有得到应有支持，制约了小微企业的健康发展。

（三）家族式经营模式为主，经营者素质参差不齐

小微企业采用现代企业经营管理模式的少，采用家庭式经营模式的多，内部管理制度不完善，或根本就没有管理制度，以家长式管理为主，没有遵循市场规律。在市场经济条件下，不是以市场为导向，而是以自我感觉为导向，选择生产或产品随意性强。部分企业对市场估计不足，对风险准备不充分，风险意识差，抵御市场风险的能力差。有些企业没有应对市场风险的能力，更不会适应市场，随时都有被市场淘汰的可能。

（四）企业持续增效难度加大

随着宏观调控效应的逐步显现，能源、原材料价格上涨压力加大。企业成本、费用上涨，利润空间缩小，持续增效难度加大。仅2012年以来，企业主要原材料支出平均同比增长20%，运输费用支出同比上浮20%，生产用煤、油等费用支出较上年平均增长25%，而人工成本同比上升21%。受油价攀升等多重因素影响，66%的企业运输费用支出较上年同期上升超过10%，其中以批发和零售业以及运输业为代表的企业运输成本攀升25%以上。

（五）融资难，资金紧张

银根收紧的金融政策使得小微企业融资更加困难，加上一些企业产品缺少竞争力或市场前景不好，难以在困难时候得到资金保障，没有融资能力。为了顺利开展经营活动，这些小微企业转而寻求民间资本的帮助，其中一些企业因此陷入高利贷的泥潭，最终走向“死亡”。2012年以来，大竹县多数受调研小微企业借贷无门，有55%的小微企业从未发生过借贷，有接近25%的小微企业依靠临时赊账应对资金不足。小微企业规模较小，信用度低，可抵押物少。大竹县的大多小微企业是租赁的厂房，不具有银行贷款要求的房产地产等抵押物，很难获得银行信贷的支持。在实现融资的小

微企业中，小微企业的主要借款渠道仍是亲戚朋友。亲朋好友是小微企业最为重要的融资渠道。

（六）用地成本较高

严格的用地审批制度和完整的土地监管体系，使得小微企业多采用以租代征的方式建厂，用地成本相对提高，土地抵押贷款难，企业经营风险加大。产业发展分散，园区化程度不高，不利于企业规模扩张和产业升级。

（七）法律意识、诚信意识不强

小微企业签订合同随意性较大，眼睛更多地盯在利润上，忽略法律的要求，出现问题时，难以获得法律支持。同时，严格按合同约定全面履行合同义务的意识不强、自觉性不够，在履行合同时随意性强，思想上不重视，导致经常官司缠身。有的企业贪图小利而忘大义，忽视劳动法律法规，用工不规范（主要表现为用工不签订合同），导致劳资纠纷不断，影响企业发展，甚至因此惹上官司导致企业破产。

三、对大竹县小微企业发展的建议

大竹县小微企业发展已走过了一段历程，针对其中反映出的问题，课题组结合大竹县的实际情况，提出以下建议：

（一）提高认识，加强组织领导

发展小微企业事关经济社会大局，是带动就业、提高城乡居民收入、促进社会和谐稳定的有效途径。为此，必须把发展小微企业放到县域经济发展的战略位置来抓，将小微企业发展任务目标列入全县经济发展的规划。大竹县应成立小微企业发展领导小组，明确各成员单位责任，做到既分工又合作，形成工作合力。根据国家、省、市出台的相关政策及意见，结合全县实际，制定关于扶持小微企业发展的政策，尽快实现本地与上级政策的有效对接。建立健全调度、协调、督查、考核机制，为推动小微企业发展提供有力保障。

（二）进一步加大政策扶持力度

建议上级制定推进中小企业，特别是小微企业发展的规划，从财税扶持、企业贷款、防范金融风险、科技创新等多方面给予支持。引导小微企业从事国家急需发展的新型产业，促进产业结构优化，在全县范围内实现小微企业的合理布局。扶持地方特色产业的开发与利用，鼓励和支持企业对原材料进行深度加工和综合利用。小微企业多为劳动密集型、微利型企业，建议在税费政策方面予以倾斜，适当减免税费。近年来，大竹县不断完善小微企业帮扶机制，发放贷款 5.18 亿元，设立小微企业孵化园 1 个、创业基地 2 个、特色产业集群 1 个，已初见成效。

（三）进一步加快科技创新步伐

针对中小企业自主研发能力较弱的实际，建议省、市政府加大对科技创新的扶持力度，出台有关政策，鼓励省内高校、科研院所、研发机构与企业建立合作关系，搭建科技创新平台。同时，建议成立创新扶持基金，鼓励企业自建或联合建立产品研发中心、试制中心、检测中心等科技机构，对有意愿、有需要的小微企业提供政策指导和智力支撑。

（四）加快小微企业服务体系建设

建议大力发展各类社会服务组织，完善有利于促进中小企业发展的中介服务体系。加快信息交流网络、经济技术咨询、人才培训机构及人才市场、法律咨询维权等服务平台的建设，建立有效的行业自律机制和监督机制，加强对服务机构的管理、监督和指导。建议进一步强化政府服务意识，全力营造有利于企业发展的环境，积极帮助企业通过市场获得资源和要素，努力解决小微企业改革与发展中的各种困难和问题。

大竹县为解决当前令小微企业头痛的员工问题，结合当前严峻的就业形势，下大力气解决这一当前我国社会经济发展转型时期的关键问题。

2015 年 12 月大竹县人民政府办公室印发了《进一步做好新形势下就业创业工作重点任务分工方案》，明确了各部门需要完成的就业创业工作重点任务。

应该说，大竹县为推进创新创业工作而采取的多种举措，为国家供给侧结构性改革做出了努力，也为小微企业的发展奠定了基础，同时也为就业这个关系社会稳定的重大问题做出了贡献。

（五）进一步落实小微企业的各种优惠政策

大竹县积极组建行业商会、协会，发挥平台作用，促进企业间的交流和互助。工商、税务、环保、安监、人力资源、财政等各职能部门结合自己的工作职责，积极主动地为小微企业提供服务。及时梳理、公布和执行国家、省等上级部门制定的多项支持小微企业的优惠政策，经济主管部门可以将优惠政策编辑成册，印发到各小微企业，切实让小微企业用足用好政策，确保优惠政策落实到位，见到成效。为此，大竹县出台了《关于促进民营经济加快发展的实施意见》，建立奖励激励机制，对销售收入上台阶、实现技术创新、创建国家省市名牌等的小微企业予以奖励。2015 年，兑现工业发展奖励资金 644.5 万元，从民营经济发展专项资金中给予小微企业项目基础设施建设补贴 1 972 万元，为小微企业发展注入新的血液。

（六）进一步破解融资难的制约因素

李克强同志指出，缓解小微企业融资难、融资贵，更好服务“三农”，是金融支持实体经济的重要任务，有利于推动“双创”，促进扩大就业。解决了融资问题，才能有健康发展的小微企业，大企业也才能有更加坚实的支撑，我们的产业才能跃上中高端。各部门、各金融机构都要坚持不懈抓好这项工作，努力破解这一“世界性难题”。

为此，在融资方面，建议省市政府加大安排专项资金力度，扶持县级小额信贷公司和担保中心等中介担保组织建设；制定和完善地方财政扶持小微企业政策，通过以奖代补、无偿扶持、财政贴息等形式出台小微企业扶持政策；积极引导民间借贷阳光化、规范化，拓宽融资渠道；鼓励金融部门降低贷款门槛，对于科技创新企业放宽贷款政策，确保企业发展资金需求。在土地政策方面，建议政府制定针对土地整理和置换的专门文件，提供中小企业破除土地制约瓶颈的政策支持；对新能源、新材料等新型中小企业实行土地优惠政策，提高项目建设用地奖励指标。在人力资源信息流通方面，建议优化培训创业体系，开展创业辅导、技术技能和经营管理培训，每年帮助企业开展免费创业培训。建议进一步健全完善中小企业信息服务平台，拓宽信息渠道，实现国家、省、市、县、企业五级信息联网，实现资源共享，确保各种信息畅通，增强企业应对实力。

在这个问题上，大竹县地税局积极服务地方小微企业经济发展，成效显著。一是急小微企业之急，在融资上积极搭台。全系统以公众宣传为切入点，向全县 1 000 多户纳税人就办理条件、具体程序、贷款授信额度等方面进行了广泛宣传，同时积极主动与信用联社、商业银行、建设银行 3 家银行开展合作，“银税互动”强力合作推进纯信用贷款“税金贷”业务。2015 年，已帮助大众电器商行、显超电器商行等纳税信用 B 级以上的 21 户小微企业共获得无抵押贷款 3 445 万元，破解了部分小微企业因无法提供抵质押物而拿不到银行贷款的困境，有效解决了小微企业融资难问题。二是科学引导小微企业用好、用活优惠政策。2015 年，全局共计减免税款 4 748 万元，涉及营业税减免 1 568 万元、企业所得税减免 2 502 万元，其他税种减免 678 万元，惠及西部大开发、高新技术产业和自主创新、现代服务业的发展，落实了小微企业在下岗职工再就业和残疾人就业方面的税收优惠政策，为小微企业发展提供了有力的支持。

综上所述，从大竹县的情况看，我国小微企业集中分布于零售业、农林牧渔等服务类行业以及加工行业，发展方式基本都是“单打独斗”。这在一定程度上有利于节约成本，但由于缺乏协作，容易出现信息、技术、管理以及用人观念等方面的问题，阻碍小微企业的成长壮大。为此，我国小微企业要获得发展，需要建立一个包括政府政策支持与扶持、社会化支持与服务、小微金融支持与服务综合的外部支持和服务体系；同时，小微企业要克服先天缺陷，发挥主观能动性，加强生产科学管理和企业人力资源管理、制定正确的发展战略以及建立创新激励机制等内部建设。假以时日，我国小微企业的发展一定会有一个灿烂的明天。

课题负责人：吴忠窈
课题组成员：江小明

“杨帮武民心工作法”助力精准脱贫致富的探索

中共大竹县委党校　大竹行政学校 课题组

共同富裕是社会主义的本质规定和根本原则，是中国共产党带领中国人民奋斗的目标。共同富裕，是消除两极分化和消除贫穷基础之上的普遍富裕，是“共同”和“富裕”两个方面的有机结合，即价值追求和制度设计的有机统一。中国要强，农业必须强；中国要美，农村必须美；中国要富，农民必须富。如何补好农村这块短板？四川省达州市大竹县庙坝镇长乐村华山村联合党支部书记杨帮武同志用实际行动回答了这个问题。在38年的农村工作实践中，他探索形成了一套独具特色的精准脱贫致富“民心工作法”。“杨帮武民心工作法”紧密联系农村思想政治工作、脱贫致富工作、信访安全维稳工作、村民自治管理工作、农村党组织设置工作、村级事务管理工作等农村实际，总结形成了以“创新管理聚民心、阳光村务顺民心、公平公正服民心、转变作风暖民心、强基固本赢民心”为主要内容的系列群众工作方法。2014年以来，“杨帮武民心工作法”在省内得到了大力推广，脱贫致富效果明显，取得了一定成绩，受到了广大基层干部的称赞。杨帮武也因此被群众称为脱贫致富的“铁支书”。

一、杨帮武精准脱贫致富经验的内涵释义

精准脱贫是粗放脱贫的对称，是指针对不同贫困区域环境、不同贫困农户状况，运用科学有效程序对扶贫对象实施精确识别、精确帮扶、精确管理的治贫方式。一般来说，精准脱贫主要是就贫困农户而言的，谁贫困就扶持谁，谁的贫困程度深对谁的扶持就应更多。帮助贫困群众摆脱贫困过上小康生活，是共产党人的使命，是“铁支书”杨帮武义不容辞的责任。他像对待家人一样，以一种既有责任又有感情的担当精神，一户一户、一人一人地帮助贫困户、贫困人口脱贫。

（一）杨帮武同志事迹简介

杨帮武，1957年生，男，大竹县人，中共党员。2004年，大竹县委决定用“富村带穷村、先进带后进”的办法，推进扶贫开发，成立大竹县庙坝镇长乐村华山村联合党支部，创建了达州市第一个农村联合党支部。杨帮武担任联合党支部书记。长乐村地处平坝，是一个远近有名的小康村；与长乐村毗邻的华山村山高坡陡，不通电

和公路，是大竹县过去有名的“十大穷村”之一。担任支部书记后，杨帮武对清理出的7.8万元欠款进行张榜公布，并逐步化解了村集体债务，使散居在华山村的5个组彻底告别了“无电灯”的历史；建成通村主干道水泥路12.8千米，社道11.7千米，院坝路1 500米；把8 000多亩（1亩≈0.066 7公顷，下同）荒山、荒坡转化为经济优势；2010年，华山村人均总收入首次突破5 000元；发动群众共同打造村民集中定居点，竣工21栋“洋楼小别墅”。经过10多年的努力，华山村不仅没拖累长乐村，还发展壮大了蚕桑产业，建成了“秦王桃”、土烟、蔬菜基地，培育出100多个种养专业大户。华山村农民人均纯收入由2004年的736元增加到2014年的12 747元，长乐村由2004年的2 100元增加到2014年的13 926元，在扶贫攻坚工作中达到“1+1>2”的显著成效。

杨帮武同志身患胆囊息肉、左肾坏死、右肾积水、肺气肿、糖尿病等多种疾病，但他始终忘我地工作，被媒体和群众誉为“舍‘肾’忘死的‘铁支书’”，求是杂志社、人民日报社、新华社、中央电视台等15家新闻媒体单位先后对他的事迹进行了宣传报道。特别是2013年，杨帮武作为中央电视台“寻找最美‘村官’”系列活动四川省唯一候选人，中央电视台“朝闻天下”栏目分“好脾气”“暴脾气”“倔脾气”“急脾气”“四个脾气”专题，连续4天对他进行了专题报道。杨帮武先后荣获“全国优秀党务工作者”“四川省优秀村党组织书记”等荣誉。

（二）精准脱贫致富的主要经验

杨帮武在村民大会上讲：“我们乡村治理有一套，但产业发展不足，必须还要搞出规模，搞出特色，加快脱贫致富的步伐。”2016年，长乐村脱贫5户、8人，华山村脱贫7户、16人。杨帮武努力让贫困群众实现“四好目标”，即住上好房子，过上好日子，养成好习惯，形成好风气，主要做法是运用“杨帮武民心工作法”，多措并举，助力脱贫。

1. 党建引领，明确农民增收方向

一是全面运用党建成功经验。运用“杨帮武民心工作法”，优化村级治理，提升为民服务质量，运用“富村带穷村、先进带后进”的成功经验，建强班子队伍，落实组织保障，确保在扶贫攻坚工作中达到“1+1>2”的显著成效。二是率先实施党员示范引领工程。结合“党员活动日”活动，在农村党员中深入开展“扶贫为我扶什么，我为扶贫做什么”教育活动，使农村党员干部从“等、靠、要”的思想转变到立志改变贫困落后面貌的自觉行动上来，影响并带动群众尤其是贫困群众投入脱贫攻坚战中。三是创新开展党员创业帮扶行动。结合“走基层”活动，开展党员创业帮扶行动，要求每名党员干部联系3~5户贫困户，帮助转变思想观念，提供致富信息，找准致富门路，掌握致富技能，带动共同致富。

2. 基础先行，夯实农民增收保障

一方面重点抓好村基础设施建设。将改善基础设施条件作为贫困村脱贫攻坚的首要任务，大力争取和整合项目资金，引导群众投工投劳，多层面多途径推进“硬件”建设，基本实现“社社通水泥路、户户通水电”。另一方面全面推进农田水利设施改善，大力改善农田、耕地耕作条件，配套完整的灌排水渠、生产道、蓄水池等，以适

应粮食及经济作物耕种的机械化作业要求，促进传统农业向现代农业迈进。基础设施的改善有力夯实了农民增收基础。

3. 创新模式，拓宽农民增收渠道

一是创新土地经营模式。鼓励农民以转包、出租、互换、转让、股份合作等形式流转土地承包经营权，发展多种形式的适度规模经营。二是创新产业发展模式。创新推出养殖业发展“八二”激励模式，即采取“村上出资+农户出劳+组级管理”的发展模式，由村委会出资购买首批家禽幼崽，交由有劳动力的贫困户和村组干部共同养殖，收益按农户80%、村组集体20%进行分成，并且村组集体收益继续作为养殖发展基金以购买家禽幼崽循环发展。三是丰富联系帮扶方式。将部门帮扶和社会帮扶作为促进脱贫攻坚、农民增收的重要手段来抓。长乐村、华山村扶贫成效显著，村贫困人口发生率显著下降，长乐村由1%下降到0.5%，华山村由1.5%下降到1%，农民人均纯收入15 200元。产业化扶贫初具规模，发展壮大1个脆红李特色农产品，种植面积400亩，新发展核桃种植面积100亩，建成80亩精养鱼池1个，发展养殖业大户7户。基础设施不断完善，实现社社通公路、户户通连户路。社会事业完善保障，长乐村、华山村适龄儿童入学率100%，农村医保参保率100%，通信率达100%。贫困群众劳动素质明显提高，组织劳动力实用技术培训、职业技能培训、产业化技能培训900人次，促进50名贫困人口就业。

二、杨帮武精准脱贫致富经验产生的背景

改革开放以来，我国经济社会发展取得巨大进步，但也必须清醒地看到，由于地域环境、生产发展水平、社会开放程度和思想观念的不同，贫困问题在我国各地都不同程度存在，尤其是中西部内陆地区。贫困不只是物质和精神生活能力低于基本生活水准，更是发展机会的丧失。

改革开放以来，中国在全面推进现代化国家进程取得巨大成果的同时，扶贫开发事业也取得了举世瞩目的伟大成就。1978年，中国贫困人口为2.5亿人，占农村总人口的30.7%。中国开启了有计划、有组织、大规模扶贫开发的伟大实践。经过不懈努力，从1978年到2010年，人民生活实现了从贫困到温饱再到总体小康的历史性跨越。参考国际扶贫标准，近半数中国人摆脱了贫困；在中国大幅度提高扶贫标准的背景下，2014年农村贫困发生率下降到8%。截至2014年，中国政府让7亿人快速摆脱贫困。世界银行称，“这是迄今人类历史上最快速度的大规模减贫”。联合国粮农组织总干事若泽·格拉齐亚诺·达席尔瓦在谈及中国成功减贫给世界的启示时说：“中国的努力是使全球贫困和饥饿人口减少的最大因素。”联合国前秘书长潘基文更是评价道：“在过去的三十年里，中国的减贫事业有着长足的发展和进步。中国所取得的成绩将直接助力联合国实现千年发展目标。”

脱贫攻坚事关全面建成小康社会，事关人民福祉，事关巩固党的执政基础，事关国家长治久安，事关我国国际形象。习近平总书记强调：“小康不小康，关键看老乡。”全面建成小康社会，最艰巨的任务是脱贫攻坚，最突出的短板在于农村贫困人

口。党的十八届五中全会从实现全面建成小康社会奋斗目标出发，把“扶贫攻坚”改成“脱贫攻坚”，明确了新时期脱贫攻坚的目标，到2020年实现“两个确保”：确保农村贫困人口实现脱贫，确保贫困县全部脱贫摘帽。可以说，全面建成小康社会，实现第一个百年奋斗目标，农村贫困人口全部脱贫是一个标志性指标。

地处西部内陆地区的大竹县，农村人口居住散、流动大，外出务工人员多，青壮年基本不在农村，农村实际问题比较突出，普遍存在三个现象。一是“两多两少”现象，制约着乡村发展动能，脱贫致富任务艰巨。所谓“两多”，即外出务工就业人员多、留守人员“老小病弱”多。所谓“两少”，即学龄儿童少、青壮年劳动力少。青壮年劳动力外流，造成乡村经济建设和社会发展人力资源匮乏，发展动力严重不足，脱贫致富困难重重。二是“两闲两散”现象，制约着公益事业发展和服务型党组织建设。所谓“两闲”，即房屋闲置、岗位闲置。所谓“两散”，即村民居住散、党员分布散，给服务型党组织建设增加了很大难度。三是“两归两缺”现象，制约着农村整体发展规划和党员干部队伍建设。所谓“两归”，即外出人员回村方式有“候鸟式迁徙”和“无序回巢”的特点，其流动性与波动性给农村规划、建设和发展增加了许多不确定因素。所谓“两缺”，即入党积极分子缺乏、后备干部缺乏，使得党员干部队伍建设遇到了前所未有的挑战。特别是现在一些农村干部不愿做、不会做、不敢做群众工作，没有办法带领群众脱贫致富奔小康。有人发出“四不”感叹，即老办法不顶用、新办法不会用、硬办法不敢用、软办法不管用。在这种情况下，杨帮武经过38年的农村工作实践，总结出了一些管村治村的办法和招数，市委、县委在此基础上总结提炼了“民心工作法”，成为推进治理、脱贫致富的“金钥匙”。2016年，杨帮武同志在脱贫攻坚的大背景下，不断充实和完善“杨帮武民心工作法”，总结出了新的三大脱贫致富经验：一是党建引领，明确农民增收方向；二是基础先行，夯实农民增收保障；三是创新模式，拓宽农民增收渠道。

三、杨帮武精准脱贫致富奔小康经验典型做法

（一）“三同”模式创新建立党小组

“搞种植业的党员与搞养殖业的党员在一起很难谈得来。”杨帮武敏锐地发现，农村党员从业的分散性、文化的差异性及人员的流动性，导致按行政村民小组设置党小组的传统方式的弊端日益凸显，存在着党员活动难召集、话题难统一、致富作用难发挥“三难”。要从根本上破解这些难题，杨帮武意识到必须改革党小组设置方式。

“要使党员发挥好作用，先得为党员搭建好平台。”杨帮武在与党员逐一谈心、摸清其所思所想的基础上，设定了科技致富、村道管护、义务服务、维护治安、政策宣传、作风监督、关爱后代、邻里和谐、文明务工等岗位，明确了每类岗位的具体职责和要求，采取“党员自选+组织助选”办法，让全村党员找到了适合自己的岗位。

1. 同产业党小组

打破按行政村民小组设置党小组的传统方式，将从事相同产业或同类产业的党员编入一个党小组，建立了运输业、种植业、养殖业3个“同产业党小组”。以前，村

里6名搞运输业的党员，由于时间不凑巧，很难参加组织生活。他们组成“运输业党小组”后，因工作性质相同，组织活动迅速开展起来，还义务为村里清运垃圾、帮助群众拉送物资。15名特色种植业大户党员组成“种植业党小组”后，为群众解决产业发展技术难题，提供产前、产中、产后“一条龙”服务，带动群众发展脆红李500亩、秦王桃400亩、核桃400亩、柚子300亩、枇杷100亩。“现在的组织活动真合胃口，不但能及时知道党的政策，还学到了咱最需要的脆红李种植技术。”华山村四组种植脆红李30亩的种植业党小组党员许云学感慨地说。如今他还无偿为村民提供技术，带动发展脆红李专业户11户。

2. 同岗位党小组

结合两个村发展和建设所需，将设岗定责后选择相同岗位的党员编入一个党小组，建立了村道管护岗、维护治安岗、义务服务岗、文明务工岗4个“同岗位党小组”，发挥党员的整体效能。全村有20多千米水泥路需要日常管护，19名选择村道管护岗的党员组成“村道管护岗党小组”后，定期做养护保畅、清洁卫生、水沟疏通、道旁绿化等工作。村外出务工人员较多，有不少缺劳户，9名选择义务服务岗的党员组成“义务服务岗党小组”后，积极帮助缺劳户，主动做好公益事业。以前开党组织生活会，长乐村三组党员王淑珍总是以“活路搞不赢（没时间）”为由推脱，自愿选择“村道管护岗党小组”后，至今没缺过一次组织生活，总是最早到。

3. 同地域党小组

将居住地相近的党员编入一个党小组，建立了大店子、兔儿垭、长乐寨、丁家坝、赵家坝、严家沟6个“同地域党小组”，推动区域和谐发展。严家沟有1 100余亩集体林，附近的3个村民小组9名党员编成“严家沟党小组”后，组织农户签订《树林管护民约》，实行联管联防，和谐推进林权改革。“现在我们几个组的党员能经常在一起摆谈（交流），相互间啥情况都晓得，啥问题都好解决，各组之间再没扯筋赖皮（纠纠缠缠吵不停）的事了！”年近八旬的“严家沟党小组”老党员严永坤深有感触地说。

通过创新建立同产业、同岗位、同地域“三同”党小组，各党小组组织活动开展得对路对味、内容充实、有声有色，充分激发了联合村党支部活力，切实增强了党组织的凝聚力和吸引力，为带领群众脱贫致富提供了坚强有力的组织保障。

（二）“四心”教育树立农村新风

针对农村一些村民不赡养老人、邻里间不互助、公民道德缺失的情况，杨帮武在村民中开展了孝心教育、良心教育、爱心教育、齐心教育。村干部经常进院入户向群众宣讲政策、宣讲法律、宣讲恩情、宣讲道德；每季度邀请相关部门开展一次党的政策讲座、一次法律知识讲座；每年年底，召开村民代表大会，表彰正面典型，让反面典型做检讨，用正面典型教育反面典型；每年评选表彰“十星级文明户”并挂牌，被评为“五星级”以下的要被挂黄牌警告。

长乐村六组40多周岁的村民赵小翔，有一个弟弟，其母年过八旬。前些年，兄弟二人商量每月给母亲200元赡养费。没多久，赵小翔便以母亲偏心弟弟为由拒绝支付，赵母向杨帮武哭诉。杨帮武找到赵小翔谈心，劝他兑现承诺，但赵小翔依旧不付老母亲的赡养费。“你觉得有理，就到村民代表大会上去讲讲，让大家评评理。”杨帮武好说歹说、软硬兼施。“都是养子抱孙的人，到大会上去亮相，多臊皮（伤面子）。我改了就是!”第二天，赵小翔就将母亲接到自己家里。几年来，他每月按时给母亲400~600元不等的赡养费，比弟弟给的还多得多。

长乐村六组有个红星煤矿，以前村民隔三岔五找企业的麻烦，妨碍企业生产。杨帮武开导村民：“这几年，煤矿帮我们组上修了路、建了房，让我们免费用水用电，每年还送每家1吨煤，让我们优先在里面干工（干活）。大家扪心自问，有没有良心哦!”通过良心教育，煤矿与村民的关系融洽了。

杨帮武还时常教育村民：“以前每家每户都要交农业税、‘双提款’数百元，现在党的政策更好了，每亩直补款100多元。大家要讲良心，要对得起党的恩情。”

孝心教育、良心教育催生了村民的爱心。“5·12”汶川特大地震发生后，两个村的村民自发向灾区捐款5万多元。

通过“四心”教育活动，杨帮武引导群众感党恩、重孝善、讲和气。目前，长乐村、华山村农家关系和谐，邻里关系和睦，实现了“零安全事故”“零上访信访”“零刑事案件”。

（三）严格“四事”程序，推进民主决策

2011年年初，杨帮武带领村干部深入农户，就当年长乐村的重大事务征求意见和建议。经过分类汇总，43%的农户提出，长乐村六组地处山腰，存在滑坡现象，有安全隐患，并且还有少数危房户，最好搬迁重建，规划建设长乐村新农村综合体。在村民大会上进行“一户一人”投票表决时，该事项以95%的支持率成为当年“一号工程”。

筹资是建设的头道难题，谁来管财管物是村民争论最大的议题，如何保证质量是村民最关心的问题。编制规划、集资选址、土地协调……杨帮武和他的团队尽心竭力。修建方式、自主自管、透明账务等修建政策家喻户晓。

“村干部只做协调服务，不参与资金管理。”杨帮武郑重地承诺。经过召开村民大会形成决议，综合体建设对象户为本村地质滑坡户、危房户、无房户，修建方式采取统一规划设计、自行施工修建的“统规自建”，“一平三通”（地形平整、电通、水通、路通）的基础设施建设费用按照“一事一议”由每户自愿缴纳3万元。为更好地实行民主评议，杨帮武在首批建房的81户村民中每10户选举1名村民代表组成理财小组和监督小组。

理财小组负责采购材料、资金账目管理。经过比选砍价，直接联系厂家购买砖瓦，将原需2.5元/匹的背瓦以1.96元/匹买回，原需3.5元/匹的脊瓦以2.16元/匹买回，仅此项采购就为群众节约费用约14万元。理财小组及时将建设过程中的每一个环节、每笔花费都向群众公布，做到账务公开透明。

监督小组负责质量监管，督促建筑风格严格按照规划设计施工、建筑质量达到国家相关规定要求。

村干部负责协调事务、解决纠纷，并与监督小组一道监督质量，村上绝不在里面赚一分钱、得一分利。“七月这么热的天，杨书记和村干部还天天值班，我们不积极参与修建的话，啷个（怎么）对得起他哟！”群众都这样说。杨帮武反复叮嘱：“房子要住几代人，开不得玩笑，出不得差错，千万要保证质量。”

在杨帮武的带领下，川东民居风格的漂亮“小别墅”很快修建完工，比起“统规统建”方式每户节约不少资金。长乐新农村综合体成了相邻县、市新农村建设的样板。

通过“全体村民提事、一户一人定事、村民代表评事、三组行事”的模式，先后实施了华山村21户居民聚居点和长乐村131户新农村综合体建设，并在长乐村成功举办了全国第四届新农村文化展演。长乐村被评为“四川省美丽新村”。

（四）要脱贫致富必须先修路

交通不畅是制约华山村发展的最大瓶颈，走路不湿鞋是村民多年的夙愿。为了打破这一瓶颈，联合党支部成立后，杨帮武说干就干，搞动员、跑项目、筹资金，迅速拉开了村组公路建设“大会战”的序幕。

项目争取到了，资金筹集到了，但如何让每一分钱都用在“刀刃”上，修出好路、修得让群众满意，大家议论纷纷。“村民自管自建，干部协调服务，包工不包料！”杨帮武一锤定音。

“包工不包料”既可以节约资金，又可以调动村民积极性。杨帮武决定召开村民代表大会，由村民选出威望高、信得过的代表各5名，分别成立材料管理组和质量监督组，分工负责材料购买、保管、使用和道路质量监督，每一笔费用都必须由两个组的人员共同签字后才能由村上做账并公开。村干部主要负责土地协调、纠纷调解和统筹调度。“材料我购买，质量我监督，账目全上墙，心里亮堂堂。”群众打心里满意。目前，两个村共修建村组道20多千米，硬（黑）化率100%。

修路改善了贫困村基础设施条件，为贫困村脱贫攻坚奠定了坚实的基础。

（五）公开公正公平落实惠民政策

低保政策的操作和落实是困扰基层的一个“老大难”问题。为了让农村符合条件的低保户应保尽保、不符合条件未享受到低保政策的村民心服口服，杨帮武按照以下六个步骤落实低保政策：第一步，向全村群众公开享受低保的政策条件；第二步，召开各村民小组会议讨论提出本组低保户名单；第三步，由每个村民小组推选3~5名村民代表，参加全村村民代表大会，审核和投票决定全村低保户初步名单；第四步，将全村低保户初步名单公示10天；第五步，名单公示无异议后报送镇民政办，有异议的退回重新讨论；第六步，由县民政局审核通过后再次公示。多年来，长乐村、华山村无一例“富人”吃低保的现象发生。杨帮武采取公开政策、公开受理、公开办理、公开结果的“四公”办法落实惠民政策，真正给了群众一个明白，也给了干部一个清白。

通过“四公”办法，公开公平公正落实惠民政策，确保村民真正得到实惠，群众心服口服。杨帮武感叹道：“事情公开了好。只有心里没鬼，才不怕群众那张嘴！”

（六）民事代办强服务

"由于门路不熟、政策不懂，以前办点事要走不少冤枉路，现在有村干部帮我们办，方便极了。"杨帮武推行的民事代办制度，深受村民好评。

为解决群众办事难问题，杨帮武想出民事代办的妙招：明确村组干部作为群众办事代理员；将民事代办内容、流程和代理员联系电话印成小册子，分发给每家每户；每逢三、六、九赶场天，村干部在村办公室集中办公，上午收集群众需代办的事项，下午前往镇政府代办，并及时将代办结果反馈给群众。"群众动嘴、干部动腿，不收一分钱，事情办得巴巴适适的（办得好）!"华山村三组村民许启文就是这项制度的受益者之一。许启文身患残疾，母亲早逝，父亲患有眼疾。以前，他"破罐子破摔"，整天游手好闲，嗜赌成性，左邻右舍都在建新房，许启文两父子却依然住在破烂不堪的"小窝"里。杨帮武到他家做工作，动员他建新房。许启文却无动于衷："我是个单身汉加穷光蛋，哪里有钱修房子，只有下辈子喽!"杨帮武当即承诺："只要你想修，我做担保。"第二天，杨帮武就带他去信用社和村互助社贷到了3万元款。杨帮武的言行让许启文彻底转变了思想，发誓一定靠双手脱贫致富。在杨帮武的帮助下，许启文建起了宽敞明亮的新房，还积极发展种养业，种植烟叶7.8亩、李子树11亩、核桃6亩，饲养肥猪8头，日子过得红红火火。2012年，为了让村里的秦王桃卖个好价钱，杨帮武忍着病痛，跑遍重庆各大农贸市场，用真情打动了经销商，使长乐村、华山村秦王桃每亩增收2 000多元。

通过实行民事代办、民情代诉制度，坚持"两寻"亲民，密切联系群众。在村里设立"说事墙、回音壁"，开展"干群换位交心"活动，倾听群众呼声，凝聚群众智慧，寻找解决问题、脱贫致富的良策，取得了明显的效果。

（七）发展特色种养业奔小康

发挥自身优势，因地制宜发展特色种养业。从担任联合党支部书记开始，杨帮武就立誓带领村民发家致富奔小康。

首届联合党支部班子制定了"修通华山村村道，偿还华山村债务，建好两个村基础设施，发展两个村种养业"的任期目标；第二届班子制定了"村组道全面硬化，华山村农民人均纯收入达5 000元，长乐村农民人均纯收入达6 000元"的任期目标；第三届班子制定了"两个村产业更加壮大，华山村建成千亩特色种植业园；农民人均纯收入达9 000元，长乐村农民人均纯收入达10 500元"的任期目标。

华山村酸性土壤多，杨帮武提出发展种养业，把8 000多亩荒山荒坡转化为比较优势。目前，华山村种植优质核桃树300亩、脆红李500亩，2011年套种春洋芋300亩，发展烟叶110余亩。充分利用山区草资源丰富的有利条件，全村发展牛、羊、兔养殖大户21户。长乐村地处平坝，杨帮武带领村民发展优质核桃树200亩、枇杷112亩、柚子300亩、板栗90亩、布朗李80亩、大棚蔬菜110亩、秦王桃400亩。

通过因地制宜发展特色种养业，长乐村、华山村脱贫致富成效显著。2016年，人均纯收入达15 200元。

四、推广应用杨帮武精准脱贫致富奔小康经验的对策建议

学习推广“杨帮武民心工作法”的目的，就是要着力在改进作风、服务群众、破解难题、推动落实上见成效，进一步提高做好新形势下群众工作的能力和水平，奋力推进社会主义新农村脱贫致富奔小康工作。实践证明，“民心工作法”是推进农村科学治理、脱贫致富的“金钥匙”。

(一) 选好脱贫致富奔小康的“领头雁”

加强村干部的选拔配备及管理工作。在村干部的选拔上，关键是要选好杨帮武式的支部书记，同时要广开视野、发扬民主，把那些政治素质好、事业心强、有经营头脑、有管理经验、乐于奉献、脚踏实地为群众谋利益的优秀人才选进班子。注重人才的引进。充分利用“大学生村官”和“第一书记”等政策优势，积极引进优秀的大学生和选配“第一书记”在农村创业、兴业，充实村级人才队伍，为村级集体经济发展提供智力支持。对乡土人才实行技能培训，增强村级集体经济发展的后劲。充分利用农村党员干部现代远程教育站点和农村实用人才示范培训基地，加强对村干部的培训；举办发展壮大村级集体经济专题讲座，增强村干部服务村级集体经济发展的能力，带领村民脱贫致富奔小康。

(二) 充分发挥本村资源优势，积极调整发展思路

学习杨帮武创新模式，拓宽农民增收渠道。在农业方面，调整种植结构，扩大经济作物的种植面积，引进并发展其他经济效益高的作物。在林业方面，做好“山字经”，开发山里资源，引导村民开发边远的山地，扩大经济林的种植，种植中药材、花卉等高效益的作物。在养殖方面，扶持生猪、牛、羊、兔及家禽养殖等。

(三) 改善基础设施，为脱贫攻坚提供保障

学习杨帮武基础先行，为农民增收提供保障。将改善基础设施条件作为贫困村脱贫攻坚的首要任务：一方面要多方筹集资金，采取村自筹及争取上级政府支持资金，引导群众投工投劳，多层面多途径推进“硬件”建设，基本实现“社社通水泥路、户户通水电”，既能解决群众交通不便问题，又能促进村里脱贫致富；另一方面全面推进农田水利设施改善，大力改善农田、耕地耕作条件，以适应粮食及经济作物耕种的机械化作业，促进传统农业向现代农业迈进。

(四) 依托市场，找准脱贫致富路子

学习杨帮武脱贫致富经验，探索本村经济发展规律。一是要遵守市场经济运行规律。充分发挥市场在资源配置中的决定性作用，根据市场需要，结合本村实际，充分利用集体或农户的土地、山林、水面等资源，与各类企业“联姻”，在资金、技术、信息等方面形成长期有效的对接，共建村级经济发展项目，发展适用对路的村级集体经济产业，增加村集体收入。二是要找准发展的好路子。在发展集体经济时，一定要因地制宜、量力而行，培育稳定的村级集体经济增长点，强化自我造血功能。要充分利用有利条件，兴办规模适度、项目适宜的企业；要依托资源优势发展村级集体经

济。以全民创业为契机，鼓励和支持农村干部带头创业，自力更生，艰苦创业，发展生产，实现生产脱贫。政府要加强扶贫措施的落实，帮助村两委做好农民观念转变工作，积极引导困难户因地制宜，开发种植中药材、反季节蔬菜、花卉、经济林，饲养品种适宜的家畜和家禽，扩大收入渠道。特别是要扶持“大学生村官”创业，引领发展，鼓励农村能人兴办产业、创办企业，促进村级集体经济发展。

（五）联系农民思想实际，完善群众宣传教育机制

学习借鉴杨帮武的“四心教育”做法，进一步建立健全群众经常受教育机制。围绕践行社会主义核心价值观，定期对群众开展形势教育、法治教育、道德教育、感恩教育、忧患教育、励志教育、责任教育。进一步广泛开展文明家庭、文明个体户、文明店铺、文明企业、文明村（社区）等创建活动，大力倡导和践行明礼诚信、感恩奋进、和谐健康的新风尚。

（六）联系农村社会管理实际，完善维护稳定机制

学习借鉴杨帮武的“四招管理”做法，全面排查各类矛盾纠纷苗头和隐患，建好用好民生诉求、困难群众和维稳工作“三本台账”，保证及时掌握、有效控制各类矛盾纠纷和不稳定因素。进一步健全矛盾纠纷预防化解机制，综合运用教育、协商、调解、疏导等办法，有针对性地化解信访问题和积案，有效减少越级访、重复访、群体访的发生，做到小事不出村（社区）、大事不出乡镇（街道）、矛盾不上交。进一步健全基层应急预警和动员机制，强化应急网络建设，努力把公共安全问题和隐患化解在基层，解决在萌芽状态，使突发事件得到妥善处置。

（七）联系农村民主治理实际，完善科学民主决策机制

学习借鉴杨帮武的“四事程序”和“四亮纪律”做法，尊重群众主体地位，进一步健全村（社区）及单位党组织议事规则和决策程序，完善重大事项决策、实施、监督分开的制度和办法；进一步落实党务公开、政务公开、村（居）务公开，最大限度地调动村（居）民参与村（居）务管理的积极性，保障群众知情权、参与权、表达权和监督权，实现群众自我管理和服务。

（八）联系村干部作风建设实际，完善服务群众机制

学习借鉴杨帮武的“两代两寻”做法，扎实做好城乡居民办事不出村（社区）工作，解决联系服务群众“最后一公里”问题。各村（社区）代办点要按照县政务中心的统一要求，在乡镇便民服务中心指导下，结合本村村民生产生活特点，进一步建立村（社区）干部轮值班制度、民事代办接办件制度（首问责任制、限时办结制、服务承诺制、责任追究制和一次性告知制）、群众咨询与代办事项台账管理制度、代办服务接办件签收制度和代办员日常管理与考核制度，形成“运转协调、服务高效、便民利民”的工作机制。积极帮助群众解决行路、饮水、就医、上学、就业等民生问题，做到定点代理、限时办理、台账管理，确保群众找得到人办事、办得成事，事事有回音、件件有着落。进一步健全落实领导干部联系点、定期下访等制度，主动问计问需问效于民，重点解决群众反映强烈的民生问题，切实纠正发生在群众身边的不正之风，让各级党员干部在服务群众中转变作风，进一步提升服务群众水平，密切党

同人民群众的血肉联系。

（九）联系农村建设实际，完善村党组织服务发展机制

学习借鉴杨帮武的“三同三明”做法，创新党组织设置方式和活动方式，进一步健全党的基层组织体系，努力实现党的组织、工作、凝聚力有效覆盖，充分发挥基层党组织战斗堡垒作用。进一步全面落实“工作预决算”制度，结合本地实际理清发展思路，研究确定发展路子，做到“思路明、目标明、措施明”。要因地制宜抓发展，千方百计开辟致富门路，发动群众、依靠群众、带领群众积极发展现代农业和生态农业，增强自我发展能力，推动农村经济健康发展，全面打赢脱贫致富攻坚战。

课题负责人：罗贻元
课题组成员：熊国睿

秦巴山区精准扶贫面临的现实难题与对策研究

——对万源市精准扶贫工作的调查与思考

中共万源市委党校 万源行政学校 课题组

找准关键难题，把握帮扶需求，调整扶贫战略，实施精准发力，是秦巴山区群众脱贫致富与同步小康的关键。为准确把握秦巴山区精准扶贫面临的现实难题，课题组按照间隔抽样方式确定调查对象，深入万源市27个乡镇120个行政村，采取问卷调查、座谈交流和实地查证等方式，收集了大量基础数据和一线样本，通过筛选分析和对比研究，找准关键难题，把握帮扶需求，以期为后续扶贫工作提供借鉴。

一、基础调查与数据分析：全市贫困状况及精准扶贫工作成效分析

（一）该市基本状况与基础数据

万源市是四川省下辖县级市，由达州市代管，位于川东北秦巴山区腹心地带，地处川、陕、渝3省（市）7县交汇处。全市辖区面积4 065平方千米，辖52个乡镇、371个行政村、40个社区，系国家限制开发区、西部重点生态功能区、国家扶贫开发工作重点县市、全省扩权强县试点县市。

截至2015年年底，全市总人口60.08万人，其中农业人口500 523人，占全市人口的83.3%。2015年城镇居民人均可支配收入21 654元，农村居民人均可支配收入7 484元，分别占全省平均水平的82.6%和73.0%。截至2015年12月20日，全市尚有贫困村170个、建档立卡贫困户28 906户78 094人，经济社会发展相对滞后。

（二）该市贫困状况及其成因的调查分析

1. 贫困特征分析

一是贫困比例高。按该市2015年农村居民人均纯收入2 800元脱贫标准（2016年调整为3 100元），全市农村仍有贫困人口7.8万人，贫困发生率达13%，与全省7.7%（2015年7月数据）的贫困发生率有较大差距。

二是贫困程度深。该市属贫困山区和革命老区，系国家扶贫开发工作重点县（市），2015年全市人均地区生产总值不足2万元，是全省平均水平的53.5%。

三是越偏远越贫困。全市建档立卡贫困人口78 094人，52个乡镇所有行政村均有分布，显得零星散乱。从数据和实地查访情况分析，距离城区或中心场镇越远，贫

困面越大，贫困程度越深。以全市 2016 年计划完成的易地扶贫搬迁项目为例，该项目共涉及 22 个乡镇 1 163 户 3 722 人，距离城区 20 千米内的乡镇有 1 个，涉及搬迁 9 户 31 人；距离城区 50 千米内的乡镇有 5 个，涉及搬迁 194 户 406 人；距离城区 100 千米以上的乡镇有 11 个，涉及搬迁 589 户 2 118 人，占搬迁人口的 57%，其中最边远的膺背乡，距离城区 121 千米，涉及搬迁 129 户 381 人。

2. 贫困成因分析

一是自然环境恶劣，基础条件差。该市是典型的大山区，山高谷深，条件恶劣。目前仍有 10 余万农村人口出行困难；季节性、工程性缺水严重；20 余万人无法通过光纤接收电视信号；30%的农村地区无法接收手机信号。场镇交通、管网、市政设施等建设滞后，城镇功能不完善。

二是劳动力缺失，发展意识差。该市一直是劳务输出大市，外出务工人员常年在 15 万人左右，一部分有知识、有技能的农民甚至举家外出，常年不归，农村劳动力严重缺乏且农村居民观念落后，短时间内难以改变，发展异常艰难。

根据课题组调查统计，纳入样本的 27 个乡镇总人口 220 568 人，外出务工人口 72 624 人，占总人口的 32. 93%；该市中坪乡户籍总人口 7 721 人，其中外出人口 4 879 人，占比达 63%。调查中还发现，在家人口中老人、小孩和残疾人员，占比达 67. 4%；16~60 周岁的劳动力 71 910 人，仅占 32. 6%，农村青壮年劳动力十分短缺，自我发展能力十分有限。

三是财政运转困难，地方配套不足。该市是典型的“吃饭财政”，传统产业市场全面萎缩，而食品加工、旅游养生、商贸物流等产业还处于基础阶段，尚未形成支撑，全市财政主要依靠上级转移支付。2014 年全市完成地方公共财政预算收入 3. 4 亿元，地方财政一般预算支出 31. 4 亿元，相差 28 亿元；2015 年完成地方公共财政预算收入 3. 7 亿元，完成一般公共预算支出 30. 9 亿元，相差 27. 2 亿元。加之近年来项目建设需本级财政配套资金的比例不断增加，公路、水利、电力等基础设施建设和教育、文化、卫生等社会事业建设，因地方配套、山区建设成本太大等原因，导致市乡两级财政负债已达 50 多亿元，财政收支缺口日益增大，地方资金配套捉襟见肘，入不敷出。

（三）该市精准扶贫的实践探索与工作成效

1. 主要做法

（1）注重分类指导，科学制定规划。针对实际，该市将 371 个村划分为场镇周边村 76 个、旅游景区村 91 个、特色产业村 158 个和生态建设村 46 个，根据不同定位，因地制宜制定扶贫措施。紧紧围绕行路、饮水、新居重建、就业创业、教育均衡、因灾因病群众脱贫难等问题，全面开展调查研究，对照个体扶贫工作目标和整体扶贫工作任务，坚持近期措施和长远措施相结合，针对性制订扶贫工作“3+1”计划（即乡镇扶贫计划、村扶贫计划、家庭脱贫计划和市级部门帮扶村扶贫计划），明确扶贫措施、时间表和路线图，注重统筹考虑，全力推进整村、整乡脱贫和精准减贫，切实把精准扶贫抓紧抓准。

（2）坚持“三个集中”，注重城乡统筹。结合新村建设，该市将城镇化作为贫困人口转移发展、摆脱贫困的重要路径，坚持“政府主导、农民主体、市场主推”和“基础优先、产业优先、新建优先”，提升城市、场镇、村落聚居点基础设施条件和公共服务水平，增强集聚能力，有序推进全市人口向城市集中20万人、场镇集中20万人、村落集中20万人的“三集中”统筹发展思路。特别是对生产生活条件恶劣、以生态保护为主的贫困地区，加快贫困群众扶贫搬迁步伐，通过改善贫困群众生产条件、居住环境和生活习惯，引导贫困人口通过务工、流转土地解决收入问题，促进贫困群众尽快脱贫致富。课题组调查统计，全市有搬迁意愿的贫困户12 624户。其中，至城市2 054户，至场镇3 841户，至集中居住点5 862户。该市积极创新金融服务，为贫困群众重建新居“量身定做”金融产品，探索推行“个人申请、政府担保”的贷款模式，积极为贫困群众提供融资贷款，切实解决资金问题。

（3）坚持基础先行，改善落后面貌。该市将改善基础设施条件作为扶贫开发的基础工作，下大力气解决群众反映突出的“六难”问题。在解决行路难上，开展“农村公路建设攻坚”行动，近年投入村道路建设资金超过6亿元，力争到2020年实现70%社道路硬化油化，50%建制村开通客运。在解决饮水难上，开展农村饮水“百村千窖万户”行动，推行“政府补材料、群众投劳务”方式建设饮水工程，“十二五”期间累计解决22.24万人饮水难问题，力争到2020年实现农村安全饮水保障和自来水普及80%以上。在解决用电难上，加大全域农网升级改造力度，加快实施广电、互联网光纤通村工程，力争2016年全面解决农村地区用电难问题，2017年实现行政村“三网”全覆盖。在教育均衡上，积极推进教育资源布局调整，全面改善义务教育薄弱学校办学条件，大力推进职业教育发展，加快职业中专办学前期准备工作，鼓励社会资金投入职业教育，为群众提供普惠的、有效的技能教育。

（4）注重产业培育，狠抓农民增收。立足生态功能区定位，坚持“生态立市、生态兴市、生态富市”战略，大力发展符合该市实际和市场需求的富硒农特产品开发、旅游养生、商贸物流等产业。一方面，分别就工业、农业、旅游三个产业，研究制定产业发展激励政策，出台加快工业发展的激励办法和加快电子商务发展的意见，鼓励引导工商资本投资兴业，培育壮大特色产业；另一方面，通过干部带动、企业带动、能人带动，大力发展农村股份合作组织，狠抓农民增收。

（5）落实“六个一批”，推进专项行动。2015年，该市按照“六个一批”（见表1）要求，扎实推进基础扶贫、产业扶贫、新村扶贫、能力扶贫、生态扶贫、医疗卫生计生扶贫、文化惠民扶贫、社会保障扶贫、社会扶贫、财政金融扶贫、信息化扶贫、低保兜底一批、消除土坯房等专项行动，即“10+3”扶贫专项行动，着力改善民生，夯实发展基础。

表1　全市“六个一批”数据调查统计表　　单位：人

属性	扶持生产和就业发展	扶贫搬迁安置	低保政策兜底	医疗救助扶持	灾后重建帮扶	教育解困资助	合计
数据	38 319	10 590	23 139	37 520	1 254	8 481	119 303

注：部分扶贫对象1人进入多个项目，故合计总数大于贫困人数。

与此同时，该市将生活相对贫困的非建档立卡贫困群众纳入工作范畴，按照“贫困村与非贫困村、贫困户与非贫困户统筹考虑”要求，在重点帮扶建档立卡贫困户脱贫的同时，统筹兼顾所有的农村群众，努力让全市所有群众都尽快摆脱贫困，达到全面小康标准。

（6）强化责任担当精神，推进工作落实。落实乡镇脱贫开发工作主体责任，明确乡镇党委书记、乡镇长为乡镇脱贫攻坚“第一责任人”，统筹抓好本辖区脱贫攻坚工作。落实市级领导责任和部门帮扶责任，全市 30 名市级领导干部定点联系 52 个乡镇、170 个贫困村，124 个部门（单位）对口联系帮扶 170 个贫困村，从市级机关事业单位选派 179 名党员干部担任“第一书记”，脱产蹲点驻村帮扶。制定干部驻村帮扶工作方案，全市 1.47 万名党政机关干部、企事业单位工作人员组建驻村工作队直接联系服务贫困户，实行“一村一策、一户一法”，建立工作台账，助力脱贫攻坚。强化监督考核，将脱贫攻坚工作纳入绩效目标考核核心内容，加大考核权重；制定干部驻村帮扶工作考核办法，加强督促检查，推动脱贫攻坚工作有效落实。

2. 工作成效

（1）基础建设取得突破，发展环境明显改善。

一是两年硬化通村公路 950 千米，安装路侧护栏 460 千米，建成桥梁 21 座。全市实现乡乡通水泥（油）路，通村通达率 100%，通村通畅率 73.6%。

二是建成供水工程 1 611 处，建设农田水利渠系配套 126 千米，治理水土流失 106 平方千米，解决 22 万群众安全饮水问题。

三是改造农村电网 8 175 千米。移动通信基本实现全覆盖，宽带通村率达 60%，电力通信条件得到明显改善。

四是场镇聚集效应不断增强，城镇化率达 37.5%。中心城区建成面积 8.32 平方千米；完成 43 个乡镇场镇总体规划，建成场镇新区 7 个，场镇集中人口 14.05 万人；建成新村 30 个、新村聚居点 105 个，成功打造 7 个新农村综合体。

（2）产业发展稳步提升，农民收入明显增加。

一是旅游产业蓬勃发展。八台山、龙潭河、烟霞山等景区加快建设，成功创建黑宝山、东林山省级森林公园和红军公园国家 AAA 级景区，培育三星级饭店 2 家、中国乡村旅游金牌农家乐 7 家、乡村旅游示范乡镇 15 个。

二是电子商务迅速崛起。建成市级农村淘宝服务中心和 102 个村级服务站，发展电商、网商 200 余家。

三是农业经济稳步提升。规模发展茶叶、马铃薯、青脆李等特色种植基地 80 万亩（1 亩≈0.066 7 公顷，下同），木质原料林 31.8 万亩，三木药材 15.9 万亩，森林蔬菜 5 万亩，建成高标准农田 26.2 万亩。发展标准养殖小区 245 个、规模养殖场 1 271 个，创建国家级、省级标准化示范场 5 个，培育农民专业合作组织 447 家、家庭农场 132 家、国家级龙头企业 1 家、市级以上龙头企业 25 家，成功创建中国驰名商标 1 个、省著名商标和四川名牌 6 个、原产地证明商标 6 个，新增“三品一标”55 个。万源被列入四川省现代农业建设重点县。

（3）社会事业加速发展，贫困人口显著减少。

一是积极实施新课程教学改革。投入资金 3.14 亿元，新改建校舍 25.9 万平方米；认真落实中小学“三免一补”政策，实施营养餐改善计划。

二是医改工作不断深化。全面实施基本药物制度，改扩建乡镇卫生院 32 个，新建村卫生室 122 个；中医药工作得到加强，成功创建全国基层中医药工作先进单位。

三是文体事业加快发展。建成乡镇文化站 49 个、村活动室 185 个、农家书屋 371 个、农民健身广场 157 个，实施“村村通”39 774 套，开展送文化下乡活动 160 场；全民健身中心、综合档案馆建成投入使用，完成文化馆、图书馆、陈列馆改造并免费开放。

四是民生工程持续推进。全面兑现粮食直补、农机购置补贴等惠农政策补贴。地质灾害避让搬迁 4 214 户，改造农村危房 14 322 户，建成保障性住房 4 108 套。“五大保险”实现全覆盖，农村医保参保率达 99.5%。城乡低保实现动态管理下的应保尽保，建成农村敬老院 5 个，“五保”户集中供养率达 50%。

二、抽样分析与实证调查：秦巴山区精准扶贫实践中面临的现实难题

课题组采取点面结合方式，确定 5 个村作为重点研究对象和分析样本，一方面是为快速了解全市精准扶贫概况，初步掌握面临难题的共性特征，另一方面试图通过对典型样本的深入分析和对比研究，准确把握基层扶贫工作存在问题的独特性和差异性特点，便于有针对性地提出应对策略。重点调查样本基本情况见表 2。

表 2　重点调查样本基本情况表

样本村	与城区距离/千米	辖区面积/平方千米	总人口/户・人	贫困人口/户・人
堰塘乡虾叭口村	45	16.4	161/580	24/74
罗文镇钟老坟村	59	10.7	321/1 128	121/253
石塘镇大田坡村	35	9.6	316/1 246	49/140
旧院镇窑坝子村	43	7.1	268/1 366	58/194
白沙镇郑家坝村	21	17.6	1 200/4 996	25/60

注：该表格数据为 2016 年 8 月 20 日实地调查数据。

确定以上 5 个重点研究样本，其理由如下：第一，这 5 个村为该市确定的拟于 2016 年脱贫的整村脱贫试点村，扶贫项目实施相对充分；第二，这 5 个村距离城区相对较近，均在达陕高速或 210 国道沿线，交通基础条件较好；第三，这 5 个村所在乡镇的产业发展基础相对较好。基于以上理由，课题组认为，这 5 个样本对该市精准扶贫工作的价值判断及作用体现均具放大效应，具有较高的典型价值和样本意义。

通过实证调查与样本分析，课题组初步把握了该市及秦巴山区精准扶贫实践中面临的主要难题。

（一）贫困成因复杂，脱贫返贫动态交织，精准识别难，精准识别成本较高

精准识别难，这是基层干部在工作实践中面临的第一难题。贫困户评定之初，一方面给定一个绝对的收入基准数据（2014 年为 2 370 元、2015 年为 3 100 元），但无具体收支测算项目标准；另一方面又下达贫困人数指标。这两者本身就存在潜在矛

盾。除明眼可见因老弱病残导致的赤贫者外，在最低收入标准与允许的贫困人数指标之间，注定存在较大的模糊地带与争议空间，精准识别十分困难。贫困户以相对贫困标准参照进入，最终会以绝对贫困标准退出，脱贫相对容易，但获得感不足，认可度不高，最后也可能引发矛盾。

从实际情况看，除生存环境差、发展意识弱等因素外，缺劳力、缺技术、缺资金、缺土地、因灾、因病、因残、因学等均可能导致群众贫困，有时更是多种原因的综合结果，贫困成因较为复杂。更为复杂的是，群众致贫、脱贫、返贫动态交织，快的以时日计算，慢的以年月计算。在原本就闭塞险峻、穷困脆弱的大山里，实在有太多不确定因素，一场天灾、一次重病、一起事故等就可能致贫返贫。除少数相对富裕家庭，大多数农户贫困差别不大，收入支出零碎杂乱，不易核算，要对普通家庭的贫困程度进行排序比较，真正实现“精准”识别，还要让“争当贫困”的群众口服心服，不仅耗时费力，十分困难，而且易引发矛盾隐患。课题组在实证调查中，收集的诸多案例均可证明。

旧院镇窑坝子村村民李永明一家原本相对富裕，2015 年 10 月至年底，为治疗 17 周岁儿子的淋巴癌花掉 70 余万元，除新农合报销外，自家花费 40 余万元，最终儿子去世，老婆悲痛之余，自杀身亡，家庭从此陷入贫困。井溪乡响水洞村亲兄弟两家，家底薄弱，住房破旧，子女就学，贫困相近，为争取贫困名额几乎反目成仇。2016 年年初，老二借钱买辆二手摩托拉客赚钱。因“有车有房”这一硬性条件，老二未“入选”贫困，老大“入选”贫困。不料正月过后，老二出了车祸，欠下大笔外债，老婆嫌穷又出走不归，老二家庭立马陷入极度贫困，多次找乡村干部理论，但因系统数据无法中途变更，矛盾一时无法调和。

（二）贫困人口生存条件恶劣，贫困程度较深，自我发展能力弱

万源市处于中国大地地貌第二台阶向第三台阶的过渡地带，平均海拔 1 000 米左右，相对高差 2 000 米，是典型的大山区。大部分地方海拔 600~1 400 米，占辖区面积的 83%。海拔 1 200 米以上的高寒乡镇达 24 个。该市贫困村和建档立卡贫困户大都居住在这些区域，生存条件恶劣，行路难、饮水难、上学难、用电难等问题还比较突出，减贫成本高，脱贫难度大。

该市旧院镇窑坝子村为 2016 年度整村脱贫村，全村 268 户 1 366 人，其中建档立卡贫困户 64 户 210 人，因重度残疾、重大疾病、精神障碍、年老体弱致贫的超过贫困人口的 40%，贫困程度深，脱贫进程慢，自我发展能力弱。

再以村道公路硬化为例。该市境内山高坡陡，沟壑纵横，灾害频繁，条件艰苦，施工器械和材料运输困难，村道公路建设成本居高不下，局部地方超过 120 万元/千米，除国家投入专项建设补助资金 50 万元/千米外，需当地群众投资 20 万元/千米以上。由于住户稀疏，道路险远，有的村组农民人均筹资超过 2 000 元，在老弱病残当家立户原本就十分贫困的情况下，筹资十分困难。该市中坪乡距城区 78 千米，辖 8 个村 7 700 余人，至今没有一条硬化通村公路。

（三）基础设施欠债较大，产业发展制约要素多，持续增收困难

该市地处大巴山腹心地带，是革命老区，也是贫困山区，历史欠债大，基础条件

差。全市有 1.456 万户 5.096 万人居住在高寒山区、边远地区或地质灾害多发区。据 2013 年年底的数据，超过三分之一的行政村还没有一条硬化公路，超过 15 万农民出行困难，将近 20 万群众面临不同程度的饮水难题，生存十分艰难。虽已实施高山移民、危房改造等工程，但由于补助资金标准偏低，部分贫困户又无法突然离开赖以生存的土地，加上乡村人力“空心化”，集体经济“空壳化”，完成搬迁的实际比例不高。

该市 80%的面积属于山地，旱灾、洪灾、风雹灾、山地灾、冰雪灾等十分频繁，所谓“一年多灾，十年九灾”，具有灾种多、发生勤、分布广、时间长、损失重等特点，群众因灾返贫现象十分突出。

该市农村医疗卫生机构很不完善，尽管设有农村卫生站，但由于专业人员缺乏，设备水平落后，农村看病难、看病贵问题依然存在，一些患大病或慢性病的贫困户因为长期的医疗费用投入，债台高筑，新农合、大病救助等优惠政策无法满足实际需求，导致其因病返贫。

农村学校设施设备简陋，师资力量差，人均受教育年限低。

科技机构仅设置在市级，各乡镇没有相应机构和专职人员，新技术、新产品难以推广，现代农业发展缓慢。

由于受劳动力、生产资料、生产技术、环境条件、产出效益、市场因素等众多要素制约，该市农村产业发展一直十分缓慢，除外出务工外，传统农业生产依然是广大农民生存发展的普遍手段。

多年来，农资价格只涨不降，人工成本持续攀升，而农产品价格却总体呈下降趋势，比较效益低下，农民持续增收十分困难。

比如种植 1 亩水稻，最高产稻 550 千克，市场价格产值为 1 210 元。种子、化肥、农药等农资成本约 295 元；请人犁田、栽秧、收割等费用，按 50 元/工日×11 工日计算，需要 550 元；合计支出成本 845 元。即一个劳动力种植一季水稻，每亩净收入 365 元。这笔账还并未计算日常人工管理成本，还必须以“风调雨顺”作为前提。

如果种 1 亩玉米，亩产 500 千克，产值约 900 元。农资成本约 230 元，用工成本 500 元，总支出成本为 730 元。即种植 1 亩玉米纯收入 170 元。事实上，该市小春生产的投入产出基本持平，瘠薄地、边远零星地更是入不敷出，如遇雨雪风霜等自然灾害，有时甚至颗粒无收。

（四）项目资金难以整合，整体效应不足，后续发展能力不强

课题组发现，上级每年划拨的扶贫项目专项资金数以亿计，但涉及农业、林业、交通、水务、电力、民政、住建、科教、卫生、文广等 20 多个管理部门，项目资金申报、审核、拨付、实施、监管、审计等由各部门自行确定，并按各自渠道逐级向上负责，资金实行自上而下逐级拨付。由于条块分割封闭运行，缺乏综合统筹平台的协调平衡，致使扶贫项目散乱，管理层级复杂，监督顾此失彼，资金效益大打折扣，有时项目建设与实际需求脱节，难以发挥扶贫资金的整体效应。

为防止资金滥用挪用，目前大部分扶贫资金均通过专项转移支付到县，县乡两级严格按照资金的投向来使用，不得随意调整变动，审批、划拨、管理和审计均极其严

格，稍有不慎就逾越红线，导致违规。但这种资金使用管理的刚性要求，与群众实际需求差异之间存在矛盾，难以满足不同地区千差万别的资金需求，使得“项目整合”“打捆投入”沦为纸上谈兵，资金整合无章可循。

就乡镇实施项目而言，面对“项目补助不超过70%”的硬性规定，实在心虚忧虑，为填补资金缺口，积极争取其他涉农资金，又要承担“多头申报”的审计嫌疑。此外，个别部门或职责所系，或利益相关，报着“你不想整合我，我不想被整合”的现实心态，勉力维持着互不相干、各自为政的尴尬局面。

（五）驻村干部情况不熟，积极性不高，扶贫工作效果不一

为集中资源优势，助力脱贫攻坚，2014 年 8 月，该市确定 124 个部门单位对口联系帮扶 170 个贫困村，并从市级机关事业单位选派 179 名党员干部担任“第一书记”蹲点驻村帮扶，并制定出台《“第一书记”驻村帮扶管理考核办法》，明确职责，强化考核。明确第一书记到村任职期间与派出单位工作脱钩，派出单位为所任职村提供必要的工作支持，推动脱贫攻坚工作有效落实。从调研情况看，第一书记在驻村工作中确实发挥了重要作用，但也存在各种问题。

一是选派人员素质参差不齐。就目前部门单位普遍缺人的情况下，为了不对内部工作造成太大影响，一般不会选派精明强干的骨干能手。一些单位选派年龄偏大、担当闲职的老同志，或者刚进单位不久的年轻人，个别单位派出人员甚至没有与本单位工作脱钩。老同志动力不足、精力不够，年轻人经验不够、方向不清，有的甚至没有与农民打过交道。农村工作琐碎繁难，脱贫攻坚任务复杂艰巨，要打开局面并非易事，以至于部分第一书记进入角色慢、了解村情慢、理清思路慢、促进发展慢。

二是日常管理不够到位。按照管理考核办法，第一书记由组织部、派出单位和派驻乡镇党委共同管理，以乡镇党委管理为主，每月在村工作时间不少于 20 天。但就实情而言，组织部鞭长莫及，无法有效管理；第一书记与原单位工作关系和组织关系均已脱钩，原单位难以管理；就乡镇而言，第一书记本就不是乡镇编制，是“上级组织”派出的党员干部，与上级部门关系紧密，乡镇指望其或多或少为本地带来实惠，于情于理均无法严格管理到位，由此导致第一书记驻村时间不足，职能职责发挥不够。

三是联系帮扶单位持续支撑不够。该市确定 124 个部门单位对口联系帮扶 170 个贫困村，并将脱贫攻坚工作纳入部门绩效目标考核核心内容。但就实际而言，部门单位有大有小，掌握资源有多有少，有的重视，有的不太在乎。相对而言，实权部门、涉农部门或资源强大，或项目扶持，扶贫效果相对较好，一般“清水衙门”领导重视的尚好，特别是极少数上划部门并不十分在意地方党委的目标考核，能派出“第一书记”并保证基本待遇就不错了，提供的帮扶支持十分有限，扶贫效果可想而知。

（六）资金投入不配套，项目实施不及时，区域效果不平衡，长效机制不健全

一是资金投入配套不足。中央、省统筹安排的扶贫项目需要地方政府资金配套，但该市财力有限，配套资金难以按时足额落实到位，即使以劳折资，但农村大多是留守人员，劳力本身不足，严重影响项目进度，扶贫效果也大打折扣。一些进入农户的小型项目，如改厕、改圈、微水窖、连户路等，大都采用“以奖代补”方式，需要

农户自行先期投入，富裕户和中等户受益较多，而真正的贫困户反而不能受益，导致扶贫资金的使用偏离了贫困农户的现实需求。

二是项目实施质量不高。一些项目实施缓慢，个别工程质量不足。这与配套资金不足直接相关。同时，上级部门在要求上报实施方案时，给下级部门预留的时间不够，下级部门在未经充分论证的情况下，部分项目与现实脱节，无法实施，不得不进行调整。此外，每年的扶贫项目，计划下达迟，资金到位晚，等上级批准方案并下拨资金后，基层还要完成招标、比选、“一事一议”等基本程序，原本属于年初的项目，年底才开始动工，为加快进度和节约成本，只好削减工程质量，做表面文章，严重影响扶贫进程。

三是区域效果不平衡。该市贫困面大，贫困人口多，需要投入的扶贫项目资源相对较多，扶贫任务十分繁重，但因项目有限、资金有限、精力有限，扶贫工作自然有轻重缓急之分，这就容易导致区域间不平衡问题。乡镇与乡镇之间、村与村之间、贫困户之间、贫困户与非贫困户之间，因政策因素导致差别太大，容易引发矛盾。同院两户村民，原本贫富差距不大，但因一户是贫困户，享受较多政策扶持，不仅有农村低保、信贷优惠，甚至还有每人一万元的扶贫周转金，让人眼红的现实利益，会加倍放大日常累积的不满情绪，稍有不慎便怒目相向。相邻两个村，因一个是先行脱贫试点村，各种扶持项目纷纷上马，其他村民怨气郁结，曾出现过阻挠施工、组织上访的情况。

四是长效机制不健全。从救济式扶贫到开发式扶贫，从面上扶贫到精准扶贫，是扶贫开发工作在思维方向和实践方式上的重大转变，也取得明显成效。但目前扶贫方式存在的缺陷也显而易见，特别是普遍存在短视短效的情况。

从现实而言，目前“一年一考核，年年出亮点”的工作机制和考核机制，也让一些基层干部做出“重显绩、轻实功，重表现、轻实质”的“现实”选择。比如对路、水、电等农民急于改善又能快速见效的项目投入较多，而对农村产业培育、职业技能培训、农田基础改造等能够为农民带来长远效益的项目缺乏应有的关注。至于项目管护、持续跟进、后续保障等则根本无暇顾及。在平台数据指标、扶贫政策要求、上级督查标准等都变化不定的背景下，要建立地方扶贫长效机制，还需要一个较长过程。

三、实证分析与政策探讨：秦巴山区精准扶贫的对策研究

（一）升级贫困人口识别方式，强化横向识别与动态管理

精准识别是精准扶贫的首要前提。作为一个综合系统，目前是在自上而下测算贫困规模、给定区域内人数指标的基础上，以一定的收入贫困线作为根据。由于该系统行政指令过强，上下信息不对称，缺乏必要的反馈与调整机制，显得死板机械，反而成为精准识别的重要掣肘。升级贫困人口识别方式，还需要构建自下而上的贫困群体识别参与机制，能够在实践中修正，能准确动态反映区域内外的贫困状态，针对贫困地区可能出现的特殊情况，还要畅通进退机制，实现动态管理，确保区域内的贫困群

体不仅能被识别，而且能及时得到一视同仁的精准帮扶。

同村群众最清楚贫困情况，应该推行和强化村民参与的横向识别法，在村民内部公开测评比选，由农户申请或集体推选，通过民主评议、对象摸底、公平公示等方式最终确定。在瞄准效益的同时，基层也要考虑行政成本，总结更多如威宁县的“四看法”识别经验。

（二）强化智力扶贫和产业帮扶，激发群众脱贫致富内生动力

扶贫必先扶智，治贫首在治愚。扶贫工作必须强化智力扶持，通过基础教育、文化宣传和技能培训，大力实施智力扶贫工程，教给农民“织网”技术，强化农民“造血”功能，传授农民致富本领，组织农民创业生财，不断提升群众自我发展能力，才能真正帮助贫困户拔掉“穷根”。作为贫困山区，还要将劳务输出作为增加农民收入、开阔农民视野的重要途径，做到“培训一个、转移一个”，最终实现“一人务工、全家脱贫”目标。

该市有得天独厚的旅游和特色农产品资源，应通过引资金、上项目、壮基础，实现农民收入渠道多元化，逐步减轻农民对土地的依赖程度。在产业扶贫中，要按照区域化布局、标准化生产、产业化经营、规模化发展思路，引导贫困群众大力发展具有资源优势和市场需求量的高效特色农业，通过企业带动、大户引领，充分激发农业农村发展内生动力，引导贫困群众早日脱贫致富。

（三）注重特惠与普惠结合，将重点扶贫融入整村推进中

针对老弱病残等因素造成的特困农户，要注重因地制宜，对症施治，有针对性地制订家庭帮扶脱贫计划，明确扶贫措施、时间表和路线图，加大政策兜底力度，提高教育、医疗、低保等兜底政策标准，真正落实特困群众的基本生活保障，凸显政府对特殊困难群众的特殊关怀。

对于普通困难群体，应主要着眼于贫困群体整体生活水平的提高，对照个体扶贫目标和整体扶贫任务，注重贫困村与非贫困村、贫困户与非贫困户统筹考虑，坚持近期措施和长远措施相结合，努力改善水、电、路、教育、通信等公共服务设施，发挥政策资源和项目资金的最大优势，让相关政策尽可能惠及更多群众，全力推进整村、整乡脱贫和精准减贫。

（四）整合项目资金，注重打捆投入，发挥资金整体效益和长远效应

顺应中央改革精神和人民群众期盼，尽快制定出台“统筹整合使用财政涉农资金管理办法”，打破利益格局，突破制度瓶颈，对项目资金管理使用，改方式不改性质，改工作流程不改部门责任，改分散为集中，按照渠道不乱、用途不变、各负其责、各记其功的原则，把财政专项扶贫资金、部门涉农资金、社会捐赠资金捆绑起来，集中用于贫困村基础设施和产业发展上。

将扶贫目标、任务、资金分解落实到乡镇，项目申报由乡镇、村自主决定，市政府审批。突出群众最关注、最急需、受益面最广泛的项目，做到建设一个项目、富裕一批农民、方便一方群众，切实将整村推进扶贫开发项目建成民心工程、富民工程、亮点工程，充分发挥财政涉农项目资金的整体效益和长远效应。

（五）完善制度配套，加大对驻村干部和结对帮扶单位的考核激励，提高工作积极性

一是要明确对口联系帮扶单位的职责任务，压实责任，落实措施，从制度层面确保帮扶人员、经费、项目常态化，避免运动性、突击式帮扶，强化帮扶后劲。二是要建立驻村帮扶工作的考核指标体系，进一步健全完善对第一书记的约束机制和激励机制，对重点工作可以实行一事一考核、一事一奖励的办法，提高工作积极性，促进干部驻村帮扶工作常态化、制度化和科学化。三是针对教师、医生等专业技术岗位人员的工作实际，他们不可能经常走村入户联系群众，理应区别对待，可考虑多人联系一户等方式，鼓励他们多与贫困群众联系沟通，提供教育、医疗等力所能及的帮助。

（六）充实力量，强化合力，形成帮扶与协作、输血与造血、现实目标与长远效益有机结合的扶贫开发长效机制

要进一步健全联系领导、帮扶部门、第一书记、驻村工作组、农技员“五个一”帮扶机制，加强扶贫队伍建设，充实扶贫力量储备，增强扶贫工作统筹协调能力，充分发挥扶贫领导小组的职能作用，将驻村工作队、专项扶贫、对口帮扶和行业支持等全部归口到扶贫部门领导，统筹整合各方资源，形成“锁定一个目标，紧盯一个靶子，拧成一股力量”的工作机制。充分发挥整村推进、结对帮扶的引领作用，调动群众参与积极主动性，多元培育社会扶贫主体，引导资金、技术和管理向扶贫村倾斜，形成帮扶与协作、输血与造血、制度建设与项目实施相结合的扶贫开发工作机制。

四、理论延伸：对该市精准扶贫实践的深层思考

（一）智力扶贫是精准扶贫的第一要务

课题组发现，农村贫困群体的文化层次普遍偏低，基本在初中及以下，喊穷叫苦、争当贫困、不愿脱贫、越穷越有理以及等、靠、要现象仍普遍存在，目光短浅、怨天尤人、因循守旧、小进即安等陈旧的思想观念禁锢了思维，遮蔽了目光。这固然是多年传统扶贫方式附带的后遗症，但文化层次偏低、观念守旧、意识落后始终是制约贫困山区的最大障碍。

在扶贫新阶段，应把有限资源投入更为迫切的智力帮扶上，从基础教育、专职教育、技能培训、科技普及等方面入手，提高贫困群体的智力、文化和科技水平，把贫困地区经济增长点转移到提高劳动者素质的轨道上来，冲出心理大山，突破思维峡谷，提高个体素质，掌握生产技能，才能彻底斩断穷根，推动地方经济可持续发展。从该区域多年来的扶贫经验及今后的发展趋势来看，智力扶贫是精准扶贫的必然选择，是促进贫困山区经济发展和社会进步的根本途径，是群众摆脱愚昧落后和脱贫致富的关键所在，是极具战略意义的治本之策。

（二）个体扶贫必须融入整体推进之中

课题组在实地调查中发现，在农村“空心化”现象日益严峻的大背景下，农户的实际贫富分化十分严重。在旅游产业发展较好的旧院镇龙潭村，部分农户依托龙潭

河景区从事旅游餐饮，一年收入超过百万元，一些在外务工人员年收入5万~10万元的也不在少数，但少数缺劳力、缺资金、缺技术的赤贫农户，几乎没有其他收入，似乎没有从地方发展中得到实惠。

这说明，原有的产业政策是基于重点培植、亮点打造的发展模式，而不是基于每个农户收入增长的整体发展理念，其带动机制尚未建立，带富作用还不明显。应在此基础上有所提升，将贫困户的个体扶贫融入当地产业的整体推进中，在尽快建立农村最低生活保障制度、全面落实兜底政策前提下，注重因地制宜、因人施策，建立“选准主导产业、设立发展基金、组建合作组织、落实帮扶机制”的产业扶贫模式，鼓励引导贫困户加入合作社，或者从事产业链下游服务，依托产业发展增加收入，从而脱贫致富。

（三）扶贫政策需要更加注重公平普惠

课题组发现，无论乡镇之间，还是各村之间，贫困村的资源配置等级化和差异化倾向较为明显。一方面，扶贫工作本身具有区域化和阶段化特征，为探索扶贫经验、突出扶贫亮点、打造先行脱贫试点村等行政目标，部分贫困村先行得到较多的扶贫资源，其他贫困村得到的扶贫资源则相对较少；另一方面，村级联系帮扶同样呈现等级化倾向，重点村帮扶单位权力越大，拥有和投入的资源越多，帮扶效果越好。而是否将一个贫困村纳入重点打造范围，似乎取决于贫困村联系领导的个人意志或帮扶单位的资源实力。这种扶贫政策资源的差异性投入，可能引起基层干部群众“不公平”的疑虑。

为消除这种疑虑，一方面要加大政策宣传力度，让普通群众了解扶贫工作的整体布局与区域实施、长远战略与阶段目标之间的关系，注重扶贫政策的长远性和持续性。另一方面，扶贫政策导向应从救济扶贫向开发扶贫转变。通过“普惠”与“特惠”相结合的差异化扶贫方式，改善贫困地区道路、水利、电力、教育、医疗等基础条件，在学有所教、劳有所得、病有所医、老有所养、住有所居上持续取得新进展；扶贫资金的使用方式，要有助于区域经济的整体发展，有助于促进扶贫项目资金的受益群体最大化，让更多群众共享发展成果。

（四）精准扶贫还需投入更多社会资源

该市是西部山区、贫困老区和集中连片开发区，生态环境脆弱，生存条件恶劣，产业结构单一，经济发展落后，基础设施和社会事业建设严重滞后，扶贫工作面宽量大。特别是目前阶段，贫困人口分布向小集中、大分散方向发展，而扶贫资金投向和扶贫政策界定又比较明确，导致集中扶持与面上发展矛盾增大，扶贫项目点多面广，单项扶贫很难奏效，项目投资与实际需求不成正比，因此需要投入更多的社会资源和项目资金，通过持续攻坚和发展巩固，才能真正啃下这块扶贫攻坚硬骨头。

课题负责人：李小均

课题组成员：张德涛、苟娟、王尚莲

对农村敬老院存在的主要问题的调查与思考

——以德阳为例

中共德阳市委党校 德阳行政学院 课题组

尊老、敬老是中华民族的传统美德，但自我国进入老龄社会以来，养老问题已经成了一个沉重的话题。按照国际通行标准，如果一个地区60周岁以上的老人占全部人口的比例超过10%或者65周岁以上的老人占全部人口的比例超过7%，这个地区就可以称为老龄地区。依据这一标准，德阳早在1995年就已经步入了老龄地区的行列。1995年以来，德阳人口的老龄化、老龄人口高龄化呈现出加速的态势。截至2015年年底，德阳60周岁及以上户籍老年人口76.723万人，老龄化水平达到19.47%，其中80周岁以上的老人达13万多人。

为适应中国国情，建设中国特色老龄事业，逐步解决中国人的养老问题，中央提出要建设中国养老的“9073”工程。“9073”工程，即90%身体状况比较好的，愿意和子女住在一起的老年人，以家庭为基础居家养老；7%的老年人依托社区的养老服务中心提供日间照料；3%的老年人通过机构养老予以保障。目前，德阳正在全面推进这一工程。

本调研报告仅触及养老问题的极小部分，即德阳农村“五保”老人的养老问题。

一、德阳农村敬老院的基本情况

农村“五保”老人是指农村年满60周岁，无工作，无收入，无法定赡养、扶养、抚养义务人或义务人无赡养、扶养、抚养能力的老人。截至2016年9月，德阳全市共有“五保”老人15 364人。这些“五保”老人已全部被纳入“五保”供养范围。“五保”老人供养方式有两种：集中供养（敬老院供养）和分散供养（居家养老）。全市集中供养人数为13 843人（含部分残疾人和未成年人），集中供养率为64.8%。

供养标准方面，集中供养，每人每月不低于400元；分散供养，每人每月不低于300元。从德阳市民政局的最新统计情况看，德阳6个县（市、区）均达到这一标准，其中旌阳区和中江县还略高于这一标准。

全市共有敬老院117所，基本上每个乡镇都有一个敬老院；敬老院床位共17 234个，除满足老人一人一床外，还富余3 391个床位；敬老院工作人员数为597人，工作人员与集中供养老人的人数比约为1∶20，工作人员数量严重不足；已被纳入事业单位登记的敬老院为107个；截至2016年9月底，地方（县级）财政安排供养资金为5 661万元，敬老院的资金完全来自所在地区的县级财政。

德阳是2008年“5·12”地震受灾严重的地区之一。借着灾后重建的东风，95%以上的敬老院都进行了重建，敬老院的面貌焕然一新，在基础设施方面基本能满足老人的各种需求。以我们实地调研的广汉市连山镇为例，可以窥见德阳各敬老院概貌。“5·12”地震后，连山镇敬老院被纳入灾后重建项目。2009年，贵州省民政厅援助300万元、广汉市政府补助78万元重建了连山镇敬老院。连山镇敬老院建筑面积2 966平方米，60个房间，120个床位，除厨房、餐厅外，有电视室、娱乐室和阅览室等，另有菜地4亩（1亩≈0.066 7公顷，下同）、果园4亩。全院现有供养老人78人，其中男性73人、女性5人，平均年龄70周岁左右。工作人员7人，包括副院长（院长由镇民政干部兼任）1名、护理工3名、厨师3名。走进敬老院，迎面看到的是几个花园，种植着各种花草，一排三角梅开得正艳，为院子增添了几分亮色与生机。道路平坦整洁。距大门偏右侧100米左右是几栋相互连接的平房，看上去很新，修得简洁规整。进入老人们居住的房间，可以看见房间非常干净，每个房间约十六平方米，包括卧室和卫生间。房间里有一台电视机、两张床、两个装衣物的柜子、两张小桌子。床铺整洁，被子叠得规范整齐。卫生间里有洗手池、有马桶，马桶两侧有不锈钢扶手、有淋浴喷头。整个房间没有异味、臭味。我们看了七八个房间，每间都大体如此。走进餐厅，发现有二十几张小餐桌，每张餐桌可容纳4人就餐。餐厅墙上的黑板上写着当天的菜单，午餐和晚餐都是两个菜。走进厨房，看见厨房很大，非常干净整洁，比我们大多数家庭的厨房还整洁，让人感到很意外。我不禁问院长：“难道你们的厨房每天都这么干净吗?”院长说：“欢迎你们在不通知我的情况下随时来看。”在院子旁边是果园和菜园。果园里种植着柚子树和橘子树，果树长势良好，沉甸甸的果实压弯了枝条。十来个老人在果园里忙碌着。我们还发现了一个来采摘和购买橘子的大姐。果园虽然经营得不错，但由于连山盛产水果，所以敬老院的柚子和橘子都卖得很便宜，大约一元钱500克，给敬老院带来的收益很有限。菜园里种有各种蔬菜，主要满足敬老院自身的需要。敬老院里还养了几头猪，猪场离院子较远，所以在院子里闻不到什么异味。原来的敬老院基本废弃不用，里面养着几百只鸡，由两个老人负责。稍微有点遗憾的是，连山镇敬老院没有围墙，可能存在一定的安全隐患。

当然，我们承认连山镇敬老院在德阳是搞得比较好的敬老院。但连山镇敬老院之所以搞得好，不是因为它经费多、设施好，而是因为这个敬老院管理规范、经营有方。其他敬老院只要经过努力，也能达到连山镇敬老院的水平。

二、农村敬老院存在的问题

（一）经费不足

虽然各地在敬老院基础设施的投入方面舍得一次性投入大笔费用，但敬老院运行日常所需的经费却相当有限。按照德阳市的标准，敬老院每个老人的供养标准为每人每月400元。老人们的吃、穿、住、用都包含在这400元中，在现有的物价水平下，仅是比较简单的吃饭每人每月就需要花费300元以上，且只能吃饱，不能吃好。在医疗方面，每个老人每年有1 000元左右的门诊治疗费，老人所有的小病都要靠这1 000元解决。如需入院治疗，老人们都享受农村合作医疗的待遇，但仍有部分费用无法报销。越是大病，越是需要到较高等的医院进行治疗的疾病，无法报销的比例就越大，这部分费用在当前很难解决。实际运行中，老人们即使得了重病，也只能在基层医院（主要是乡镇卫生院）进行治疗，因为只有这样，报销的比例才最大，才不至于让敬老院承担无法承担的费用。在乡镇卫生院治疗也无法报销的费用，各地也想了一些办法，比如，广汉市采取"民政网上救助"来解决这部分费用。由于经费不足，敬老院的管护工作人员严重不足。德阳市民政局提出，敬老院的工作人员与供养老人的比例应为1∶10到1∶5，但全市的实际比例却是1∶20左右。工作人员的不足导致部分敬老院管理混乱、卫生状况较差、护理质量低下，从而使老人们的生活质量大打折扣。2016年重阳节，德阳市一位领导视察中江县某敬老院，发现该敬老院老人有60余人，而工作人员只有3人，敬老院管护质量相当低下。领导下令限期整改。但是，如果政府不加大投入，聘用更多的合格工作人员，整改如何进行？即使这个敬老院因领导重视得以改善，全市还有很多不能达标的敬老院又如何整改？经费不足导致的另一个问题是敬老院工作人员的待遇偏低。据调查，敬老院工作人员的月平均工资为1 400元左右，与其承担的责任和劳动的强度相比，这点工资确实偏低。前面提到的连山敬老院副院长，他的月工资为1 480元。但他身兼两职，除了当敬老院副院长外，还担任村委会主任，领着两份工资。此外，他家还开着一个小超市。据他讲，他把三分之二的精力都用在了敬老院的管理上，当院长与其说是为了挣钱，不如说是为了做善事。虽然的确有一些人乐于奉献，甘于微薄的收入，做着一般人都不愿意干的养老事业，但我们不能要求其他人也这样，他们也有自己的家庭，也要养家糊口。

（二）地区差异较大

目前，各地敬老院所需经费由该地县级政府财政负责。由于各县市区的经济条件参差不齐，各地敬老院实际的供养水平也就有较大差距。虽然，从德阳市民政局的统计数据来看，各县市区敬老院的供养标准都达到了每人每月400元，但根据我们走访的情况来看，各地敬老院实际供养水平与该地的财政状况密切相关。旌阳区、什邡市、绵竹市、广汉市由于经济发展状况较好，财政实力较强，所以这些地方的敬老院供养水平、设施条件、管护水平比较好。中江县财力较弱，所以中江的敬老院各方面的情况就要差一些。中江是一个大县，敬老院数量和供养的老人也最多，德阳全市有117所敬老院，中江就有45所，全市集中供养人数13 843人，中江就有7 604人，占了一半多。要提高德阳全市敬老院的供养标准和管护水平，重点在中江，难点也在中江。如果不提高敬老院所需经费的统筹层次，加大县级以上政府部门经费投入力度，地区差异较大的问题就很难得到解决。

（三）工作人员结构不合理，素质有待提升

大部分敬老院工作人员主要有三个部分：院长（或副院长）、护理人员（兼清洁人员）、厨房工人。很少有敬老院配备老年人急需的医疗急救人员。老人一旦生病，要么自行到乡镇医院看病，要么由敬老院联系乡镇医生来给老人看病，或者把老人送

到医院住院治疗。有的敬老院建在离场镇有一段距离的比较清静的地方，如遇老人突发疾病，可能会耽误最佳的急救时间。“五保”老人是一个特殊的群体，他们不仅身体脆弱，而且有相当比例的老人存在不同程度的心理问题。他们往往感到孤独、无助，缺乏归属感和安全感，有一种被亲人和社会遗弃的感觉。他们在平日与管护人员或与其他老人相处的时候，也往往会产生这样那样的矛盾和冲突。有的老人身患重病，生活质量很低，会产生绝望感和厌世情绪，甚至萌生自杀的念头。种种心理问题都需要具有一定心理学知识、善于跟老人沟通、善于对老人进行心理引导的专门人员进行适当处理。但农村敬老院很少有这方面的专门人才，护理人员主要从事打扫清洁和护理病人的工作，基本不具备对老人进行心理疏导的能力。老人们也有精神生活和娱乐需求，但在现实条件下，他们只能相互聊天，看看电视，打打纸牌，精神生活比较单调乏味。如果有人能给他们讲讲故事，谈谈时事，组织他们阅读、唱歌、跳舞，发展适合自己的娱乐爱好，有组织地自娱自乐，他们的精神生活将大为改善。

敬老院的大部分工作人员都是通过一定程序聘用上岗的。上岗之前，他们要进行体检、学习、培训，考试合格后持证上岗。实事求是地说，他们的文化程度普遍偏低，所受的培训侧重于日常的管理和护理。他们的素质有很大的提升空间。

（四）敬老院管理规范尚待落实

目前，农村敬老院管理已基本上有法可依、有规可循，但尚待落到实处。1997年，民政部制定了《农村敬老院管理暂行办法》；2006年，国务院颁布了《农村“五保”供养工作条例》；2009年，四川省人民政府制定了《四川省〈农村“五保”供养工作条例〉实施办法》。各县市区地方政府结合本地实际，制定了本地区敬老院管理实施细则（如德阳市旌阳区于2012年制定了《旌阳区农村敬老院规范管理实施细则》）。这些条例、办法、细则内容完备，操作性强，对农村敬老院管理的基本原则、供养对象、院务管理、生产经营和财产管理、机构人员配制和管理、扶助政策等都做了详尽细致的规定。在落实敬老院管理规范方面，各敬老院存在较大的差异。搞得比较好的敬老院，管理制度完善，人员分工合理，职责明确。为缓解人手不够的状况，许多敬老院努力调动老人们的积极性，实行民主管理，让老人们参与院务，让身体状况较好、能力较强、愿意协助院务管理的老人不仅老有所养而且老有所为，实现老年阶段的人生价值。而那些搞得比较差的敬老院，管理规范只是挂在了墙上，而没有落到实处。一些敬老院管理混乱，环境脏、乱、差，护理和服务质量低下，从而导致老人的生活质量低下，敬老院院沦为农村“五保”老人人生最后阶段的收容所。

三、进一步加强农村敬老院建设的建议

（一）加大投入

首先，要加大中央财政的投入。养老问题是一个全社会性的问题，而不仅仅是地方政府的事情。目前，农村敬老院所需经费完全由所在地的县级财政承担，县级以上政府基本上不进行任何投入。虽然敬老院只涉及农村“五保”老人的养老问题，所需经费较少，但如果县级财政实在困难，如果地方党政领导不重视，敬老院的运行和管理就会存在很大问题，生活、护理和服务质量就很难提高。因此，我们建议中央财

政要对农村敬老院的经费进行兜底。

其次，县级以上地方财政要配套相应比例的资金。省级（副省级）、地市级地方财政要划拨一定资金给各县民政部门，专款专用，县民政部门再根据各乡镇敬老院的实际情况将资金分配给各个敬老院，并进行严格的审查监督。

（二）提高资金统筹层次，解决地区差别问题

由于我国经济社会发展的不平衡，沿海和内陆、东部和中西部地区经济实力存在较大差距，各地敬老院的供养标准也存在较大差异，这是允许的也是应该的。在四川省范围内存在一定的差距，这也是可以理解的。但是，我们认为，在像德阳这样一个地级市范围内各县市区之间的标准就不应该再有什么差异了。中江县“五保”老人的实际供养水平不应该低于其他县市区。要解决县与县之间的差别问题，就应该提高供养资金的统筹层次。根据实际情况，我们认为，由地市级财政（成都地区由成都市财政）来统筹供养资金是切实可行的。

（三）强化队伍建设，提升能力素质

搞好农村敬老院，关键要靠一支队伍。首先，要保证员工数量。当前，要尽快提高工作人员与供养人员的比例，按照 1∶10 到 1∶5 的比例，增加员工数量，减轻员工工作负担。其次，要优化人员结构。有条件的地方，要尽可能设置医务室并配备专门的医务人员。要有专门人员负责老人的心理引导，尽可能开展适合老人的文化和娱乐活动。要有专人负责敬老院的安全保卫工作，防止老人出走和走失等意外事件的发生。最后，要提升员工的能力素质。对员工进行“爱心教育”，使其认识到自己工作的特殊性、重要性和神圣性，使他们发自内心地热爱本职工作，尊老、敬老、爱老，像对待自己的父母一样对待敬老院的老人。开展“双爱活动”（“爱岗敬业，快乐工作；爱院如家，幸福生活”）。根据员工的职责分工，对员工进行有针对性的素质提升培训，提升他们的文化素质、管理素质和护理服务素质。

（四）强化管理，加强监督

敬老院建设要杜绝重建轻管，就必须还要有一套好制度、一个好院长。要建立健全敬老院各项管理制度并不断优化和创新，其中尤为重要的是要建立完善民主监督制度、财务管理制度、院务公开制度和卫生管理制度，通过这些制度的建立完善和有效实施，让老人们广泛参与院务管理，从而达到民主管理、民主理财、做事清正、心齐气顺的效果。

选择好院长是搞好敬老院工作的关键要素之一。要按照敬老院工作特殊性的要求选人用人，坚决避免用人上的优亲厚友。要选聘好管理人员，加大对院长和管理人员的业务培训力度，提高他们做好敬老院工作的自觉性、责任心和能力水平。

强化民政部门和社会各界对敬老院的监督。民政部门要按照敬老院管理的相关法规制度，督促各敬老院把写在纸面、挂在墙上的规定落实在日常的管理中。要鼓励新闻媒体、社会团体对敬老院的运行进行监督，防止虐待老人、强制劳动、克扣经费、降低实际供养标准的事件发生，一经发现，要及时曝光并严肃处理。

课题负责人：陈池明

课题组成员：郑德刚、李晓琴

关于岳池县农村空巢老人生存状态的调查与思考

——以普安镇为例

中共岳池县委党校 岳池行政学校 课题组

“农村空巢老人”是指生活在农村，不与子女居住在一起的60周岁以上的老人（既包括无子女的老人，也包括与子女分开居住的老人）。随着社会老龄化程度的加深，农村劳动力大量转移，农村空巢老人越来越多。在交通出行、商业服务、卫生保健都存在诸多不便的情况下，在经济拮据、生产生活困难、精神郁闷的生存环境下，为了让农村空巢老人安度晚年，过上舒适一点的生活，本课题组成员在岳池县普安镇驻村干部的带领下，走村串户，通过发放问卷调查表、与村组干部座谈、与空巢老人交流等形式，比较详尽地了解了整个普安镇空巢老人的情况。我们希望通过对普安镇农村空巢老人目前的经济、身体、医疗、安全状况和心理健康方面问题的调查与研究，给今后进一步做好农村空巢老人的工作带来点滴启示。

一、普安镇空巢老人的基本情况

普安镇位于岳池县城南约21千米处，离南面的武胜县城约24千米，离东面的广安市约16千米。全镇辖区面积48.3平方千米，属典型的丘陵地带，土多田少。全镇下辖29个行政村，7 773户，总人口32 672人，其中，60周岁及以上的老年人口5 569人，占总人口的17%，高出全国老年人口占比7个百分点。

全镇空巢老人2 426人，占老龄人口的44%。男性人数为1 021人，女性人数为1 405人；60~65周岁的有603人，66~80周岁的有1 458人，80周岁以上的有365人；夫妻双方健在的有1 771人，一方健在的有655人；子女远在外地的有1 640人，子女在本地但不在一起共同生活的有501人，无子女的有285人；有一定劳动能力的有1 860人，无劳动能力的有566人；从受教育程度情况而言，文盲778人约占32%，小学学历1 384人约占57%，初中学历240人约占10%，高中学历24人约占1%。调查得知，敬老院收养34人，养老院收养7人，农村集中居住143人，散居2 242人。在这些农村空巢老人中，散居老人的生产生活更为困难。

二、普安镇农村空巢老人的生存现状

2016 年 7 月 25 日，课题组到普安镇发放“农村空巢老人”纸质调查问卷 100 份，7 月 27 日、28 日、29 日，课题组成员深入吴家沟村、三湾村、黄桷村等村进行实地调研，通过整理、统计、分析发现，农村空巢老人生活困难主要表现在以下方面（见图 1）：

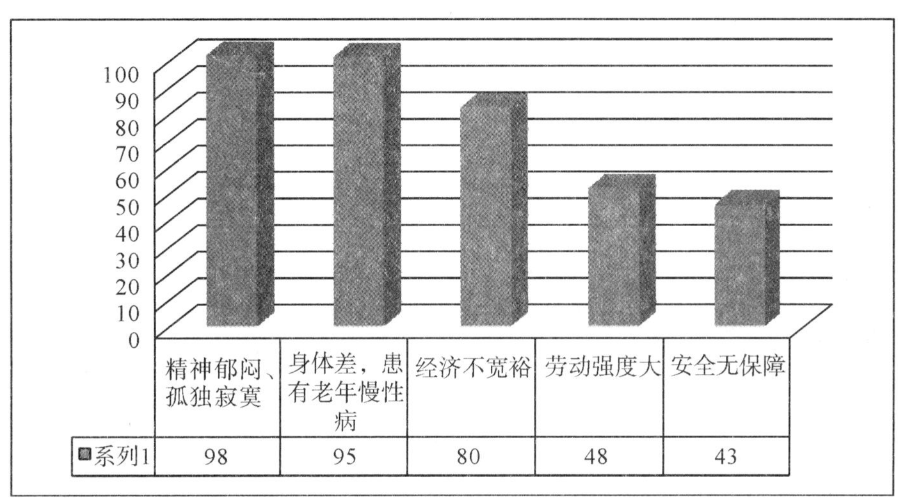

图 1　普安镇 2016 年农村空巢老人生存质量状况调查统计

（一）内心孤独，情绪郁闷

一是业余文化生活单调。普安镇属典型的农业大镇，经济水平较为落后，全镇尚无日间照料中心，也无供老人休闲娱乐的固定场所。特别是散居的空巢老人，社会交往、业余文化生活单一，其主要活动就是赶集之日到普安镇、石垭镇或者乔家镇的茶馆喝茶、聊天、打麻将、打扑克等，或者村里红白喜事、逢年过节时与村里的老人们聚聚聊聊，平常都生活在“出门一把锁，进门一盏灯”的独出独进的生活环境里。二是子女对空巢老人关爱不够。空巢家庭的子女大多数外出打工，平时很少打电话、很少关心老人，有个别子女甚至一年也没有打电话问候一下老人，有的即使打电话，但为了节约电话费，也是短短地敷衍两句。有的一年半载或几年才回一次家，逢年过节回来十多天，走亲戚几天，真正和老人待在一起的时间、聊天的时间很少。有的年轻人回来就上街喝茶、打牌，老人成了“佣人”；有的即使在家，也不与老人沟通，只顾看电视、上网、玩手机，老人成了陌生人。有些老人的子女并未外出，住得不远，但由于“代沟”等问题，对老人关心很少。而随着年龄的增长，各种身体器官、生理功能逐渐衰弱，老年人在某些方面趋于孩童化，在生活上、精神上对子女的依赖性越来越强，需要子女照顾，渴望见到儿女。尤其是老人生病，需要子女陪同去医院治疗时，子女不在身边，显得孤独无助，甚至有空巢老人死在家中几天都无人知晓的状况。三是内心孤独。农村空巢老人始终生活在矛盾之中：一方面希望自己的子女努力挣钱，变得富有，改变贫穷的命运；另一方面又希望子女常在身边，享受儿孙绕膝的快乐。每逢佳节，他们格外期盼子女早日归家，倾诉长久的离别之情。然而，几天之后，人走茶凉、人去楼空的孤独生活又会重演。所以，面对“空巢”，部分老人会觉得在感情和心理上失去了依靠。有的性格越来越孤僻，有的越来越难以与人沟通，甚至出现精神障碍。2016 年 9 月 17 日，课题组再次到吴家沟村走访，发现农村空巢老人吴某，75 周岁高龄，一个人居住在深沟里，除了自种自吃外，无任何娱乐生活。由于长久的自闭，她性格古怪，周围无朋友、无知己。在闲暇之时，她常常对着自己的家禽絮絮叨叨。在精神郁闷无法排遣之时，她常常找村干部生事，有时以毒死村民的家禽来泄愤。更有甚者，三组的魏姓老人拉着我们调研人员的手说：“我辛辛苦苦一辈子，把 6 个儿女养大成人，现在一身的病，孤身一人，活着没意思，不如早点去死。”

（二）体弱多病，顾虑过多

从课题组发放的 100 份问卷调查表统计来看，98%的农村空巢老人身体状况堪忧。很多老人多种疾病缠身，大多患有“三高”、心脑血管疾病、听力障碍、慢性支气管炎、关节炎等老年性疾病。虽然农村空巢老人都参加了新农合，“五保”对象住院全部实现了医疗救助一站式服务，在一定程度上缓解了空巢老人“生病易、看病难”的问题，但还是远远解决不了农村偏僻、居住零散、医疗资源相对匮乏的现实问题。因此，农村空巢老人特别害怕生病，因为一旦生病，无数的现实问题、心理负担接踵而至。所以，农村空巢老人生病有五怕：一怕生病耽误农活，家禽家畜无人饲养；二怕生病无人护理，住院生活极不方便；三怕经济上无力承担医疗费用，给整个家庭增加负担；四怕无人照顾孙辈，担心孙儿孙女的生活及安全问题；五怕子女千里迢迢赶回探望，耽误工作，耽误挣钱。所以，农村空巢老人大多不愿意到医院看病，有点伤风感冒，喝点酸姜辣椒汤，以为出出汗，睡一觉就行了；有的根据症状自己买药吃；有的小病忍，大病拖，实在扛不过了才去医院，病得不行了再去住院。当我们在大石沟村调查时，恰逢一位叫李义明的空巢老人去世。李义明半年前开始患病，就在村卫生室买点药吃，从未进行系统的检查，到后来全身痛得不行了，才通知在外打工的两个女儿。女儿们回来把他带到重庆西南医院检查，已经是淋巴癌晚期。两个女儿虽尽全力抢救，但还是无力回天。

（三）经济拮据，生活不宽裕

调查发现，农村空巢老人的经济来源主要有三个方面：一是自己劳动的收入。农村老人是勤劳的，虽然年事已高，体弱多病，但他们依然种粮食、种瓜果蔬菜、养家禽家畜、就近打小工等，每年可挣 1 500~2 500 元。二是过年过节、生日庆典子女给的贺礼，有时也给一点赡养费。子女挣的钱多就多给，钱少就少给或不给，大概每年 800~1 000 元。三是国家拨付给农村老人的款项：农村 60 周岁以上基本养老保险金每人每月 75 元，80~89 周岁的每人每年高龄津贴 120 元，90~99 周岁的每人每年高龄津贴 200 元，100 周岁以上老人每人每年高龄津贴 2 400 元，独生子女奖励扶助每人每年 960 元，“五保”户散居的每人每月 390 元、集中供养的每人每月 260 元，低保每人每月 150 元，粮食直补款每人每年约 137 元。普安镇人均占地约 1 亩（1 亩≈0.066 7 公顷，下同），每亩地国家拨付 136.9 元/亩。这部分收入农村空巢老人可能只享受其中的 2~3 项。总体看来，普安镇农村空巢老人人均年总收入在 3 200 元左右。当问及他们的开支时，他们都觉得入不敷出：一是油盐酱醋茶、水电等生活开支。二是种子、农药、农膜、化肥等生产性开支。三是生病医药费开支，这部分开支最大。一旦入住医院，少则花费几千元，多则几万元，虽参加了新农合，但往来车船费、生活费、入院门槛费、住院自付部分，都是一笔难以承受的巨额费用。四是人情礼金开支，过去一般送 20 元、50 元，现在一般送 100 元，直系亲属送 200~400 元。空巢老人一年只有 2 000~3 000 元的收入，虽然省吃俭用，厉行节约，但经济上还是捉襟见肘。

（四）劳动强度大，生活太累

千百年来，土地是农民的命根子，是农民生存的基本保障。农村空巢老人与机关事业单位的退休人员有着显著的区别。在养老问题上，很大程度上他们必须耕作田地获得收入。在普安镇这样的深丘地带，地势凹凸不平，田地小块，大型农业机械无法使用，翻地、播种、施肥、收割都只能靠人工，劳动强度相当大。三湾村村民田某，现年 65 周岁，其妻杨某，62 周岁，夫妇俩居住在半山腰，自己有几分田在房屋下面的深沟里，有几分土在屋背后的山上，种好自己的责任地都有点力不从心，看着两个儿子媳妇的责任地抛荒十分心疼，于是又捡来自己耕种。虽然年收成有 2 000~2 500 千克水稻、约 1 000 千克玉米、约 1 500 千克红薯，但一年 365 天基本上都在地里干活，难得有休闲时光，更不要说享受什么精神生活。每当夜幕降临，夫妇俩回到家中早已累得腰酸背痛、筋疲力尽。“我们这种日子真正的是面朝黄土背朝天，享啥子福哟！”杨某如是说。

（五）防范意识不强，安全隐患多

调查发现，空巢老人安全问题存在隐患，易成事故受害者。一是安全意识不强。农村空巢老人的文化程度普遍偏低，对用火、用电、用气的基本常识不懂，容易发生事故。二是年龄大，行动不便。他们虽然早就超过退休年龄，但为了生活，舍不得那点责任田，常年在野外劳作，难免摔跤、闪腰，造成意外伤害。三是难抵御犯罪分子的侵害。空巢老人独门独户居住在偏远的地方，方圆几里都无人家，易成为犯罪分子实施侵害的对象。农村经常发生针对空巢老人的人身伤害、盗窃、抢劫、诈骗等违法犯罪的刑事案件。比如吴家沟村的吴某夫妇，都已 70 多岁，住在一个山沟里，周围没有人住，家里喂的鸡鸭经常被人偷，门锁常常被人撬。

三、进一步做好农村空巢老人工作的对策建议

根据农村的基本现实，结合农村空巢老人的热切期盼，为进一步做好农村空巢老人工作，结合该镇及全县实际，提出以下对策建议：

（一）大力推进农村产业结构调整，鼓励外出务工人员回乡创业

造成农村老人“空巢”的主要原因是子女因经济原因外出务工经商。要从根本上解决这个问题，必须要调整农村产业结构，发展本地多种经济，对农产品进行深加工，延伸产业链，使年轻村民能就近务工。目前，要改变农村老人“空巢”的现状，

只有大力调整农村产业结构，逐渐留住老人们子女外出务工的脚步，才是治本之策。一是根据镇情、村情，打造特色产业，促进就业。首先，利用广（安）武（胜）路沿线山多草茂的有利条件，大力发展草食性牲畜产业，投放牛、羊、兔苗，鼓励农户加入草食性牧畜养殖产业，这样既可增加农民收入，也可减轻农村空巢老人的劳动强度。其次，将石（垭）普（安）路沿线打造成晚熟血橙产业带，真正实现产村相融，三五年后，将其开发成农村乡村旅游带，增设农家乐的设备设施，开展健身、休闲、钓鱼、采摘娱乐项目。最后，新庙子村根据本村地势落差大、林地较多等实际情况，实施循环林下养殖黑鸡项目，有效促进群众增收致富，吸引农民工回家发展。二是政府要制定出切实可行的优惠政策，积极鼓励、引导外出务工人员回乡创业。田某是普安镇三湾村人，兄弟三人都在外务工、经商等，70多周岁的父母在家。他在外创业成功了，政府引导其回家创业，他充分利用三湾村山高沟深的地形，有天然的泉水，发展岩洞窖酒，鼓励村民种高粱，定价收购。目前修建村级公路5千米，平均每天用工10人。农民不出村就能打工挣钱，这不仅有利于乡村工作的正常开展，加快农村产业结构的战略性调整进程，促进农村经济社会的全面健康发展，更重要的是方便照顾老人和孩子，减少空巢老人和留守儿童数量，让农村空巢老人不再受孤独寂寞之苦，过上真正幸福的晚年生活。

（二）政府要加大财政投入，进一步完善社会保障制度

现在岳池县农村基本养老保险已经全面实施，每位农村老人每月可领取75元的养老保险金。由于岳池财政收入低，日常运转困难，无力提高农村老人的养老保险金和高龄津贴标准，在整个广安市内明显偏低。比如，80~89周岁，华蓥市是每人每年360元，而岳池每人每年只有120元；90~99周岁，华蓥市、前锋区、经开区是每人每年1 200元，而岳池每人每年只有200元。满100周岁老人，广安区是每人每月300元，而岳池每人每月只有200元。在整个社会生活水平不断提高的情况下，为了更好地保障农村空巢老人的生活水平，政府应积极采取措施。一是进一步拓宽享受最低生活保障的范围。对无生活来源、长期患病、久治不愈、丧失生活自理能力，且符合定期救助或低保条件的空巢老人，政府部门要及时把他们纳入低保范围，提高低保标准，从经济上保证空巢老人达到基本生活水平。二是出台农村老人购买养老保险的优惠政策。凡是购买养老保险的农村老人，政府从财政拿出一定资金，按比例进行补贴，使养老保险这一基本制度惠及所有农村老人。三是大力开展银龄意外伤害保险工作。为解决老年人在风险保障方面的需求，各级政府协助太平洋人寿保险公司建立老年人意外保险风险保障机制，对参保老人实行部分财政补贴，让他们享受到政府和社会的关爱。四是加大农村年轻人缴纳养老保险的基数，使得他们年老时也能像机关企事业单位退休人员一样领取养老金。

（三）建立健全农村公共医疗服务体系

调查发现，普安镇29个村只有21个村有卫生室，而所有村卫生室设备设施落后，药物配置不全，有的医生素质不高，技术水平有限。根据这一现状，要建立健全农村公共医疗服务体系：一是政府要加大农村公共卫生事业的投入，完善村卫生室的

设备设施，配备医疗技术人员，逐步提高医疗技术水平；二是要加强对乡村医生的培训，将学历低的乡村医务人员送往医科院校离职学习或送往规格高、医疗技术好的医院进修，不断提高乡村医务人员的技术水平；三是镇、村医疗单位要按照《国家基本公共卫生服务规范》为辖区内的老人建立健康档案，知晓每位老人所患病种及健康状况，定期为老人进行健康评估，及时发现风险因素；四是积极开展老年疾病的防控宣传，普及老年人膳食结构、调养保养知识，特别注重老年性痴呆、老年精神疾病的预防控制；五是镇、村医务人员要根据农村老人的健康管理档案，定期定时巡医，为行动不便的散居农村空巢老人提供上门服务，及时为他们送医送药。这样，镇、村两级医疗服务机构办好了，治疗费用低，方便快捷，能诊治常见疾病，空巢老人就会就近就医，解决他们“看病难”的现实问题。

（四）加大农民新村的建设力度

目前普安镇有 8 个村实行了整体拆建，已建成 20 个农民新村聚居点，入住新农村的空巢老人有 143 个。通过对大石沟村、吴家沟村等 4 个新村聚居点的查看走访，我们发现农民新村环境舒适、美丽整洁、生活方便、人气兴旺。新村建有村级卫生室、图书室、小型超市、健身广场等，安装了自来水、天然气，出行方便，邻里交往和谐，也可以养点小家禽，过上了城里人的生活。农民新村对农村空巢老人的养老十分有利：一是邻里之间生活上可以互相关心、互相帮助，在一起闲聊可以排遣郁闷、愉悦心情，打发悠闲的时光，解决精神空虚的问题；二是新村设有卫生室，有个伤风感冒、小病小痛，就医方便，能够得到及时诊治；三是新村基础设施完善，出行方便，通自来水、天然气；四是安全有保障，老人出入有水泥路，无障碍，集中居住小楼房，有防盗门、警务室等安全保障；五是新村有娱乐设施可以锻炼身体，有农家书屋，有网络。调查发现，所有农村空巢老人都愿意到新村居住。在目前城乡收入差距大，大量农民仍需外出挣钱的状况下，修建农民新村让农村散居空巢老人集中居住应该是长久之计。

（五）兴办农村养老机构，走家庭养老与社会化养老相结合的路子

目前，家庭养老是空巢老人的主要养老方式，但传统的家庭养老方式面临社会现实的挑战：“421”的家庭模式增多（一对夫妻需赡养四个老人，抚养一到两个小孩），子女数减少，流动性大，生存压力大，既有忙于生计的无奈，也存在代际矛盾的苦衷。所以，家庭养老也需要一个中介来承担。目前，普安镇有一家敬老院，有 50 个床位，集中供养仅 34 人，而全镇有 285 个“五保”户，光“五保”老人就有 251 人不能入住，而他们都散居在各村实行家庭养老。随着年龄的增长，这些“五保”老人的衣食住行、医疗卫生等都成了难以解决的问题。除此之外，普安镇年满 60 周岁及以上的空巢老人还有 2 242 人，年满 70 周岁以上的很大一部分愿意入住养老院，因为在养老院生活有人照顾，最重要的是有同龄老人的相互陪伴、照顾，生活显得充实、快乐。而普安镇及附近乡镇既没有一所公办的养老院，也没有一所民办的养老院。所以，集中养老还存在很大的缺口，难以满足农村老人的需求。那么如何破解这个难题呢？一是政府要大力新建、改建敬老院，增加养老机构床位供给量，适度拓宽

集中供养范围（敬老院供养对象仅限于“五保”户，有子女的空巢老人无法进入此行列），解决空巢老人无法集中供养、散居家庭养老的现实问题；二是可通过招商引资或者让富裕起来的村民投资兴办村养老院、托老所，一个村或者几个村联合起来办一个养老院，政府给予项目支持，出台优惠政策，在税收、土地、住建、金融、水电管理等方面给予相应的优惠，促进社会养老事业的发展。这样，国家投资一部分钱，其子女出一部分钱，空巢老人平时在养老院、托老所生活，老人们生活上有人照料，精神上有人慰藉，可达到让“子女放心、老人开心”的目的。

（六）大力宣传孝文化，严厉打击遗老弃老行为

调查中发现，农村存在少数子女孝道观念缺失，对父母不闻不问，不给赡养费，嫌弃老人，甚至打骂老人的现象。鉴于此，政府要加强“敬老、爱老、助老、孝老”教育：一是充分发挥广播、电视、电影、网络、短信、微信等平台的宣传影响，将中华民族的“孝文化”贯穿其中，在全社会形成“百善孝为先”的共识；二是利用板报、墙报、壁报、崖报、横幅大力宣传孝文化的精髓；三是利用大小会议、深入走访、座谈、普法等形式使孝文化在全社会成员中入脑入心，并以道德标准予以评判、行政手段予以监督；四是要充分利用春节、中秋节、重阳节等传统节日或返乡农民工多的时间节点，进行孝文化宣传，对于那些侍奉老人恪尽孝道的子女要给予表彰。同时，村级组织要积极开展敬老爱老活动。2015年重阳节，黄桷村的第一书记、党校教师蔡老师，成功举办了“敬老人、庆重阳”主题活动，给本村80周岁以上的老人献花、送慰问品，联系石垭镇医院为该村老人进行义诊。这次活动营造了敬老爱老的社会氛围。在大力宣传、倡导、弘扬孝文化的同时，镇、村要利用行政手段，联合司法部门，严厉打击有违公序良俗的遗老弃老行为。村镇要加大对《中华人民共和国老年人权益保障法》和涉及老年人的优待政策的落实力度，加大执法力度，依法处理和打击侵犯老年人合法权益的不法行为，对不尽赡养义务的家庭、子女进行公判公决，扩大影响，强化警示教育。

（七）聚各方之力，共同关怀农村空巢老人

家庭养老仍然是我国目前养老的主要模式，而农村空巢老人的养老更是以“散居家庭养老”为存在方式。在短时间内要改变这一现状还存在诸多困难。要缓解这一矛盾，必须聚各方之力，共同关怀农村空巢老人：一是村要建立健全老年人协会。由村集体经济补贴和村空巢老年人自筹建立村级老年协会。这个组织的职责是关心老年人生活、体贴老年人难处、解决老年人家庭矛盾、督促老年人赡养情况的落实。二是村干部要分片包干，建立定点定时联系农村空巢老人制度。对散居的农村空巢老人，村干部每周应该走访一次，了解他们生产生活、医疗卫生、精神生活等方面的实际困难并帮助解决。三是村级组织要组织本村党员就近分户联系空巢老人，以“邻居”的感情关心、关爱他们，与他们拉家常。四是开展“志愿者”服务活动，联系一个或几个空巢老人家庭，定期开展上门服务活动，了解他们的需求与困难，帮助他们解决一些亟待解决的难题。五是镇、村两级可组织低龄“老年志愿者服务队”或

低龄“老年党员志愿者服务队”，就近为高龄、特困、病残空巢老人提供日常照料服务。

总之，农村空巢老人是老年人中的一个特殊群体，其数量和比例正以前所未有的速度快速增长。切实解决好空巢老人的养老问题，妥善安排空巢老人的晚年生活，不仅是广大老年人及其子女的迫切愿望，也是应对人口老龄化、保持社会和谐稳定、促进经济发展的客观需要。我们相信，在各级党委、政府、社会的共同关注下，农村空巢老人的养老问题会逐步得到解决，他们明天的生活会更加美好。

课题负责人：雷建春

课题组成员：王俊、孙洪熙、周春艳

苍溪乡村旅游发展新探析

中共苍溪县委党校 苍溪行政学校 课题组

随着城市化和现代化进程的加快，越来越多的城市人渴望远离城市的喧嚣，利用周末、节假日等闲暇时间回归乡村，将身体与心灵放飞到宁静的大自然，因此乡村旅游成了人们休闲度假、释放压力的最好选择，也促进了乡村旅游产业的兴盛和发展。

乡村旅游是与都市旅游相对应的旅游产业形式，是指以各种类型的乡村为背景，以乡村田园风光、乡村生活和乡村文化为旅游吸引物，以农业和农村特色资源为基础，开发旅游产品，吸引游客前来观光游览、休闲度假、考察学习、参与体验的旅游活动。

苍溪县地处四川盆地北缘、嘉陵江中游，辖区面积2 330平方千米，因“树浓夹岸而苍翠成溪”而得名，是典型的山区农业大县，是国家级生态示范区。近年来，苍溪县大力实施“旅游强县”发展战略，依托良好的生态环境和资源优势，将乡村旅游作为一项重要支柱产业来培育，建设“醉美梨乡·水墨苍溪”，使乡村旅游成为当地经济新的增长点，更为当地群众打开了脱贫致富的大门。本课题组深入调研，结合苍溪乡村旅游发展现状，针对苍溪乡村旅游发展中的问题，提出加快苍溪乡村旅游发展的对策建议。

一、苍溪县乡村旅游发展现状

近年来，苍溪县以打造“醉美梨乡·水墨苍溪”特色旅游品牌为突破口，初步探索出了“政府主导、文旅融合、统筹城乡、全域发展”的乡村旅游发展模式，先后获得“中国最具影响力的生态红色旅游示范县”“全国休闲农业与乡村旅游示范县”“‘薪火相传·再创辉煌’长征精神红色旅游火炬传递活动最佳创新奖”等荣誉，创建成四川省首批乡村旅游示范县，被省委、省政府表彰为全省乡村旅游发展先进县，有5个省级乡村旅游示范镇、15个省级乡村旅游示范村。陵江镇被评为省级生态旅游百强乡镇，梨博园被评选为“四川十大最具潜力花卉观赏地”，柳池新农村文化园荣获2014年全国最美乡村称号。

（一）优势突出，旅游开发潜力巨大

一是地理条件优越。苍溪紧邻阆中、剑阁、广元等知名旅游目的地，是四川旅游北环线上的重要节点。二是生态环境良好。苍溪地处秦巴山脉，山高谷深，地貌奇特，森林覆盖率达45.8%，生态极佳，环境宜人。三是旅游资源丰富。除了红军渡·西武当山

国家4A级旅游景区、梨博园3A级景区外，苍溪还有黄猫垭、云台山、九龙山、寻乐书岩、青山观、观音寺、新店子等极具吸引力的景区景点亟待深度开发打造。与此同时，“两江”流域的湿地风景、逶迤幽静的森林风光、如诗如画的乡村田园、绿色环保的农副产品以及热情好客的农民朋友，都是极好的乡村旅游资源。四是深厚的文化底蕴。苍溪古来素有“川北淳邑”之雅称，人杰地灵，文化积淀深厚。辖区内出现过谯玄、王樾、杜甫、陆游、张道陵等重要历史名人活动的遗迹，存有崇霞宝塔、寻乐书岩、观音寺等珍贵历史文物，唤马剪纸、川北灯戏等民间艺术被发扬光大，红军文化、庭院文化饮誉全国。这些优势资源，使苍溪乡村旅游极具发展潜力和空间。

（二）党政重视，旅游投入逐年增加

近年来，苍溪县委、县政府对发展旅游产业的重视达到了空前的高度，把旅游工作纳入全县克难攻坚工作目标，纳入责任单位年度综合目标和单项目标考核，形成了县乡村三级联动、统筹推进的工作局面，旅游工作取得了实实在在的效果。一是整合旅游、文化、林业、交通、以工代赈、土地整理、新农村建设、环境整治等项目资金，打捆投入改善旅游可进入性工程，完成九龙山接待中心、寻乐书岩等省级文物保护单位设施配套和18个万亩（1亩≈0.066 7公顷，下同）现代农业园区及将军村、青山观村等景区景点建设。二是县财政每年预算一定数额的专项资金用于旅游产业发展。仅2015年县本级财政就拨付800余万元用于乡村旅游示范县建设。三是采取租赁、承包、股份合作等方式引进业主80余家投入资金30多亿元，加快推进了18个现代农业园区，建设了四星级旅游饭店苍溪国际大酒店、5A级旅游景点御楼兰毯坊、五峰峡漂流，启动建设苍溪国际商贸城·梨乡水韵旅游区、玉带峡等重点旅游项目。四是采取以奖代补方式，激发群众自主投入，培育了以“全国农村文化大户”陈治先为代表的庭院文化户5万户、乡村旅游经营户7万余户，打造星级农家乐150余家。

（三）规模初具，旅游发展势头看好

苍溪围绕红色（革命老区）、绿色（生态家园）、蓝色（生态库区）“三色”旅游发展，坚持把乡村旅游发展与现代农业园区建设、国家级生态县创建、城乡环境综合治理以及灾后恢复重建等结合起来，积极探索山区农业、生态、文化、旅游“四位一体”的乡村旅游发展模式，走出了一条乡村旅游发展、脱贫攻坚与生态小康新农村建设相融互动的发展路子。截至2015年年底，全县已创建成5个A级旅游景区、1个国家级森林公园、1个国家级水利风景区、1个全国农业旅游示范点、1个省级自然保护区、1个市级风景名胜区，建成了以“游东河风光，赏民俗文化”为亮点的将军村、以“观嘉陵胜境，揽梨园风光”为特色的红旗桥村、以“游状元故里，采汉昌遗风”为形象的青山观村，以及“百里香雪海”等乡村旅游重要景点。接待旅游人数从2010年的183.6万人次增长到2015年的390余万人次，综合旅游收入从2010年的6亿元增长到2015年的22亿余元。旅游品牌企业直接从事旅游从业人员近3 000人，间接带动就业万余人。

（四）精品不断，旅游品牌基本形成

为避免乡村旅游同质化，增强旅游产品的吸引力，苍溪坚持“特色化、差异化”

发展方略，着力打造精品。一是文旅精品。依托红色文化、农耕文化、书法文化、民俗文化等重点打造黄猫垭、红军渡·西武当山景区、寻乐书岩等乡村旅游景点。二是农旅精品。按照“一个园区就是一个景区”的思路，把全县18个万亩现代化农业园区按农业观光旅游园标准化进行改版升级，对乡镇场镇按旅游集散地功能进行统筹规划。三是水墨精品。彰显“水墨苍溪”旅游形象定位，着力推出梨、林、桃、荷、油菜等花草创意旅游园。目前，梨博园、红豆杉园、梅花园、桃花谷、漫花山庄、洋甘菊赏花基地等水墨创意旅游园已全面启动建设。

二、苍溪县乡村旅游发展面临的主要问题

虽然苍溪县乡村旅游发展方兴未艾，势头看好，但毕竟还处于起步阶段，旅游资源还未能真正形成产业优势，存在的问题和困难不容忽视。

（一）整体规划不科学

县委、县政府编制完成了《苍溪县旅游发展总体规划（修编）》《嘉陵江流域苍溪段旅游开发概念性规划》《苍溪云台山旅游区总体规划和重点区域控制性规划》《苍溪县九龙山·望天观旅游区总体规划》，做到了景（区）点规划领先，布局独有。但是，上述规划缺乏可操作性，也没有制定详细规划。苍溪虽提出了全域乡村旅游概念，但乡村旅游规划“乡土”味不浓，“农、旅”“文、旅”结合差，甚至个别旅游企业拍“脑袋”决策，完全没有规划。

（二）文化内涵挖掘不深

苍溪县目前围绕红色（革命老区）、绿色（生态家园）、蓝色（生态库区）“三色”优势，大力发展乡村旅游，但是，通过调研组的综合考察，苍溪县在文化内涵的挖掘上存在许多的不足，导致本县的乡村旅游发展的文化内涵挖掘深度不够：红色革命文化未能与旅游发展紧密结合，未能打造出如“井冈山”“延安”般知名的红色文化旅游品牌，没有自身独特的红色旅游产品。生态环境宜人应该说是苍溪县的优势，然而，独立经营的“农家乐”形式的乡村旅游，对乡土文化的挖掘不深，未能从消费者的角度去深度思考。“农家乐”旅游除了吃饭就是打牌，乡村住宿、农事体验、田园观光、民间文艺展演、民间工艺品展示、销售购物等系列旅游产品缺乏。蓝色生态库区旅游开发还处在规划阶段，要体现“最忆苍溪县，送客一亭绿”（宋·陆游《怀旧用昔人蜀道诗韵》）和“送客苍溪县，山寒雨不开。直愁骑马滑，故作泛舟回。青惜峰峦过，黄知橘柚来。江流大自在，坐稳兴悠哉”（唐·杜甫《放船》）的意境还需深度挖掘。

（三）基础设施建设滞后

尽管乡村旅游区开发时对基础设施建设都有较大的投入，但由于乡村旅游地大都位于城市的郊区和经济发展水平相对较低的农村，许多基础设施仍然适应不了游客的需要。苍溪县在基础设施滞后上表现非常明显：乡村旅游客运线路较少，旅游运输车辆档次不高；一些乡村地区交通不通或通而不畅，去目的地需要几经辗转；参与乡村旅游营运的旅行社少，星级旅游饭店和宾馆数量严重不足；旅游商品专卖店、地方名

特小吃不成规模；旅游地的停车场、洗手间、座椅、指示牌等公共设施简陋，客房、餐厅、茶楼条件差，满足不了游客的需要，难以留住游客。

（四）建设资金严重不足

目前，“大旅游”发展格局还未全面建立，大产业融合机制、决策机制不健全，未建立旅游产业发展基金，无重大旅游项目带动，旅游优惠政策不落地，政务服务不优，企地合作不紧密，旅游项目招商引资难，旅游项目落地难。一是重点旅游项目产业、基础等配套不够，无法形成企业投资旅游的“洼地效应”，导致如“一江三湖”、黄猫垭这样的优质旅游资源未能尽快开发；二是投资企业在苍溪县土地出让、林地流转、税收减免等优惠政策不落地；三是旅游发展专项资金少，少数地方不愿投资抓旅游；四是旅游局对全县乡村旅游规划、发展、指导、服务缺乏必要的经费保障。

（五）管理服务人才匮乏

由于乡村旅游的特点，乡村旅游需要既具备旅游开发和营销专业知识的人才，又懂乡村生活实际情况的管理人才。调研组发现，在苍溪县乡村旅游的实际中，乡村旅游管理服务人才匮乏非常明显：很多乡村旅游企业以家庭式的结构进行管理，企业管理服务人员都是家族内的人，许多乡村旅游区的服务人员也由当地农民担任；专业的乡村旅游经营管理人员相对较少，对乡村旅游从业人员缺乏系统有效的培训；乡村旅游景点管理相对滞后，服务质量不高；经营管理体制不健全，许多开发和经营行为得不到应有的规范，服务质量难以让游客满意，更缺少个性化、特色化服务。

（六）推介促销力度不够

苍溪县乡村生态旅游市场开发定位在老顾客和本地、周边游客身上，很少走出去宣传促销，其宣传促销手段以发传单、名片和宣传册为主，并多局限在人际的范围和较原始的手段，主动宣传、参加集体促销、利用新媒体平台促销推介的意识不强，这很难适应旅游市场竞争日趋激烈的新形势。市场宣传促销不力严重制约了乡村生态旅游的发展。

三、加快苍溪县乡村旅游发展的对策建议

“十三五”期间，苍溪将紧紧围绕“醉美梨乡·水墨苍溪”旅游形象定位，以智慧旅游、低碳旅游、创意旅游、文化旅游为重点，充分融入商、养、学、闲、情、奇等旅游要素，大力推进旅游产业全域覆盖、旅游景区全域联动、旅游产品全域优化、旅游线路全域统筹、旅游品牌全域整合、旅游市场全域营销，着力打造“一心两带四区两基地”，把旅游产业培育成县域经济发展的战略性、支柱性产业，实现经济效益、社会效益和生态效益互促共赢。到 2020 年，年接待游客总量突破 500 万人次，旅游总收入突破 50 亿元，旅游产业增加值占全县地区生产总值比重达到 12%。全县直接旅游从业人数达到 2 万人，带动社会就业达到 8 万人。全县引进投资超 10 亿元的旅游综合体项目 2 个以上，培育年营业收入超过 3 亿元的旅游骨干企业 2 个以上。打造红色旅游、乡村旅游、生态旅游三大国家级旅游品牌，规范提升国家级水利风景区、国家级森林公园，创建生态旅游示范区 1 个，累计建成国家 4A 级旅游景区 4 个，

打造苍溪元素旅游镇 10 个、旅游示范村 50 个、万亩休闲农业与乡村旅游园 20 个、微型田园（农家乐园集群）100 个，培育提升精品休闲旅游农庄 100 家，推出以红色文化、农耕文化、道教文化、运动体验、康养休闲为主题的 10 条精品旅游线路。

（一）正确定位，科学规划，保持乡土特色

立足丰富的自然和人文资源，苍溪县应以生态旅游为龙头，以红绿蓝“三色”旅游和道教文化旅游为依托，建设形象鲜明、风貌独特、吸引力大、竞争力强的“全国乡村旅游强县”，以此作为苍溪县旅游产业发展的定位。在旅游总体规划上，起点要高、着眼要远，一次规划，分步实施，逐步完善。对规划区域的景点线路一时不能实施的，应留足道路宽度，严格控制民宅建筑等。一是着力打造建成“醉美梨乡”精品乡村旅游示范带。充分利用中国雪梨之乡、中国红心猕猴桃原产保护地等资源，以已建成的金兰、三井等 16 个万亩现代农业园区和正在建设的三会、寻乐书岩现代农业园区为核心，按照“一带：百里香雪海乡村旅游带，两廊：河西乡村旅游示范走廊、元龙百里乡村旅游示范带走廊，五环：五龙片区环线、元坝云峰片区环线、青龙片区环线、岐坪文昌片区环线、东溪片区环线”的整体布局，以“微田园+主题农庄+特色旅游产品加工制造基地”模式为重点，加快乡村旅游线路基础设施建设，完善乡村旅游元素配置，加速建设乡村旅游示范带。二是着力打造“水墨苍溪”水上生态文化旅游带。依托嘉陵江开发湿地生态旅游、创意体验旅游、艺术创作旅游、运动健身旅游等特色旅游产品，将亭子湖创建成国家级风景名胜区，梨花湖创建成国家级湿地公园，使凤凰湾、杜里坝等重大旅游项目取得突破性进展，建成生态、康养旅游区。

（二）利用优势，深度挖掘，打造独特品牌

按照以旅游为龙头、产业为基础、文化为支撑的总体思路，坚持重“点”、连“线”、成“面”，按年度重点打造，依次推进。目前，苍溪县旅游业态丰富，达 260 多处，但是核心竞争力弱。要突出“拳头”产品，必须要打造知名度高、影响力大的品牌。要突出以云台山为基础的道教文化、以中国苍溪雪梨为品牌的梨文化、以长征出发地为基础的红色文化、以传统农耕为基础的乡村旅游。重点打造以云台山道教文化为核心的修心养身康养旅游和以梨文化为核心的休闲旅游。对以红军渡、黄猫垭为核心的红色体验旅游，以传统农耕为核心的乡村旅游进行重点挖掘、深度开发。

（三）因地制宜，突出特色，采取灵活发展模式

苍溪县乡村旅游内涵丰富，要采取不同的发展模式，突出不同的旅游特色，以不同的旅游形式吸引游客。一是农家乐，突出休闲特色。利用田园景观、自然生态、民俗风情等资源，以“住农家屋，吃农家饭，干农家活，享农家乐”为主要特色，让游客体验农家生活，如将军村、红旗桥村以及城郊的农家乐。二是观光农业园，突出产业特色。在城市近郊或旅游景区附近开辟特色果园、菜园、花圃等，让游客入内摘果、拔菜、赏花，享受田园乐趣，如嘉陵第一庭园、狮岭村等。或是以成规模的现代农业园区为载体，把特色农产品生产销售、观光休闲、农事体验、科普教育等有机结合起来，如三井、荞子坝、白桥坝等现代农业园区。三是休闲度假胜地，突出山水特色。依托自然生态良好、风景迷人的高山森林、江河湖泊，修建纳凉度夏、观叶赏雪

的度假村、休闲山庄，如九龙山自然保护区、三溪口林场、亭子口库区水上度假区等。四是怀古寻踪地，突出文化特色。要展示苍溪县深厚的历史文化底蕴，满足特定人群的文化精神需要，如红军渡、青山观、寻乐书岩、云台观等。

（四）增加投入，完善功能，加快建设步伐

政府要对乡村旅游建设给予优惠政策和一定的自主权，在项目资金安排、土地规划利用、金融信贷平台、项目产品开发和合法利益保护上，给予相关的扶持和优惠。按照城乡一体化要求，加快研究制定扶持乡村旅游发展的办法和措施。同时，要积极鼓励招商引资开发旅游事业，简化旅游投资企业办事程序，提高招商引资的服务质量。要采取政府引导、政策调动、利益驱动、市场推动的方式广泛融资。一是在生态保护、交通能源建设、退耕还林等项目和旅游发展资金使用等方面实行重点倾斜，搞好政府的引导性投入。二是精心包装旅游开发项目，以优惠的政策、良好的环境、灵活的机制广泛对外招商，吸引大财团大集团资本、国外资本进入开发。三是采取拍卖经营权、出让产权、租赁、合资、入股等方式，积极吸引民间资金和社会资金投入旅游开发。四是充分发挥农民主体作用，让村民以资源入股、资金入股等形式，或以工代资、以劳动力转化为股份等形式，共同参与乡村旅游开发。

（五）提升服务，创新机制，加强人才培养

要进一步提高乡村旅游的服务水平，必须规范提升相关人员的整体素质。加强对乡村旅游从业人员的教育培训和强化培训，是提升乡村旅游业整体素质的重要一环。首先，要对从事乡村旅游工作的在岗人员进行专业培训，学习政策法规、市场动态、经营和操作程序、环境教育等专业知识及相关知识，使他们真正能够承担乡村旅游的各项工作。其次，要引入高素质的专业人才，建立专业的乡村旅游管理队伍，如酒店管理、旅游开发、旅游营销等专业知识人才，为实现乡村旅游的可持续发展提供人才保障。最后，应注意培养一支由本地农民组成的乡村旅游从业人员队伍。本地农民熟悉当地的民风民俗，由本地人来管理、服务，既是对当地乡村旅游的发展，也可以解决当地的就业，促进当地经济发展，从而谋求乡村旅游新突破，使乡村旅游健康、持续、稳定地发展。

（六）精心策划，拓展市场，搞好旅游促销

苍溪县要对乡村旅游景区、重点项目重点策划、精心包装，大力发展红色旅游、乡村生态旅游。充分挖掘地方传统文化、农耕文化，强化对外宣传。筹办旅游活动，开发旅游产品，为休闲农业和乡村旅游营造浓厚氛围；挖掘本土文化，深度挖掘道教文化、红色文化、农耕文化、唤马剪纸文化、根雕文化等充实乡村旅游内涵，打造文化品牌，加强对外宣传；规划以道教文化为核心的节庆活动、以红色文化和农耕文化为核心的体验活动，拍摄宣传片、制作微电影，通过中央电视台等权威媒体进行宣传；以梨花节、猕猴桃采摘节、年猪节等节庆文化扩大宣传效果。

（七）适度开发，合理利用，保护生态环境

乡村旅游是乡村资源保护和旅游开发有机结合的产物，所以发展乡村旅游必须紧紧抓住农村旅游资源优势，以保护为前提和基础，充分考虑环境、文化和社会的承载力，适度开发、合理利用，确保乡村旅游的可持续发展。在开发乡村旅游时，首先应该尽量保留自然和谐的乡村意境，各乡镇、村应根据自身地域特点，因地制宜地进行重点开发、创新开发，坚持保护与开发有机结合，以确保当地的生态环境、民俗文化不受破坏，乡村经济社会可持续向前发展；其次要重点保护好文物古迹，严格做到保护性开发，做好文物古迹和现代建筑的有机结合；最后要大力实施绿化、净化、美化工程，整治脏、乱、差现象，强化居民和游客的环保意识，树立良好公德，共建优美环境，推动乡村旅游健康快速发展。

课题负责人：张蓉华

课题组成员：伍祥文、韩润山、祖军、赵小蓉、车帮凯

乐山市社会养老服务体系发展现状及路径探索

中共乐山市委党校 乐山行政学院 课题组

随着中国人口老龄化、高龄化、空巢化等趋势日益明显，家庭的核心化和小型化使传统的家庭养老功能日益减弱，老年人社会养老服务需求逐渐增加，倒逼社会养老服务事业向规模扩大化、服务类别多元化、服务层次高标准化方向发展。乐山市现有60周岁以上老年人口73.14万，80周岁以上老年人口9.1万，分别占总人口数的20.6%和2.55%，远超过全国老年人口比例。面对人口老龄化的挑战，社会养老服务供给严重不足，大力加快乐山养老服务发展成为乐山经济和社会发展的重要任务之一。

要消除乐山社会养老服务业发展中的诸多问题，实现养老服务体系建设的“十三五”规划目标，使养老服务业成为乐山新的经济增长点，就要把脉乐山社会养老服务体系的现状，诊断乐山社会养老服务体系的困境，进而探索乐山社会养老服务体系构建的路径。

一、乐山社会养老服务体系的现状

（一）政策先行：全方位构筑乐山养老服务体系

一是“定调子”，融入四川省“一区两片三带”养老服务发展格局。2015年12月，四川省人民政府办公厅印发了《四川省养老与健康服务业发展规划（2015—2020年）》，明确四川省到2020年要构建特色鲜明、布局合理、创新发展的“一区两片三带”养老与健康服务业发展格局。乐山同德阳、绵阳、遂宁、眉山、雅安、资阳一同被纳入了创新发展核心区，成为四川养老与健康服务业多业态布局的核心区域。

二是“明方向”，将养老服务业提升为乐山五大新兴先导性服务业之一。2015年，乐山市人民政府颁布的《乐山市五大新兴先导型服务业发展工作推进方案》指出，养老健康服务业作为乐山市五大新兴先导型服务业之一，已经成为极具成长性的朝阳产业，不仅是政府保障和改善民生、应对人口老龄化、落实“病有所医、老有所养”要求的迫切需要，也是扩大内需、拉动消费、调整经济结构、转变经济发展方式的重要手段。

三是“构蓝图”，制定养老服务业短中长期发展目标。第一，养老服务业发展被纳入了民生目标任务。2015 年省委、省政府把“为 200 万名老人提供居家养老服务”纳入了 20 件民生大事，把“开展农村区域性养老服务中心建设试点，新建改造养老床位和日间照料中心”纳入了十项民生工程。居家养老服务体系建设、日间照料中心建设和养老机构床位新建成为乐山市各级政府目标考核的重要组成部分。第二，制定养老服务业“十三五”发展目标。2016 年 3 月颁布的《乐山市国民经济和社会发展第十三个五年规划纲要（2016—2020 年）》中提出，要全面建成以居家为基础、社区为依托、机构为补充，功能完善、规模适度、覆盖城乡的养老服务体系。到 2017 年，养老服务设施覆盖 90%以上的城市社区、75%以上的乡镇和 50%以上的农村社区；养老床位总数达到 2. 6 万张以上，每千名老年人拥有养老床位 33 张以上。到 2020 年，养老服务设施覆盖所有城市社区、90%以上的乡镇和 60%以上的农村社区；养老床位总数达到 2. 75 万张以上，每千名老年人拥有养老床位 35 张以上。也就是说，在“十二五”时期养老格局的基础上，“十三五”时期要做到的是全面提升社会养老服务水平。

四是“强保障”，多方面助推养老服务业健康持续发展。从满足用地需求、加强医疗服务、加大财政性资金投入、加强养老信息化建设、完善养老服务业统计制度、拓宽投融资渠道、分解目标任务、推进重大项目实施、完善工作机制、健全督查机制十个方面出发，推动乐山市养老服务业做强做大，同时，也明确了履行各项保障措施的相关责任单位，以确保责任落实到位。

（二）居家养老：个性化定制满足多需求养老

一是“保基本”，扩大居家养老服务补贴制度覆盖范围。2014 年，乐山市建立为困难家庭的失能老人、独居老人和 80 周岁以上高龄老人提供每人每年 300 元补助的居家养老服务补贴制度，2014 年该项制度覆盖全市 4. 35 万老年人，到 2015 年，人数扩展到了 8. 53 万人，全市城市、乡村居家养老服务覆盖率分别达到 100%、36%，建成城乡居家养老服务机构 383 个。

二是“促共建”，引入社会力量共筑居家养老新格局。2014 年乐山选取市民政局“居家养老服务”项目作为政府向社会力量购买基本公共服务的首批试点，通过公开招标的方式确认了民办非企业乐山市养老服务中心作为乐山市“12349”养老服务运营平台，中国电信股份有限公司作为 12349 通信服务提供商，为全市老人搭建现代化智能信息服务平台及救助指挥系统，构建市、县（市、区）、街道（乡镇）、社区四级养老服务信息管理体系和 24 小时呼叫服务体系，为需要居家养老服务的老人提供助餐、助浴、助洁、助急、助医等居家养老服务。同时，在各县（市、区）建立起 12349 平台县级体验中心（具体时间表见表 1）。线下体验中心，为老年人提供远程医疗、康复指导、健康体检、动态健康管理、精神慰藉、文化娱乐、日间托付、信息咨询等服务；线上 12349 热线，为老年人提供紧急救助、家政、外卖点餐、开锁等服务。通过线上与线下相结合的方式，打造虚实结合的“没有围墙的养老院”。截至

2015年年底，乐山市养老服务中心已经在市中区、夹江县、沙湾区、五通桥区整合爱心服务商家1 456家，为22 231名老年人提供了服务，实施紧急救助8次，开展社区宣传活动71场次。中央电视台也就乐山开展的此项工作进行了采访。乐山以“12349公益服务热线”为抓手，整合了更多的社会力量开展为老敬老服务，丰富了居家养老服务形式，构筑起了乐山居家养老的新格局，同时也刺激了更多社会力量关注和投入养老服务业的积极性。

表1　“12349”平台县级体验中心建设进度表

县（市、区）	平台开展服务时间
五通桥区、沙湾区、夹江县	2016年1月
沐川县、犍为县、井研县、峨眉山市	2016年8月
峨边县、马边县、金口河区	2017年1月

注：数据来源于《乐山市民政局关于扎实推进“12349”平台建设工作的通知》。

（三）社区养老：多形式共享复合型养老资源

一是“建基地”，加快城乡日间照料中心和农村幸福院建设。本着对半失能老人的“日间统一照料，晚上分散居住”的原则，截至2015年年底，乐山共建成城乡日间照料中心177个、农村幸福院369个。以城乡日间照料中心和农村幸福院为基地，为老人们提供了膳食供应、个人照顾、保健康复、精神慰藉、休闲娱乐等日间服务，在保障老年人居住安全的同时，极大地丰富了老年人的日常生活。

二是“设平台”，探索区域性养老服务中心试点工作。截至2014年年底，乐山市敬老院床位数为11 298张，农村“五保”对象11 549万名，集中供养7 853名，集中供养率为68%，敬老院床位冗余30%，部分敬老院资源闲置。为有效缓解农村养老机构床位冗余问题，乐山从2015年开始，在五通桥区冠英镇等5所农村敬老院开展了区域性养老服务中心试点，面向老年人开展社会化养老服务，整合敬老院闲置床位，满足了部分农村社会老人的养老服务需求。2016年全市将建设农村区域性养老服务中心的数量扩展到18个乡村，提出要实现民族地区“五保”集中供养的全覆盖，从点出发，扩大供养面，在确保基本养老制度基础上，实现社会化养老覆盖范围的纵深扩展。

（四）机构养老：多层次提供专业化集中照料服务

一是“扩容量”，公办养老机构数量迅速扩张。由于地方政府的重视，养老机构数量和养老机构床位数快速增长：2009年，乐山市、县（市、区）两级社会福利院仅5个，2014年迅速增加到了13个，确保了社会福利院在各县（市、区）的全覆盖（包括市级社会福利院1个，峨眉山市民政福利院1个，峨眉山市养老院1个，其他10个区县各1个）；2009年乐山市县两级城市福利院床位数为790张，2014年增加到了3 405张，在5年间快速增长了3.31倍（见图1、图2），高于全省增幅。

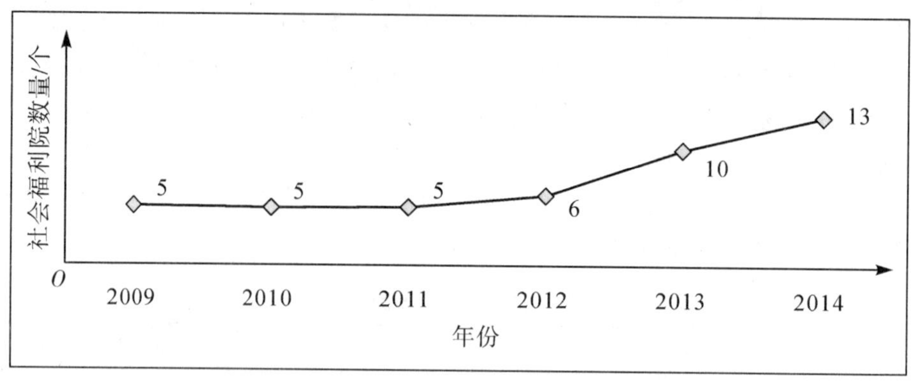

图 1　2009—2014 年乐山市社会福利院数量变化情况

注：数据来源于 2010—2015 年《乐山统计年鉴》。

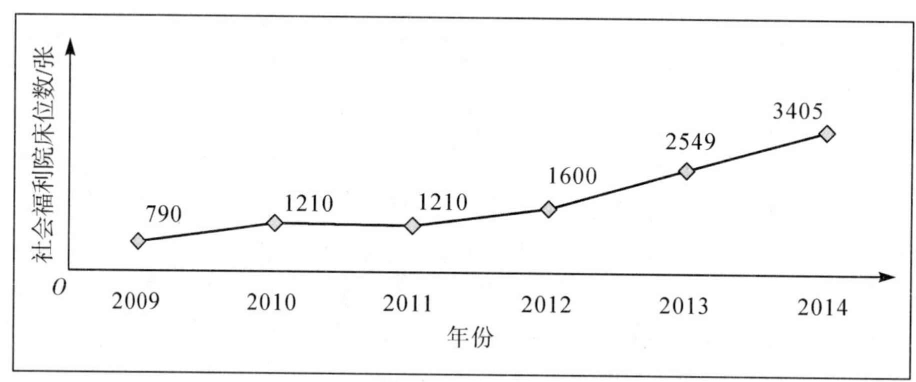

图 2　2009—2014 年乐山市社会福利院年末床位数变化情况

注：数据来源于 2010—2015 年《乐山市统计年鉴》。

二是“重实效”，引入专业社工开展为老服务。在乐山部分市级、县（市）区福利院（如乐山市社会福利院、峨眉山市民政福利院等）成立了社工班，为老人开展入院评估，进行院舍适应辅导、个案服务、小组活动、社工督导、志愿者和义工服务管理等专业服务，组织大型活动，为失能老人、半失能老人引入了音乐疗法，为老人读书读报等，大大提高了提供养老服务的专业化水平。

三是“医养融合”，整合资源实现医养融合。第一，医疗机构设立医养结合中心，如乐山市中医院筹建了医养康结合中心，设立老年托养区、老年病区、康复病区、治病中心和体检中心五个区域，确保老年人不出养老区疾病就能得到治疗、康复和保健。第二，医疗机构入驻养老机构，如峨眉山市民政福利院引入了一家民营综合性医疗机构——峨眉金顶医院，形成护理为主、医疗为辅的养护型养老格局，定位跟踪福利院老人开展基本医疗康复，按时巡诊非自理护理区老人，为自理服务区老人开展紧急急诊。第三，加强老年病专科医院建设。乐山市老年病专科医院作为非营利性质的国家“二级甲等”医院，是乐山引入社会资本的一个成功典范，有床位 1 000 余张，已经发展成为西南最具规模、专业性最强的老年病专科医院，极大程度上满足了乐山市及附近市州老年人的医疗需求。目前老年病医院正朝集老年医疗、教研、养老、康复、临终关怀、老年产品服务于一体的三级医院方向发展，尽力为老年人提供更优质的医养服务。

二、乐山社会养老服务体系构建的困境

在政策支持下，乐山养老服务体系不断成长壮大，但在发展过程中，养老服务供给严重不足、社会力量参与度有待提高、社区养老服务设施建设和运营缺乏长效机制、养老产业尚未形成产业规模和产业链不完整等问题依旧突出。

（一）养老服务体系建设相对滞后

一是乐山老龄化率高于全国平均水平。2014 年年末，乐山人口老龄化率为 20.6%，远高于全国 15.5%的平均水平，且各县（市、区）除马边县以外，老龄化率均高于全国平均水平，老龄化问题突出（见表 2）。

表 2　2014 年乐山市各县（市、区）老龄人口基本情况

	60 周岁以上人口/人	总人口/人	老龄化率/%
市中区	133 634	609 964	21.91
沙湾区	44 715	186 012	24.04
五通桥区	74 059	314 188	23.57
金口河区	9 823	52 722	18.63
犍为县	113 581	568 353	19.98
井研县	87 428	412 840	21.18
夹江县	77 406	350 256	22.10
沐川县	45 344	258 595	17.53
峨边县	24 051	153 137	15.71
马边县	26 895	218 619	12.30
峨眉山市	94 432	432 691	21.82
乐山市	731 368	3 557 377	20.56

注：数据来源于 2015 年《乐山统计年鉴》。

二是养老服务业人力资源支撑不够。乐山在养老服务业发展过程中缺乏投资管理、经营管理、医疗、护理等人力资源支撑，各类养老机构中现仅有 3 名助理社会工作师，还没有社会工作师参与到养老服务当中。2014 年全年度养老服务机构开展志愿活动人次为 0①，严重制约了老龄事业的发展。

三是资金政策落实不到位。按照属地管理的原则，各市（州）、县（市、区）是推进社会养老服务体系建设的责任主体，在中央补助和省级政府补助的基础上负责筹集养老服务体系建设中重点任务项目资金，如在新增和改造养老机构床位问题上，省级财政对市（州）本级和非扩权县按最低标准的 50%给予补助，对扩权县按最低标准的 60%给予补助，其余部分由市（州）、县（市、区）政府统筹。其结果导致各养

① 全省养老服务机构开展志愿者服务共 7 451 人次。

老民生项目资金落实往往受地方财政状况的影响较大。在地方财政困难的情况下，乐山市部分养老服务设施建设资金难以落地。

四是医养脱节。乐山现有7家老年医院，远低于四川省（除成都外）20个地市州的24.5家的平均数，且其中有5家都在市中区，老年医院资源分布严重不均，医养结合不紧密问题日益成为制约乐山养老服务业发展的瓶颈之一。这主要表现在：第一，养医衔接程度不高。养老机构和医疗机构设置规划未能有效衔接，养护型、医护型养老机构建设不足，护理床位比例偏低，养老机构内设医疗设施功能不完善。第二，服务能力欠缺。社区养老服务设施与社区医疗卫生服务结合不紧密，通常只能提供日间照料服务，不能满足高龄、失能老人生活照料和医疗护理叠加的服务需求，养老机构中由于工资待遇、职称评聘、硬件配置等诸多因素的限制，使得医疗服务承载能力难以满足入住老年人的需求。第三，工作机制不健全。医养结合的相关职能分散在民政、人力资源和社会保障、住房城乡建设、国土资源、消防等多个部门和单位，部门间政策、标准不统一，沟通协调机制不畅，导致在管理中难以形成合力。

（二）居家养老服务能力不足

一是家庭结构变迁导致赡养负担沉重。1973年我国开始施行计划生育政策，使城镇和乡村出现了大量的独生子女家庭，2人、3人家庭成为家庭类型主体。目前，乐山市家庭户平均规模为2.76人，家庭小型化趋势明显，独生子女家庭父母养老问题的突出性与家庭人口资源的有限性矛盾凸显出来。家庭赡养负担加重使得社会化居家养老服务需求不断增加。

二是居家养老辐射范围不广。截至2015年年底，12349服务平台提供的居家养老服务仍主要集中在各县（市、区）中心城区，其余通信和交通不便的边远山区，尤其是彝族地区，由于居家养老服务辐射半径不足，严重限制了居家养老服务的开展，导致城乡和不同地区之间居家养老服务发展水平的不均。

三是能够提供居家养老服务的主体类型单一。目前乐山市提供居家养老服务的主体主要有三类：社区工作人员、志愿者和社会组织。其中，第一类人群占主要地位，他们大多缺乏专业的养老照护和医疗经验，且还需要兼顾日常的社区事务，使得居家养老往往流于形式，效果并不显著。志愿者团体更多是在城市社区发挥作用，队伍本身存在较大流动性，服务半径有限。在社会组织方面，目前乐山提供居家养老服务的社会组织主要局限于乐山市养老服务中心一家，其他社会组织还未被整合进居家养老服务队伍当中，结果是行业内部缺乏竞争，服务内容和形式较为单一。

（三）社区养老设施建设水平不高

一是城乡日间照料中心建设进度不均。根据《乐山市养老服务业发展工作推进方案》的要求，要在2017年实现90%的城市社区、50%的农村社区建有老年人日间照料中心；2020年实现100%的城市社区、60%的农村社区建有社区老年人日间照料中心。但截至2015年年底，乐山共建成城乡日间照料中心177个，其中城市126个，农村51个，分别覆盖了53%的城市社区和2.5%的农村社区，农村社区日间照料中心建设严重滞后。要完成2017年目标任务，城市社区缺口达107个，农村社区缺口达965个。

二是社区养老发展程度不高。从 2014 年起，乐山将建设城乡老年人日间照料中心和农村互助养老幸福院纳入了民生目标任务。截至 2015 年年底，全市共建成城乡日间照料中心 177 个、农村互助养老院 369 个，但随之而来的后续资金保障不足、使用效率较低、服务管理水平不高、设施功能配套不齐全等问题不断凸显，使得部分地区社区养老服务设施形同虚设，使用率较低，各类社区养老机构未能充分发挥让老人“老有所养，老有所乐”的功能。

三是社区养老设施城乡发展不均。目前乐山城市社区养老服务设施的覆盖率明显高于农村，虽然大多数城乡社区都设立了老年协会，但是在托老所、老年大学设施建设方面差距明显，农村社区养老基础薄弱，养老服务事业发展滞后。

（四）机构养老供需结构失衡

一是养老机构规模较小。目前全市 130 家公办养老机构（包括社会福利院和敬老院）中，0~99 张床位的养老机构有 88 家，100~299 张床位的养老机构有 40 家，300~499 张床位的养老机构仅有 2 家。大规模养老机构缺乏，养老机构床位数难以满足巨大的市场需求。截至 2015 年年底，全市共有各类养老服务机构（包括社会福利院、敬老院、日间照料中心、农村幸福院、民办养老机构）690 个，拥有养老床位数 1. 88 万张，收养老年人 1. 11 万人，每千名老年人拥有养老床位 26. 6 张，低于“十二五”末每千名老年人 30 张养老床位的目标数。

二是公办养老机构社会代养能力较弱。目前，乐山 13 家社会福利院床位数为 3 405 张，在院民政对象（农村“五保”、城市“三无”及其他民政救济对象）人数为 2 171 人，占总床位数的 64%。公办养老机构中居住人数为 11 657 人，其中优抚对象 465 人，“三无”和“五保”对象 9 539 人，其他民政救济对象 84 人，自费人员 1 569 人（见图 3）。公办养老机构由于居住条件优越、养老配套设施完善、服务人员素质较高，成为社会代养老人的首选。但由于巨大的供给缺口，出现有社会代养需求的老人长期等候空缺床位不能入住的情况。巨大的养老服务需求和养老机构供给能力严重不足的状况并存。

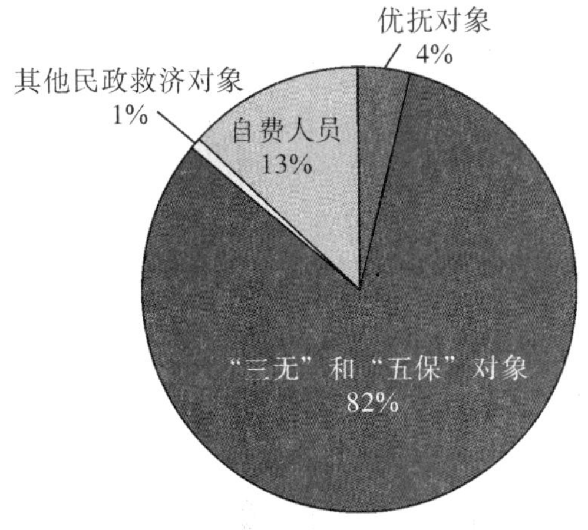

图 3　公办养老机构年末在院人员构成情况

注：数据来源于《四川民政统计年鉴（2015）》。

三是乡镇敬老院养老供给能力不足。乡镇敬老院作为最接近普通群众的公办养老机构，在巨大的养老服务需求面前，却呈现出床位数增长缓慢，个别年份甚至负增长的状况（见表3）。其中，近年来，沙湾区、峨边县、马边县、峨眉山市敬老院床位数量较少，使得基层的养老需求难以得到满足。

表3　2009—2014年乐山市各县（市、区）敬老院床位数基本情况　　单位：张

	2009年	2010年	2011年	2012年	2013年	2014年
市中区	845	965	1 345	1 295	765	1 133
沙湾区	524	560	560	665	815	710
五通桥区	870	903	957	957	957	1 075
金口河区	156	154	191	221	92	301
犍为县	1 670	1 670	1 845	1 845	1 865	1 915
井研县	2 364	2 364	2 364	2 364	2 368	2 368
夹江县	280	525	525	525	525	970
沐川县	1 013	1 013	1 013	1 083	1 083	1 261
峨边县	318	314	314	314	530	386
马边县	465	465	515	565	609	347
峨眉山市	1 112	1 200	1 000	1 000	1 000	832
乐山市	9 617	10 133	10 629	10 834	10 609	11 298

注：数据来源于2010—2015年《乐山统计年鉴》。

四是民办养老机构满足有效需求的能力不足。乐山现共有16家民办养老机构（具体分布情况见表4），占乐山养老机构总数的11%。总体呈现的特点是：一方面，民办养老机构构成不合理。处于市场两端的豪华型养老机构和设施简陋的养老机构较多，真正符合大多数老年人需要的中档养老机构所占份额较低，民办养老机构格局呈现两头大、中间小的“哑铃形”，直接导致大量老年人的有效需求得不到满足。另一方面，民办养老机构经营困难。养老机构的特点是投资大、见效慢、利润低、风险大，大型养老机构投资预期回收周期为10年以上。随着租赁费用、人工成本逐年递增及土地纠纷等问题的出现，部分民办养老机构赢利能力下降，运营比较困难。民办养老机构满足有效需求的能力不足、养老服务目标群体定位不准、经营不善等问题同时存在，导致超过三成的民办养老机构入住率不到70%。

表4　乐山市各县（市、区）民办养老机构数量　　单位：家

县（市、区）	市中区	沙湾区	夹江县	犍为县	沐川县	峨边县	合计
数量	7	1	4	2	1	1	16

注：数据来源于乐山市民政局，时间截至2015年年底。

三、乐山社会养老服务体系构建的探索

综合乐山养老服务业发展中的各类问题，在巨大的社会养老服务需求面前，就需要尽快建立以机构养老、社区养老、居家养老服务为主体的“9073”的养老服务格局，强化老年医疗保健服务，拓展养老保险服务，完善养老信息化服务，兼顾养老事业和养老产业共同发展（见图4）。

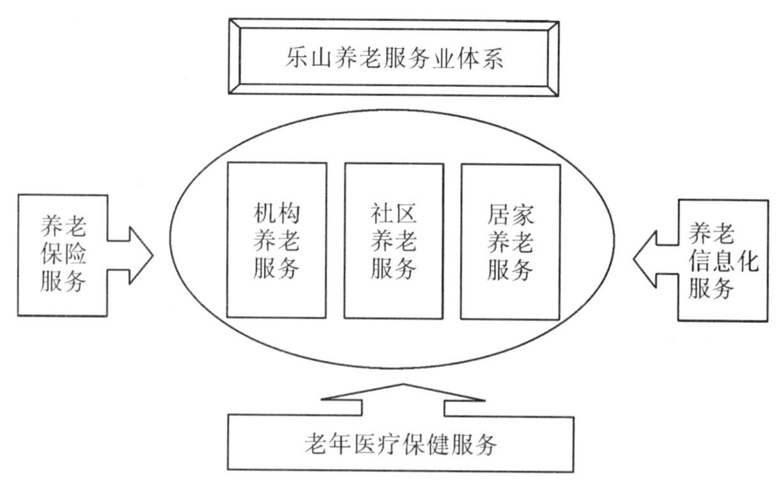

图4　乐山市养老服务体系总体架构

（一）明确思路，推进养老格局融合发展

1. 落实居家养老补助政策，建立居家养老服务支持长效机制

一是加强居家养老服务设施建设。第一，确保有阵地。在县（市、区）一级建立居家养老指导中心，统筹本县（市、区）的居家养老服务工作，同时，以社区日间照料中心为依托，建设集住、养、医于一体的居家养老服务驿站。第二，确保能响应。不断推进居家养老服务信息系统建设，扩大居家养老应急呼叫系统覆盖面，提高居家养老监护保护和服务保障相应水平。第三，确保全覆盖。构建县（市、区）、乡镇（街道）、社区（村）居家养老三级服务网络，到2020年，完成城市街道和社区居家养老服务网络全覆盖，90%以上乡镇、60%以上农村社区老人能够享受到居家养老服务（见表5）。第四，确保可监控。建立居家养老等级评估监督制度，规范全市范围内居家养老服务内容、服务项目和服务标准。

表5　乐山居家养老服务规划目标

年份	2017	2020
累计建设县级居家养老指导中心/个	8	190
累计建设镇街居家养老服务站点/个	100	200

注：数据来源于《乐山市健康与养老服务业发展规划（2015—2020年）》。

二是积极培育居家养老服务组织。第一，广覆盖。鼓励和支持家政、餐饮、洗浴、理发等多种类型的社会组织成为提供居家养老服务的主体。第二，抓重点。重点

扶持一批专业化、规模化经营的居家养老服务企业和民办非企业单位，支持它们做强做大。第三，重实效。制定行业细则，保证提供居家养老服务的定点单位是具有合法经营资质、服务质量好、社会信誉度高的社会组织。

三是提升居家养老服务质量。第一，从“住”入手，让困难老人住得舒心。对有需要的经济困难、失能、失独等特困老人家庭进行适老化改造。第二，从“用”入手，提供优质生活服务。扩大居家配送服务网络，为边远山区老年人提供订单服务，利用物流配送体系将产品配送入户。第三，从“吃”入手，打造养老餐桌。通过开设老年餐桌、定点餐饮、自住型餐饮配送、特需上门服务、开放单位食堂等方式，解决居家老年人的用餐困难。第四，从“医”入手，实现医养结合。加强医疗机构与社区合作，以高血压、糖尿病、冠心病、脑卒中四类慢性病为突破口，逐步让老年患者在社区就能享受慢性疾病稳定期常用药品的长处方便利。同时，社区卫生服务机构应为出行不便的失能、高龄老人提供低风险上门医疗、护理等服务，为居家老人开展健康宣教、疾病防治、健康管理、签约服务。第五，从“助”入手，开展互助养老。通过结对帮扶、邻里互助等形式，借助日间照料中心、托老所、老年灶、老年人活动中心等互助养老设施，互相扶持，搭伙养老。

2. 拓展社区养老功能，形成城乡日间照料中心均衡格局

一是加快填补无养老设施社区空白。严格按照人均用地指标不少于0.1平方米的标准，分区合理安排养老服务设施用地，凡新建城区和新建居住小区，严格按照规划和标准要求配套建设养老服务设施，对无养老设施或未达到标准要求的老城区和已建小区，通过置换、购置、租赁等手段达到养老需求标准。到2020年，实现城市日间照料中心全覆盖，60%农村社区建有日间照料中心。

二是实现日间照料中心与社区服务的深度融合。第一，与社区服务设施相结合，日间照料中心建设可以依托于社区服务中心、社区卫生服务站、社区文体活动室、图书室、体育健身场所等社区服务设施，实现共建共享。第二，与其他社区资源相结合，如可以充分利用社区内餐饮配送公司、院校食堂、社会机构等，建立标准化老人配餐中心，方便社区老人生活。

3. 推进养老机构建设，构建养老服务产业集群

一是充分发挥公办养老机构的示范引导作用。第一，抓好乐山市社会福利院“老年公寓”建设。乐山市社会福利院“老年公寓”占地12 584平方米，建设床位800张，在一定程度上将缓解乐山养老机构一床难求的困境，为老人提供智能化、精细化和专业化服务。第二，尝试建立公办养老机构评估候选办法。要解决公办养老机构老年人等不起、入住养老机构方式的非透明化等问题，就应该对入住公办养老机构的老人采取“先评估、后入住”的方式，按照特殊保障、优先轮候、普通轮候[①]的先

---

① 特殊保障通道面向生活不能完全自理的无劳动能力、无生活来源、无赡养人和扶养人，或者其赡养人和扶养人确无赡养能力或者扶养能力的老年人。优先轮候通道面向生活不能完全自理的低保、低收入困难家庭老人，重点优抚对象，计划生育家庭中失去独生子女或者独生子女三级以上残疾的夫妻，以及经县（市、区）政府批准的生活不能完全自理并对社会做出过重大贡献的老人。普通轮候通道面向除前款情形之外的60周岁及以上、生活不能完全自理或居家养老有困难的老人，以及75周岁以上的老人。

后顺序，限定入住养老机构条件，优先保障困难群体老年人的需要，确保有需要的老年人公平、公正、公开入住公办养老机构。

二是鼓励各类投资主体新建民办养老机构。要实现2015—2020年新增床位9 000张的目标（见表6），一方面要改扩建现有养老机构，另一方面要加大新建养老机构力度，尤其是民办养老机构。这就要做到：第一，鼓励社会力量举办规模化、连锁化养老机构，个人举办家庭化、小型化养老机构。第二，加大养老机构“民办公助”“公办民营”力度，通过运营补贴、购买服务等方式，支持民办养老机构发展。

表6　乐山市养老机构建设规划目标

年份	2017	2020
累计新建养老机构/个	50	100
累计改扩建养老机构/个	90	145
每千人养老床位/张	33	35
累计新增床位/张	6 000	9 000

注：数据来源于《乐山市健康与养老服务业发展规划（2015—2020年）》。

（二）医养结合，构建健康养老服务新格局

一方面，明确乐山养老健康服务业发展定位。2015年年底，四川省发布了《四川省养老与健康服务业发展规划（2015—2020年）》，勾画了“一区两片三带”的养老与健康服务业产业布局。乐山应在服从全省发展战略的前提下，立足于“四大”主体功能区的定位，梳理出符合乐山产业发展，集养老、养生、疗养“三位一体”的“一核三心两带一环三片区”健康养老新格局（见图5）。

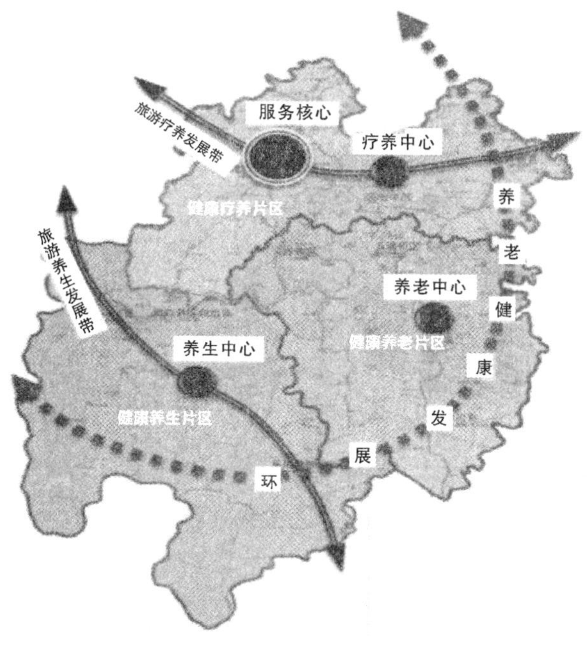

图5　乐山市“一核三心两带一环三片区”健康养老区位示意图

“一核”，利用峨眉山优势旅游资源，以峨眉山景区为服务核心，依托峨眉山景区良好的山水环境、气候环境，建设以峨眉山景区为核心的养老健康服务基地。

“三心”，结合传统区位定位和交通等条件，打造乐山健康养老服务疗养、养生、养老三大增长极，以市中区为疗养中心、峨边彝族自治县为养生中心、犍为县为养老中心，带动三地共同发展。

“两带”，以区域协调发展为基准，依托区域特色、自然景观、经济发展等区域因素，构建峨眉山—市中区旅游疗养发展带，峨边—马边旅游养生发展带。

“一环”，在“两带”的基础上，以峨边、马边、犍为、井研为外环，大力吸纳养老、养生、疗养资源，打造乐山市养老健康服务大外环，带动乐山各区域协同发展。

“三片区”，中心城区要利用公共服务和社会服务资源丰富的优势，突出社区养老功能；二圈层县（市、区）要利用交通和医疗服务便利的优势，突出医养结合功能；三圈层县（市、区）要利用环境优美、旅游资源丰富的优势，突出休闲养老功能。形成由夹江、峨眉山、市中区、井研构成的健康疗养片区，由金口河、峨边、马边构成的健康养生片区，由沙湾、五通桥、犍为、沐川构成的健康养老片区。发展多层次、多类型的养老服务，满足不同老年群体的要求。

另一方面，全面深入推进医养结合。2013 年以来，国家先后出台了《关于加快发展养老服务业的若干意见》《关于促进健康服务业发展的若干意见》《关于加快推进健康与养老服务工程建设的通知》《关于鼓励民间资本参与养老服务业发展的实施意见》《关于推进医疗卫生与养老服务相结合的指导意见》等重要政策文件，对养老服务与医疗卫生服务结合提出了明确要求，营造了医养结合发展的有利环境。《中华人民共和国国民经济和社会发展第十三个五年规划纲要》也明确提出要“推进医疗卫生和养老服务相结合”，这为乐山做好医养结合工作提供了指引和遵循。

第一，加强政策创新和制度创新。借鉴上海、青岛①等地经验，积极鼓励发展养护型、医护型养老机构，积极支持具备条件的养老机构内设医疗机构，并申请纳入医保定点范围。第二，探索多模式的医养结合。通过政府试点、机构探索、社会协作等方式，根据不同养老机构发展现状，采取整合照料（在养老机构中专设医疗机构）、联合运行（在医疗机构和养老机构之间建立双向转诊机制，由综合性医院提供医疗服务，养老机构提供康复期或稳定期的护理服务）、支撑辐射（社区养老服务设施与医疗机构合作，为居家老人提供健康服务）三种方式实现医养不同深度的融合。第三，统筹相关职能部门形成合力。鼓励养老机构与医疗机构开展合作，开通绿色转诊通道，提供治疗期住院、康复期集中护理、稳定期生活照料相结合的健康养老服务，鼓励支持二级以上综合医院开设老年病科，加强老年病医院、老年康复医院和综合医院老年病科室的建设（见表 7、表 8）。

---

① 青岛市于 2012 年建立了长期医疗护理保险制度，从医保统筹基金和彩票公益金中提取资金统一缴纳保费，将参加城镇职工基本医疗保险、城镇居民基本医疗保险的在职职工及退休人员、老年居民、重度残疾人、城镇非从业人员全部纳入长期医疗护理保险范围。上海市自 2007 年起，将 50 家养老机构的全护理型床位纳入了医保报销试点范围。

表7 “十三五”时期乐山市推进医养融合建设目标

到2020年，二级以上医疗机构与养老机构建立业务协作机制，开通养老机构与医疗机构的预约就诊绿色通道，协同做好老年慢性病管理和康复护理，推动养老机构开展远程医疗服务。乐山市人民医院在城南病区新增康养病区；乐山市中医医院积极打造一个集医疗、养老、康复保障服务于一体的中高端康养病区；乐山市老年病专科医院将打造成集医疗、康复、养老、养生、老年用品、临终关怀于一体的医养结合型医院

注：数据来源于《乐山市健康与养老服务业发展规划（2015—2020年）》。

表8 2015—2030年乐山市新增医养结合医疗机构

位置	类别	规划级别	床位数/张	备注
青江片区	护理院		200	与社区服务用地一同规划建设
高新区	老年病医院	二级	150	
	护理院		150	与高新区综合医院一并建设
临港新区	护理院		200	与社区服务用地一同规划建设
通江片区	护理院		200	与社区服务用地一同规划建设
水口片区	疗养院		200	
	护理院		200	
牟子片区	护理院		200	
绵竹片区	护理院		250	
岷江东岸	护理院		200	市民政局举办
土主片区	护理院		200	
牛华片区	康复医院	二级	300	
沙湾魏坝	康复医院		300	
老城片区	医养结合医院			现房改造

注：数据来源于《乐山市“十三五”医疗机构设置规划（2016—2020年）》《乐山市中心城区医疗卫生专项规划》。

（三）加大投入，提升养老服务精准化水平

1. 加大养老机构政策扶持力度，鼓励社会资本参与养老服务

2015年，民政部等十个部委联合发布了《关于鼓励民间资本参与养老服务业发展的实施意见》，从九个方面鼓励民间资本参与到养老服务业发展当中，逐步使社会力量成为发展养老服务业的主体。结合四川和乐山实际，要理顺社会资本与养老服务之间的关系，需要从三个方面入手：

一是让社会资本“有门可入”，降低市场准入门槛。对企业和民办非企业单位投资的养老服务项目由核准制调整为备案制，除法律法规明令禁入的养老服务行业领域外，其余领域均向社会资本开放。简化养老服务项目申请审批手续，在提高行政审批效率的同时，丰富养老服务产业业态。

二是让社会资本“有钱可支”，拓宽融资渠道。在对新增民办养老床位给予财政资金补助的同时，采取股份制、股份合作制、PPP等模式，支持社会资本参与到养老

服务业的建设和发展中。通过扩大银行贷款抵押担保范围、上市、发行债券、融资租赁等方式，加大信贷投入和金融支持力度。

三是让社会资本“有惠可享”，实行税费优惠。对养老机构养护服务免征增值税，对非营利性养老机构自用房产、土地免征房产税、城镇土地使用税，对符合条件的非营利性养老机构免征企业所得税。对非营利性养老机构建设免征有关行政事业性收费，对营利性养老机构建设减半征收，养老机构用电、用水、用气均按居民生活类价格执行。放开养老服务价格控制，除政府兜底对象外，允许养老服务机构根据市场需求自主制定价格。

2. 鼓励发展个性化养老服务，打造峨眉异地养老新模式

利用峨眉山丰富的旅游和文化资源，打造峨眉山异地养老模式。以峨眉山世界文化自然双遗产的资源优势和品牌优势为依托，吸收世界各国的先进养老理念和运行模式，建设一个覆盖老年人康复护理服务、精神文化服务、保健养生服务、信息化服务、养老领域人才培养服务等诸多业务领域的中国西南养老基地，形成“分时分权旅居”的候鸟养老模式，打造峨眉山国际养老圣城（见图6）。

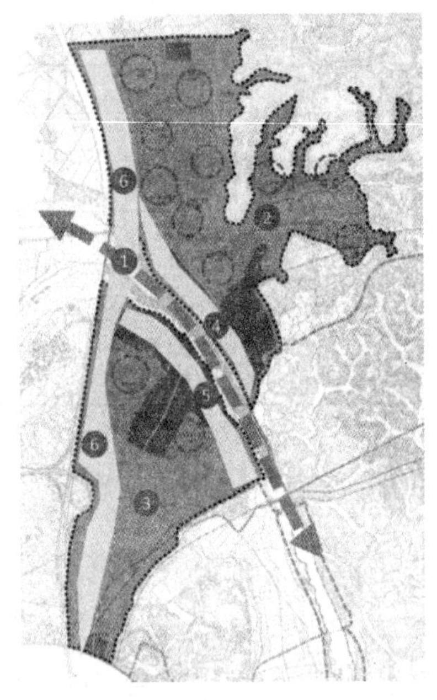

一轴：

①峨眉山世界遗产廊道及生态案线绿化保护带主轴。

两片：

②养老圣城居住养老片区——山地丘陵地带（养老居住、健康养生、康复疗养、国际养老论坛永久会址、国际养老文化主题酒店、孝顺公寓、托老所、养老公寓、生态村落客栈集群等）。

③养老圣城综合功能片区——河坝平原地带（养老圣城接待展示管理中心、国际养老职业技术学院、康复疗养国际养老医院、养老公寓、敬老院、老年大学、国际养老中心、商业中心、峨眉河风情演绎中心、珍稀植物养生园及农民居住的新农村等）。

三带：

④健康养老文化产业示范带。

⑤生态村落休闲度假旅游带。

⑥生态有机观光农业体验带。

多组团：低密度、分散型、星状的多主题组团。

图6　峨眉山国际养老圣城规划结构图

3. 构建养老信息服务平台，共享养老服务信息

在市级层面建立养老综合信息云平台：一是基础支撑平台，包括统一身份管理系统、公共数据交换平台、统一分析和决策支持系统；二是养老服务管理系统，包括养老服务机构等级评估系统、老年人能力评估系统、服务质量监控管理系统、机构年检审核查询系统和专业队伍培训系统；三是养老服务基础数据库，包括养老机构数据、机构入住老人及社区服务数据、养老服务专业队伍数据；四是公众养老服务系统，包

括养老服务投诉管理系统、养老服务信息公开系统、老年人网上预订系统和老年人服务产品推荐系统。

在县（市、区）一级，依托12349公益服务热线，在居家养老服务信息中心基础上，建立养老信息服务指导中心；在乡镇（街道）一级，建立养老信息服务工作站；在社区一级，充分利用互联网、物联网等技术，建立智慧社区，负责本辖区范围内老年人信息采集建档、救助终端推广、服务体系组织建设工作。到2017年年底，各县（市、区）养老服务信息网络系统基本形成，到2020年实现养老信息平台服务覆盖到乡镇。

（四）落实保障，完善养老服务制度体系

1. 政府主导，多方参与

一是鼓励金融机构开发适合老年人的商业保险产品。开发与基本医保相衔接的重大疾病保险、特定疾病保险等商业保险产品；开发长期护理保险、失能收入损失保险等与养老服务相关的保险产品；开发医疗责任保险、医疗意外保险等多种形式医疗职业保险；开发老年产业中相关产品与服务的质量保险与责任保险，规范老年保险用品市场秩序。

二是催生养老市场新兴服务业态。随着养老服务业市场化、规模化和专业化的发展，一批符合现代服务业发展要求的新兴服务模式和服务架构将运用到养老服务领域，这就需要将信息养老、智慧养老、个性化养老等新兴养老服务业态与传统养老相结合，形成养老服务行业的产业联动。

三是引导和规范金融机构开发适合老年人的理财产品。引导和规范商业银行、保险公司、证券公司等金融机构开发适合老年人的低风险理财、信贷、保险等产品，实现老年人金融市场的良性发展。

2. 盘活存量，扩大增量

在拓展养老服务人才数量基础上，进一步提升养老服务业从业人员整体素质。一是支持职业院校设立养老服务相关专业点，扩大人才培养规模；二是设立养老服务专科本科教育，积极发展养老服务研究生教育，培养老年学、人口与家庭、人口管理、老年医学、中医骨伤、康复、护理、营养、心理和社会工作等方面的专门人才；三是鼓励养老护理人员参加养老照护职业培训和职业技能鉴定，同时对养老护理人员持续开展继续教育和远程教育，进一步提升养老服务从业人员整体素质。

3. 重点突出，循序渐进

突出区域比较优势，整合乐山旅游资源相关要素，利用乐山丰富的自然资源和人文资源，将养老服务与旅游体验相结合，开发适合老年人的旅游度假、健康娱乐、养心养生等特色产品，集中打造以峨眉山温泉为中心，集保健、住宿、餐饮、休闲运动于一体的健康与养老服务功能区，开发沿峨眉河、峨秀湖等的老年度假区和养老地产。

4. 注重协调，保障平衡

充分发挥各类养老服务议事协调机构的作用，建立完善政府领导、民政牵头、相关部门参与的工作机制，各部门各司其职，按照职责分工，加强政策协调。民政部门切实履行编制规划、监督管理、行业规范、业务指导职责；发改委要将养老服务业发展纳入经济社会发展规划；住房城乡建设部门要制定养老服务设施建设标准，指导养老服务设施有序建设，等等。

课题负责人：殷婕

课题组成员：黄梅、毛丹、干旭敏、孙建国

四川省非重点贫困县脱贫攻坚调查与思考

——以夹江县“插花式”精准扶贫为例

中共夹江县委党校 夹江行政学校 课题组

当前，集中连片的特困地区是扶贫攻坚的主战场，而分布广泛、成因复杂、消除困难的“插花式”贫困，正逐渐成为横亘在全面决战脱贫攻坚路上的“拦路虎”，并呈现被“边缘化”的趋势。夹江作为四川省非重点扶贫开发县，面临“插花式”贫困分布的难题，始终坚持把扶贫攻坚作为最大政治责任，着力围绕“三同发展，三个辐射区”建设，以扶贫解困为目标，以贫困户智力提升为核心，以新村庄、新景区、新城区、新园区“四新”工程为载体，创新机制、整县推进，精准识别、精准帮扶、精准脱贫。

一、夹江县贫困情况分析

（一）总体情况

2013—2015 年扶贫工作进展调查摸底情况：2013 年年底，全县贫困户 5 634 户共 16 752 人，贫困发生率 6. 1%，贫困人口平均年收入在 1 800 元左右，有的最低年收入才 1 000 元左右。2014 年全县按照国家规定贫困标准，在调查摸底、精准识别的基础上，开展贫困户建档立卡工作。经过一年努力，脱贫 1 428 户共 4 500 人，到 2014 年年底贫困人口还有 4 206 户共 12 252 人，贫困发生率降为 3. 9%。2015 年 12 月底完成建档立卡贫困户“六有”信息系统录入，清退不符合条件的建档立卡贫困人口 5 595 人，脱贫 3 253 人，新增贫困人口 1 297 人，现有贫困人口 5 969 人（见图 1)。经过两年的脱贫帮扶和“回头看”清退，贫困发生率从 6. 1%降至 2. 3%。

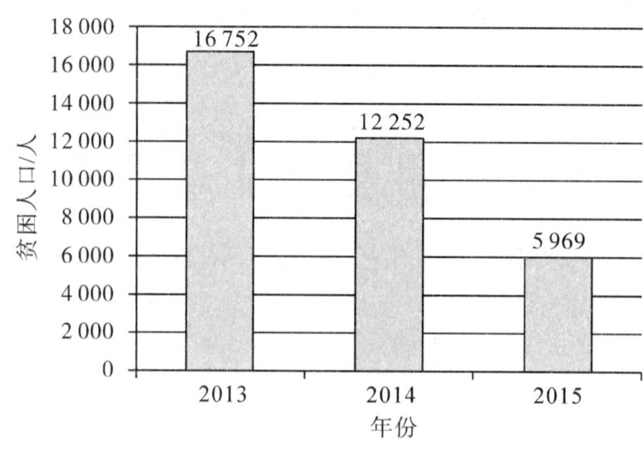

图 1　夹江县 2013—2015 年扶贫进展

（二）贫困分布

夹江县贫困呈现明显的“插花式”分布特点。通过对夹江县贫困情况基本数据的调查分析，我们发现与全省全市所列的重点贫困区县成片分布有所区别，夹江县贫困分布是明显的非集中成片分布，呈“插花式”零星分布于全县 22 个乡镇，大部分村落都有一些贫困户和致贫因素存在。

整体来看，山区贫困比例高，丘区次之，坝区最少，主要是河西山区、河东片区离县城比较偏远的几个乡镇相对贫困。贫困发生率：最高的村达到 13%，最低的村不到 2%。

（三）致贫因素

一是基础设施落后，阻碍产业的发展；二是得病或者伤残，花去了大部分积蓄又无力从事劳动；三是长期贫困，缺乏相应的技术、市场信息和发展资金。农户和居民的致贫原因主要是因病、缺资金、缺劳力等。调查显示，2013 年夹江县因病致贫 1 625 户，占 29%；因残致贫 117 户，占 2%；因学致贫 151 户，占 3%；因缺技术致贫 1 487 户，占 26%；因缺劳动力致贫 516 户，占 9%；因缺资金致贫 1 484 户，占 26%；因其他原因致贫 254 户，占 5%（见图 2）。

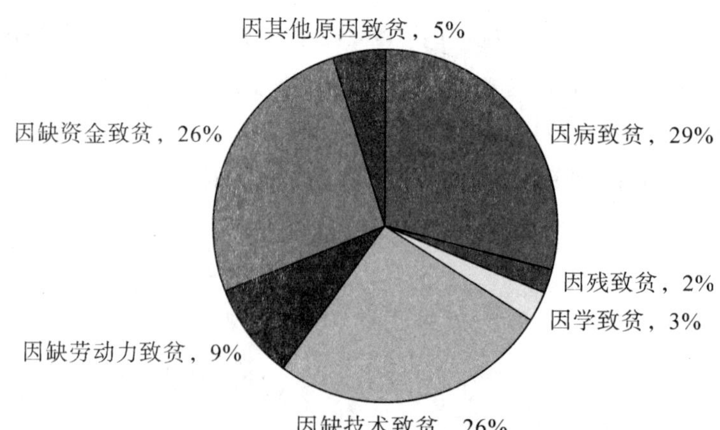

图 2　夹江县致贫因素统计图（2013 年）

二、夹江县脱贫攻坚存在的主要问题、困难及挑战

（一）精准识别不足成为主要问题

一是最初识别比较盲目粗糙。2014 年识别的时候，识别标准粗泛，基层重视不够，导致一些工作存在盲目性和不足，该纳入贫困户的没有纳入进去，该清除的没有及时清除。当时要求低保户最好不纳入贫困户范畴，导致有些贫困低保户无法享受扶贫政策。

二是贫困发生存在不确定性。已脱贫的，有可能因病、因意外事故等返贫，加之其他因素引起的新增贫困人员不断出现。所以，对于这类群众，要按照“返贫一批、再扶一批”“出现一批、及时解决一批”的原则做好“加减法”，体现帮扶政策和机制的可持续性。

三是动态管理机制不够系统完善。贫困户的纳入及脱贫需要一定的鉴定周期，要做一系列大量的工作。扶贫工作人员不足，虽经组织调整补充，但相关业务和工作流程不熟，能力素质参差不齐。扶贫项目的形成、推进与验收和扶贫计划方案的编制与落实，均存在不少工作盲区。

（二）资金投入不足和项目实施不易是最大的困难

夹江县因“插花式”贫困的特点，不宜像连片贫困地区一样整村推进、连片打造，需要进行一对一的“滴灌”帮扶，但这种方式，又存在点多线长成本高、财政投入相对少、项目实施不易等突出困难。

一是财政资金投入不足。夹江县每年要完成 3 000 人左右的减贫任务，但省市县财政投入资金在 800 万元左右，每人 2 000 多元的投入不足以使其形成优势产业。现行的各级财政按比例筹措资金的办法不符合贫困地区财政收入较低的实际，县级财政资金配套是整个系统中的短板，很多项目的县级配套资金难筹措，不能到位。年度脱贫任务与扶贫资金直接挂钩，在一定程度上制约了资金的有效利用。

二是入户项目实施不易。入户项目类型多样，情况多变，节点难控。每批扶贫项目方案都包含了 1 000 多户的入户项目，报送的贫困户项目和最终实施的时候不一致，或者根本就不实施，导致项目推进滞后。另外，入户项目主要以种养为主，存在市场和自然的双重风险，效益偏低。以养殖为主的，存在有补贴就养、不补贴就不养的现象；茶叶、石斛等的种植需要周期，怎样在没有收益的时间段内帮贫困户增收就成了问题。

三是基础设施投入受限。贫困地区老百姓反映最大的问题就是基础设施问题，但在资金使用上，省市严格要求到户比例，未纳入建档立卡贫困申报的地方或村（社），扶贫资金用于基础设施建设受到限制，致使部分村落群众要求改善基础设施的愿望无法完全满足。

（三）扶贫开发面临的挑战

一是贫困状况依然严峻。虽然夹江县贫困人口从 2013 年年底的 16 752 人降至 2015 年的 5 969 人，贫困发生率从 6.1%降至 2.3%，取得了一些进展，但是剩下的特

困户居多，且有新产生的贫困人员加入进来。这部分人员自我发展能力有限，如因病、因残、因智障丧失全部或部分劳动能力，既影响整个家庭的生产发展，又需要家庭付出更多精力给予照顾，比例占到60%左右。大多数贫困村“农业副业化”“农民老龄化”“农村空心化”的“三化”现象非常严重，留守老人、留守儿童和留守妇女在生产、生活、学习、安全、健康等方面存在诸多困难，成为脱贫的瓶颈。要在乐山市率先实现全面小康，每年脱贫人口在3 400人左右，任务十分艰巨。

二是扶贫开发成本高昂，巩固脱贫成果不易。通过前几年的整村推进扶贫开发，部分村已摘掉贫困帽，现有贫困村基本都是“硬骨头”，每个村基本都有自身难以解决的“顽疾”和一部分比较特殊的贫困户。贫困人口分布极其分散，点多线长，要实现扶贫对象水、电、气、路等基础设施和文化、教育、卫生等公共服务与城镇均衡发展，成本将相当高昂。一些贫困对象虽然经过帮扶可能脱贫，但大多抗病抗灾能力弱，稍遇天灾人祸就会立即返贫。因此，巩固扶贫成果十分不易，需要进一步投入更多的人力、物力、财力，为其完成后续保障，实现永续发展。

三是纵向对接与横向联动不够，统筹协调矛盾突出。从中央到省、市，各级财政资金通过许多部门分配到区县，要求专款专用，不能用于其他部门项目，且各对口部门必须对上级相应部门负责，资金使用必须与项目完成情况挂钩，有的还要先验收后拨付。这一监管机制本是为了控制资金浪费或挪作他用，防止套取上级资金，加强宏观调控。这对基层区县、乡镇及村社来讲，操作起来就不那么便捷。一方面，各条块的资金由各部门去安排，存在各顾各的现象，有的资金剩余被上级收回，有的资金不足又无法弥补；另一方面，资金丰富用不完的部门，在安排项目的时候，有可能大手大脚，超标准配下去，造成资金浪费，而资金缺乏的部门则等米下锅，迟迟难以立项，立了项也迟迟难以推进，得不到及时有效的增援。县级财政无法将有限的资金汇聚起来，根据实际情况统一使用、精准使用、有效使用，没有自由度、自主权，自然在许多项目推进中就缺乏主动性，处处被动，等待观望就在所难免。这是目前基层党委、政府面临的突出矛盾和最大挑战。

三、夹江县脱贫攻坚成效与经验

（一）建立政策导向机制，发挥产业带富作用

针对贫困人口文化程度低、缺乏劳动力、居住相对分散，产业发展停留在传统的一家一户分散经营模式，分配到贫困户手中的产业项目扶贫资金有限，实施产业发展项目难以集中成片的实际，制定一些政策和措施，采取产业连片发展思路，落实产业布局、技术指导、主体培育等措施，实现由“输血扶贫”到“造血扶贫”的转变。

一是注重政策导向。围绕解决产业帮扶、金融扶持等问题，夹江县出台了《夹江县实施科学精准扶贫集中力量打赢扶贫开发攻坚战的总体方案》，形成了“1+11”专项行动方案，使扶贫开发与实施“三同发展，建设三个辐射区”发展战略对接，与转型升级、美丽发展有机结合起来，以产业扶持带动贫困户经济发展。

二是优化产业布局。突出“山区特色化、坝丘产业化、三产互动式”，因地制宜

发展粮油、茶叶、蔬菜、林竹等优势产业，建成石斛、柑橘、黄金茶等优质中药材和水果、茶叶、蔬菜等13个特色产业扶贫基地。2016年计划投资3 425万元，实施棉粮油高产创建项目，建设水稻、小麦、油菜高产示范区4万亩（1亩≈0.066 7公顷，下同），新建茶叶产业基地500亩，全面覆盖贫困村。

三是加强技术推广。按照连片发展、成片建设、聚集发展的指导思路，开展高标准农田建设，挖掘生产潜力，提高农业综合生产能力。组织技术人员到贫困地区开展技术指导、技术帮扶行动，在贫困村实施科技入户项目。2016年安排3 000人次、共1 000万元的入户帮扶项目，每个贫困村培育3~5个科技示范户，提高贫困户“造血能力”。

四是着力主体培育。变过去的“单打独斗”为“握指成拳”，变“漫灌”为“滴灌”。构建“龙头企业（合作社）+产业基地+贫困农户”合作模式，创新利益链接和金融支持机制，带动贫困户折劳入股、土地入股，创新异地造血扶贫模式，提升产业扶贫带动率和贫困户主动性。2016年支持贫困村建立合作社2~3个，培育种养大户10户，扶持贫困村合作社创建市、县级农民专合组织示范社。

（二）建立资金投入机制，发挥财政资金杠杆作用

针对“插花式”扶贫地区无法享受国家连片扶贫和国定省定贫困县政策红利、市县财力扶持能力有限、扶贫融资创新不够、资金来源单一、推进速度缓慢的实际，按照“项目跟着扶贫走、资金跟着任务走”的原则，采取创新机制、整合资金、统筹资源等措施推进扶贫资金联合，着力破解融资难题，实现扶贫资金精准化配置和贫困村贫困户精准性扶持。

一是创新机制。创新建立扶贫资金稳定增长机制，县财政按每年不低于500万元的标准安排扶贫减困帮扶专项资金，并视县财力情况逐年增长。在中兴镇试点财政资金量化入股模式，打造5 000亩柑橘扶贫产业园，投入省级财政补助资金200万元，引导贫困户将扶贫项目资金入股合作社，通过“保本保息+分红”增加贫困户收入。

二是整合资金。建立健全“上级财政支持一点、帮扶单位资助一点、发动社会群众捐助一点、贫困户自筹一点”“四个一点”的资金整合机制，争取到省市资金770万元，累计整合各类资金超过1.3亿元，带动贫困户投入3 500万元，主要用于贫困村基础设施建设、公共服务设施和特色产业发展。

三是统筹资源。统筹利用各类扶贫资源，开辟新的扶贫开发资金渠道，通过以奖代补、贴息、分担保险、担保等方式，支持贫困地区在公共服务领域加快推广PPP模式。实行“公司+合作社”“公司+农户”等利益链接机制，吸引社会资本参与基础设施和社会事业等建设，有序引导社会力量参与扶贫开发，杜绝贫困户摘帽后返贫。

（三）建立“双轮”驱动机制，促进城乡均衡发展

针对“两线”并轨问题，把扶贫开发作为脱贫致富的主要途径，把社会保障作为解决温饱问题的基本手段，推进扶贫开发政策与农村最低生活保障制度有效衔接，促进城乡基本公共服务均等化。

一是在加大“扶智”中为贫困家庭点亮前进的灯塔。2015—2016年，通过义务教育阶段“两免一补”、普高贫困生补助、职高生活费补助、学费减免、助学贷款帮

扶等措施帮扶学生 5 842 人次，帮扶金额达 2 027 万元；全面实施大学生栋梁工程和农民工子女助学工程，资助贫困大学生 20 人，解决 814 名贫困学生生活学习困难。

二是在着力“扶业”中为贫困家庭拓展发展之路。立足夹江工业发展实际，开展电工、焊工、陶瓷烧成工等技能型人才培训 4 期，培训实用技术人员 500 人次，帮助农村农民实现转移就业。整合党校、农业部门及相关培训机构资源，每年开展新型职业农民培训约 100 人次，开展现代农业科技培训约 1 000 人次，有针对性地提高广大农民群众的专业技术水平。

三是在真情“解困”中为贫困家庭排忧解难。对因丧失劳动力、因病、因残等造成贫困的，实行政策兜底，2015 年已纳入低保贫困户 924 户。全县农村新农保、城乡居民医疗保险、儿童先天性心脏病救助全面普及，医疗救助 3 726 多户，给 380 户发放临时救助 40 余万元。2016 年给所有贫困户每人补助 137 元，2017 年补助 283 元，2018 年以前实现“两线”并轨。

（四）建立驻村帮扶机制，发挥主观能动作用

针对脱贫攻坚帮扶过程中，帮扶单位力量整合不到位、缺乏统一规划、帮扶重点不突出、“撒胡椒面”的实际，坚持分类施策、精准施策，围绕强化干部帮扶、创新帮扶模式、扩展帮扶渠道等方式，全方位、多渠道整合人才、技术和资金等优势资源，助力脱贫攻坚。

一是加强组织领导。夹江县委、县政府成立了由书记、县长任组长，县级分管领导任副组长，相关职能部门为成员的县扶贫开发领导小组，全面领导夹江县扶贫开发工作，实现帮扶县级领导对乡镇、帮扶单位对贫困村、帮扶责任人对贫困户的“三个全覆盖”，及时收集、汇总和通报相关扶贫情况，针对存在的问题和困难适时进行研究分析，拿出新的意见和办法。

二是强化帮扶队伍。坚持“因村派人、按需选派”，把驻村入户扶贫作为培养锻炼干部，特别是青年干部的重要渠道，开展“百名干部人才驻村帮扶”工作。组建 22 个“精准扶贫服务团队”，选派 168 名机关干部分赴 72 个贫困村蹲点帮扶，确保每个贫困村有“1 名科级干部+1 名‘第一书记’+1 名科技人才联络员+1 名乡镇领导+1 名驻村干部”。培训指导选派人员如何当好社情民意的“调研员”、农村政策的“宣传员”、扶贫解困的“指导员”、矛盾纠纷的“调解员”、组织建设的“督导员”。

三是创新帮扶模式。推行“百企帮百村”“统战扶贫·同步小康”等工程，开展“机关党员干部结对认亲行动”“两新党组织扶贫助力行动”等活动，全县 3 225 名机关党员与 1 600 余户贫困户结对子、走“亲戚”。依托夹江县民营经济发达的优势，引导非公企业党组织为驻地贫困户提供资金、项目、技术、智力等方面的帮助，着力形成政府、市场、社会协同推进的大扶贫格局。

四、非重点贫困县脱贫攻坚对策探索

夹江县通过“插花式”扶贫取得了一定的成效和经验，但从更长远、更宽广的层面来看，仍存在许多不足，仍有较大的空间和潜力可以进一步挖掘和探索。因此，

我们结合夹江县“插花式”扶贫的经验，进一步探讨全省非重点贫困县如何开展扶贫工作，提出以下建议：

（一）突出产业培养，着力物质扶贫，集中力量培养扶贫开发动力

着眼四川，在推进全省精准扶贫过程中，应把发展生产做实，把产业培养作为增强造血功能的关键，大力发展增收富民产业。

一是精准产业项目对接。在扶贫项目申报、确定、推进中，应充分发挥群众的首创精神，不搞项目指定，建立以县为主体，乡镇、村（社）为前沿的自下而上的项目对接机制。要建立全省扶贫项目成功案例推广机制，不断总结扶贫开发的创新经验，挖掘优秀的产业扶贫典型案例，让成功经验可学习、可借鉴、可复制。要改变先下资金再定项目的扶贫项目资金固化投放机制，要在科学论证申报项目的基础上，合理确定各级资金配套，强化资金保障，防止资金浪费或不足。

二是集中打造扶贫产业园区。目前，被扶贫对象往往是身体有残缺，因此驾驶、电焊、种养等普通技能培训很难成为贫困人口的后续生存技能。加之“插花式”贫困分布导致扶贫工作点多、面广，这就导致扶贫成本过高。因此，可参照工业园区建设体系，制定重点扶贫园区标准，从上至下大力推进扶贫产业园区建设，对不同规模、等级的产业园区进行定向指导培养，从资金、土地等层面给予政策支持。扶贫园区采取委托建设、管理、营销的手段，贫困人口以股份形式直接享受利润分成。

三是精准产业预期效应。产业扶贫项目从建设到见效具有一定的周期。为此，在产业项目的建设、培养中要对项目建成后的预期效应做好分析研判，提前做好结果论证及相关连锁效应的评估。要做好项目应急方案，在项目实施的前、中、后各阶段均要收集实时动态信息，确保项目发展按照既定方向顺利前进。同时，要把产业最终发展成果与项目预期的吻合度作为评判项目建设成功与否的重要标准。

（二）打破利益格局，强化资金整合，建立涉农资金统筹整合机制

谋篇全局，在推进精准扶贫实施过程中，要强化扶贫资金的统筹安排，建立资金使用“一盘棋”机制。

一是要集中安排扶贫项目。据统计，在扶贫项目安排上，一个县（市、区）少则20多项，多则50多项。单项额度最高的有几百万元，最低的只有几万元。财政扶贫专项资金实行分块管理，管理部门多，部门分割比较严重，有限的资金难以形成合力。从中央到地方来看，直接分配与管理扶贫资金的有发改、财政、农业、林业、教育、卫生、扶贫、能源、交通、国土、粮食等10多个部门，多个部门、多个行业（办）管理，一个部门又涉及多个处（科室）管理、分配。于是，对于通过条块安排下达的资金，基层财政无法掌控扶贫资金总量，也无法灵活改变资金用途。因此，省市应给予区县乃至乡镇一定的自主建设选择权，允许基层根据自身情况制定切实可行的项目实施方案，必要时经请示研究可进行一些局部调整。

二是适当加大对非重点贫困地区的资金扶持。目前，四川省对非重点贫困地区资金投入相对较少。省级拨付的扶贫资金除建档立卡贫困村可以用于基础设施建设外，其他非建档立卡贫困村是不允许将上级扶贫资金用于道路基础设施建设的。同时，对县域来讲，交通部门主要负责县乡道建设，村、社道路主要按照“一事一议”的制

度进行筹建。同时，村社道路资金补助缺口也极为明显，上级补助最多只满足一半需求，其余要靠筹资筹劳解决，这便导致贫困村的交通基础设施建设滞后，这是制约贫困村发展的主要因素。因此，建议加大对非重点贫困地区扶贫资金支持力度，同时允许各地根据实际情况因地制宜制定项目资金使用方案，经过论证审核后实施。

三是要筹建扶贫开发风险投资基金。在全省扶贫开发中，县级是扶贫开发工作的桥头堡。但是，县级公共财政收入量小质弱，基本处于“保工资、保运转”的状态，加之县域不仅承担着经济与社会协调发展的职责，还承担着社会和谐稳定等职责，有限的财力很难“统筹城乡发展”。在上级扶贫资金有限、地方配套资金困难的情况下，资金短缺成为扶贫开发工作的“脚镣”。因此，建议坚持“政府主导、市场引入、风险共担、利益共享”的原则，多方筹资，建立扶贫开发风险投资基金，减轻财政扶贫资金压力，引导社会资金合理投放。

（三）培育扶贫品牌，强化开放合作，参与精准扶贫品牌打造

展望国内外，在推进精准扶贫实施过程中，要以面向全球的眼光，培育扶贫品牌，构建精准化扶贫平台。

一是技能品牌。依托现有的培训资源，各县（市、区）政府对辖区内各类培训资源进行实体化整合，最大限度发挥现有人力、物力、财力作用，增强培训的精准性。要全面推行建档立卡和培训实名制，按新增劳动力、致富带头人、输转就业劳动力、从事农业生产和服务的劳动力进行分类，建档立卡，确定重点培训内容和培训方式。要根据培训对象的需求和就业意愿，开展“点菜式”培训，实现按劳动者需求开展培训。特别是对少数民族地区及一些移民搬迁的劳动力，要按照他们的生产生活实际，选择实用性强的职业和工种，因地制宜、因势利导开展特色培训。

二是产业品牌。要依托不同贫困区的自然、人文资源，打造特色化区域产业品牌，特别要注重挖掘文旅三产资源，摆脱单一的工业化扶贫路径。工商、质监、税务等部门要联合发力，为扶贫产业品牌开辟绿色通道，出台扶贫产业品牌打造的专有政策。尝试在“三名”（驰名、知名、著名）品牌之外，单独设立扶贫“三名”品牌，允许在商品包装、宣传上使用专门的扶贫商标，助推产品快速拓展消费市场，同时吸引社会资本投入扶贫产业打造。

三是开放合作。可以尝试搭建四川甚至中国与世界扶贫论坛，通过论坛可以促进市县内部经验交流，也可以让四川的扶贫攻坚工作走向全国乃至世界，可以大力推进四川扶贫品牌打造。

课题负责人：刘永康

课题组成员：罗维、苏重凯、黄盛其、李建忠

对农村党员积分制管理方式的研究

——以井研县镇阳乡为例

中共井研县委党校 井研行政学校 课题组

农村党员是贯彻执行党在农村各项方针政策的骨干力量，其素质高低直接关系到党在农村的执政基础是否牢固。新形势下农村党员队伍及其管理出现了一些新问题，亟须探索行之有效的管理方式。笔者以丘陵地区农业大县井研县为例，选择镇阳乡作为典型样本，采取入户走访、分类座谈、问卷调查等调研方式，深入剖析了井研县镇阳乡实施的党员积分制管理方式后形成此文，旨在为农村党员管理提供借鉴和参考。

一、井研县农村党员队伍情况及管理中存在的问题与原因分析

（一）井研县农村党员队伍基本情况及管理中存在的问题

井研县是典型的丘陵地区农业大县，辖区面积 840.64 平方千米，人口 41 万余人。全县有共产党员 17 307 人，其中，农村党员 9 984 人，占 57.7%。随着社会的发展，井研农村党员队伍及其管理出现了新的问题，表现为“四多”“四难”“四不”。

1.“四多”

一是老党员多。从表 1 可以看出，井研县 60 周岁以上党员 4 417 人，占 44.2%；35 周岁及以下的党员 1 802 人，占 18%。参与问卷调查的 176 名村（社区）支部书记中，30 周岁以下的 3 人，占 1.7%；30~39 周岁的 24 人，占 13.6%；40~49 周岁的有 69 人，占 39.2%；50~59 周岁的 71 人，占 40.3%；60 周岁以上的 9 人，占 5.1%。从表 1 的数据可以看出，井研县老党员多，年轻党员少，党员年龄结构不合理。

表 1 井研县农村党员年龄结构表

数据	年龄结构			
	35 周岁及以下	36~54 周岁	55~59 周岁	60 周岁及以上
人数/人	1 802	2 893	872	4 417
百分比/%	18	29	8.7	44.2

二是低学历党员多。从表 2 可以看出，井研县初中及以下学历的党员 6 954 人，占 69.7%。党员学历偏低，在学习理解政策方针、接受新鲜事物方面的能力相对较弱，增大了对党员管理的难度。

表 2 井研县农村党员学历情况表

数据	学历类别		
	大专及以上	高中、中专	初中及以下
人数/人	530	2 500	6 954
百分比/%	5.3	25	69.7

三是流动党员多。农村党员外出务工多，流动性非常强。全县流动党员 2 679 人，其中流出党员 2 644 人，流入党员 35 人，跨省流动党员 663 人。外出务工党员的增加给党员教育管理带来了挑战。

四是问题党员多。从表 3 可以看出，井研县 2013—2015 年党员违纪事件达 153 件，处理党员 174 人，从全县来看党员违纪人数呈上升趋势。其中村组、社区党员违纪事件 80 件，占全县违纪事件的 52%；受处分 83 人，占 48%。由此可见，村组、社区党员违纪比例较高，问题较多。

表 3 2013—2015 年井研县党员违纪情况表

年份	全县党员		村组党员干部		社区党员	
	违纪事件/件	违纪人数/人	违纪事件/件	违纪人数/人	违纪事件/件	违纪人数/人
2013	41	44	11	12	10	10
2014	57	59	24	26	11	11
2015	55	71	7	7	17	17
合计	153	174	42	45	38	38

2. “四难”

一是学习教育难。这主要表现在学习机会少、学习收获小。据调查问卷统计，2012—2015 年有 15%的党员没有接受过集中培训，69%的村（社区）支部书记希望请党政领导干部或党校教师讲党课。党员学习氛围不浓，特别是普通党员主动学习的很少。支部集中学习多是以会带学，读报纸、念文件，党员学习收获较小。

二是活动开展难。按照党章规定，党内重大事项必须坚持民主集中制原则，对党员的到会人数、所投赞成票数等都有明确要求，但在“空心化”背景下，很多党内活动开展起来比较困难。加之村级党组织活动形式较单一，内容陈旧，缺乏吸引力，部分党员不想参加。据问卷调查，有 5%的村党支部书记不清楚“三会一课”开展的时间，未按照规定召开支部委员会、支部党员大会、党小组会，有 10%的村党支部半年才上一次党课。各地的“三会一课”从时间上、内容上、效果上都有较大差距。

三是经费保障难。据调查，目前井研县各村办公经费每年 3 万~3.5 万元，服务群众专项经费 5 万~10 万元，但用于党建方面的经费只有 1 万元左右，仅占办公经费的 30%~40%。其中党报党刊、宣传资料费用大约占党建经费的 60%，真正用于党员教育培训和活动开展的费用非常少。多数村集体经济基本为零，致使党建经费紧张，不能满足正常学习和组织活动的需要。据调查，多数乡镇、村召开党员会议都要发放

10~20 元不等的误工补助，由于经费有限，很多党组织活动不得不简化甚至被迫停掉。

四是作用发挥难。部分农村党员综合素质不高，服务群众的意识和本领不强，考虑个人利益多，先锋模范作用发挥较差。部分村党支部委员“双带”作用不明显，在群众中的威信不高，缺乏示范效应。

3.“四不”

一是党员思想认识不到位。当前部分党员思想认识不到位，将自己等同于一般群众，只享受党员权利，不履行党员义务。对学习教育、参加党组织活动不积极，甚至不参与。他们认为学不学没什么差别，学习既不能增加收入，又没实惠点的奖励，还耽搁了时间，因此以自己的私事为重，能请假就请假。有些党员说：“我又不当官，贪污腐败、违法乱纪与我不沾边，没必要学习。”以上种种说明部分农村基层党员完全忘记了自己的党员身份，思想认识不到位。

二是监督考核党员办法不科学不完善。部分村党支部对党员的考核没有形成相对固定的标准，有些村一年一个标准，主观性强，随意性强。有些考核标准缺乏可操作性，不能真正激励党员的积极性。

三是党员管理制度机制不健全，落实不到位。据调查，多数支部在党员培养、学习培训、考核、奖惩等方面的制度不健全。有些制度虽然定出来了，但仅仅是挂在墙上、记在本子上，落实不到位。如党的组织生活制度、党员定期向党组织汇报思想工作制度、民主评议党员制度等，多数支部没有真正落实到位，这样的制度就犹如“纸老虎”。党员进出机制不健全，部分村党支部的党员进出口不规范。当前大量的青壮年外出务工，党员人才储备严重不足，部分村发展对象难找，但迫于发展对象的硬性指标，不得不降低标准推荐，对屡教不改的问题党员、后进党员一再容忍，担心将他们清除出去后会对社会造成更大的危害，不敢畅通出口。这严重影响了党组织的先进性和纯洁性。

四是村干部配备不齐、待遇不高。据调查，井研县村干部的编制设置如下：1 000 人以下的村设三职干部，分别是村支部书记、村民委员会主任、纪检组长（或村民委员会主任助理）；1 000 人以上的村设四职干部，分别是村支部书记、村民委员会主任、村民委员会副主任、纪检组长；社区设两职干部，分别是社区书记和社区主任。目前部分村两委职数配备不齐，如东林镇的平安村、高佳村由一人兼任两个村的支部书记，镇阳乡的兴隆村、石龙村都是“书记+主任”一肩挑……据调查，这些职数配备不齐的村，有的是村干部因待遇低主动辞职，更大一部分是因为原有“大学生村官”考上公务员、事业人员后空缺出来的。井研县从 2007 年至 2016 年共招录 100 余名“大学生村官”，现在仍在村任职的只有 18 名。部分村后备人才严重不足，且培养不力，找不到合适的继任人选。目前全县还有 9 位年过六旬的老支书仍然奋战在一线上，苦于没人接班。

随着社会的快速发展，对村干部的管理要求也越来越高，近几年来井研县实施并村工作后，全县有 199 个行政村，其中 3 000 人以上的大村就有 7 个，村管辖地域变大，村民增多，村干部工作任务加重，交通和通信费用明显增多。同时，村干部需要轮流坐班值守，工作时间较长，没有足够的时间和精力发展自己的家庭产业。从表4、表5看出，村干部待遇普遍偏低，工作时间与补助标准失衡，与社区干部相比待遇差距较大。

表4　井研县村干部基本报酬补助表

	待遇/元·月			
	村支部书记	村主任	村副主任	助理员
1 000 人以下的村	1 430	1 290		1 140
1 000~1 999 人的村	1 500	1 350	1 200	1 200
2 000~2 999 人的村	1 700	1 550	1 400	1 400

表5　井研县社区干部基本报酬补助表

类别	待遇/元·月			
	社区支部书记	社区主任	社区副书记	专职
乡社区	2 600	2 400		
镇社区	2 700	2 500		2 300
5 000 人以上社区	2 900	2 700	2 500	2 500

（二）原因分析

井研县农村党员队伍情况及管理过程中出现的“四多”“四难”“四不”现象的主要原因包括以下几个层面：

1. 社会环境层面的制约

受社会大环境影响，农村党员发展对象严重不足。随着经济社会的快速发展和城镇化的大力推进，大部分年轻人涌入城市务工了，留在老家的青壮年少之又少。部分外出务工的青壮年工作不稳定，工作地点经常变化，流动性大、收入无保障，思想上不愿入党；一部分人认为自己在外务工，入党程序复杂，来来回回，耽搁时间又费钱，而且要求高、约束多，因此不敢入党；有个别村两委干部心胸不宽，不愿培养后备人选，怕抢了自己的位置，造成后备干部培养不力、储备不足。以上种种，造成了当前农村党员老龄化严重、结构不合理、学历低下的现象。

2. 党员个人层面的制约

思想教育是党的一大法宝。党的正确思想、理念不占领党员的大脑，那些不良的作风和习气就会乘虚而入，从内部侵蚀党员机体，使党员迷失自我，忘记党的宗旨，干出违法乱纪的事情。当前，部分农村党员思想觉悟不高，党员意识、主体意识、宗旨意识、法律意识比较淡薄，党性修养还有待提高。尤其是部分普通党员思想认识不到位，不注意党员形象，抱着“事不关己，高高挂起”的态度，思想浮躁，纪律涣散，自私自利，小农思想严重。

3. 基层组织层面的制约

部分农村基层党组织建设滞后，党组织功能有弱化倾向。一是对入党积极分子和后备干部的培养不够，对党员的教育管理不够。二是村（社区）支部组织生活的纽带作用普遍较弱。据调查，村一级普通党员的组织生活较缺乏，他们感受不到组织的温暖。三是农村基层党组织的平台作用较弱，在党员发挥作用的过程中流于形式，没有较好地为农村党员发挥作用积极搭建平台和落实载体。

4. 经费保障层面的制约

多数农村基层党组织党建经费紧张。俗话说，巧妇难为无米之炊。党建工作千头万绪，必须通过有效的载体才能落实，做到虚工实做，因此需要大量的人力、物力、财力。由于经费欠缺，很多工作开展起来受到制约。

二、井研县镇阳乡实行农村党员积分制管理的实践

镇阳乡辖7个村、1个社区、87个村（居）民小组、9 084人，共有农村党支部8个、农村党员313名。针对当前农村党员队伍情况及管理中存在的问题，2015年镇阳乡开始探索实施党员积分制管理，逐步探索出了一条对农村党员实行“量化”管理、激励农村党员创先争优的管理方式。

（一）镇阳乡农村党员积分制管理主要做法

党员积分制管理，是以分类为基础，以量化为依据，加分和扣分相结合，以周期内累计得分作为考评党员先锋模范作用发挥的依据的一项管理制度。党员积分制管理遵循的原则是分类积分、量化考核，标杆引导、底线管理，奖优罚劣、激励奉献。党员积分制管理以1月1日为界，一年为一个积分周期，实行周期初设定基本分值（20分）、周期内实行加减分、周期末进行累计积分方式确定考评等次。新一轮积分周期开始时，原分值予以消除。其主要做法是：

1. 划分积分类型

根据年龄、职务、身体状况和工作特点，将党员划分为A、B、C、D四个类别进行积分制管理。村（社）两委干部中的党员为A类；60周岁以下，在家非村（社）两委党员为B类；流动党员和双重管理的党员为C类；年龄60周岁以上、长期生病或行动不便，需要他人照料的特殊党员为D类。

2. 量化积分标准

积分主要包括共有项目、分类项目和加分项目三个部分。按照百分制进行日常行为积分，重点突出党员日常管理和履职情况，包括带头学习提高、带头争创佳绩、带头服务群众、带头遵纪守法、带头弘扬正气五个方面的具体表现。分类项目实行基础扣分制，根据A、B、C、D四类党员类别特点，重点针对党员违纪违法、矛盾纠纷调解、侵害群众利益、封建迷信等方面情况给予扣分。加分项目体现在服务群众、争先创优等方面。镇阳乡党委通过座谈会征求意见、提出党员日常积分细则、印发初稿、

支部讨论逐一征求意见、反馈意见、综合定稿等步骤，拟定了《党员日常积分细则》并发放到每个党员手中。《党员日常积分细则》见表6。

表6 《党员日常积分细则》

共有项目（80分）	1. 带头学习提高（10分）	①积极参加“三会一课”学习。请假一次扣2分，迟到、早退一次各扣2分，无正当理由缺席一次扣5分
		②积极参加远程教育集中学习，每月两次。每缺席一次扣2分
		③积极开展个性化学习，A、B类党员以个人的学习笔记或学习手册为准，C类党员每月可以主动向党组织汇报学习心得体会（采取邮寄、QQ、电子信箱、短信等形式），D类党员可以采取口头汇报形式。检查无记录的，每次扣2分
		④A、B类党员每年学习笔记不得少于1万字。少于的扣2分
		⑤A、B、C类党员每年心得体会不少于一篇。未完成的扣2分
		⑥积极开通党员易信、天府先锋等。A、B、C类党员未开通的扣2分
		⑦按时参加组织生活和民主评议党员活动，切实开展批评与自我批评，勇于揭露和纠正工作中的缺点、错误。未参加的一次扣5分
		⑧在各种媒介、网络上发表或转发明显有悖党员政治纪律言论的，扣10分
	2. 带头争创佳绩（25分）	①按时参加上级党组织和村、社区党组织的各种会议和活动。迟到、早退一次扣2分，无故不参加的每次扣5分
		②A、B类党员不能认真参与开发创业和外出创业，不积极参加各类专业协会，在村民中起不到带头致富作用的扣5分
		③在农村产业发展中，不支持土地适度规模流转的，如果是本人则扣5分，如果是直系亲属则扣3分
		④贯彻落实上级政策部署不走样，积极完成党组织交办的各项工作，坚持勤勉实干，遇事不退缩、有事不敷衍、出事不推诿。未按时完成的扣5分，重点工作或阶段性工作失误的扣10分
		⑤按时交纳党费。不及时交纳党费扣3分
		⑥在防火、抗洪抢险等突发事件中没有起到先锋模范作用的扣5分
	3. 带头服务群众（25分）	①积极带领群众致富，关心留守老人和儿童，结对帮扶贫困户、困难群众等弱势群体，B类党员应帮扶3名以上群众，A类党员应帮扶5名以上群众。每少帮扶1名扣1分，帮扶群众无明显改善的扣5分
		②积极为群众排忧解难。不主动参与制止和化解各类矛盾的每次扣5分
		③不积极参与村庄整治、文明监督、卫生治理等工作的每次扣2分
		④不积极参加救灾、困难群体救助等各类公益活动的每次扣2分
		⑤积极参加党员志愿者义工服务活动。无故不参加的每次扣5分
		⑥经常性宣传党的路线、方针、政策，教育引导群众。不积极宣传法律法规和国家惠民政策的扣3分

表6(续)

共有项目（80分）	4. 带头遵章守纪（12分）	①妥善做好群众信访工作，不按信访有关规定反映问题、歪曲事实的，一次扣3分；参与群众上访影响社会稳定的，一次扣12分；带头组织上访影响社会稳定的，党员积分直接为不合格
		②反对并制止封建迷信、邪教组织。有直系亲属参与邪教等非法组织的扣3分；本人信仰宗教或经常参与封建迷信活动的，扣6分；经教育仍不改正的，党员积分直接为不合格
		③侵占国家、集体或他人财产的每次扣12分
		④不带头支持国家或集体项目建设，影响经济社会发展环境的每次扣5分，无理取闹、阻碍项目建设的每次扣12分
		⑤违反国家法律法规，党员积分直接为不合格
		⑥反对并制止“黄、赌、毒”等活动。参与“黄、赌、毒”一次扣12分
		⑦其他违纪情况由村、社区党组织会议研究后，酌情扣除
	5. 带头弘扬正气（8分）	①不遵守村规民约，群众反映较强烈的扣3分
		②家庭不和睦、邻里不团结或发生不尊老爱幼行为的，扣2分
		③因生活作风或邻里矛盾造成不良影响的，扣3分
		④对身边将要发生或正在发生的违法违纪事件或不正之风，不及时劝止或制止的，一次扣3分
		⑤不尽赡养老人或不尽抚养子女义务的，扣8分
		⑥勤俭节约、艰苦奋斗，不相互攀比，不铺张浪费，节俭操办婚丧嫁娶等事宜。大操大办的一次扣5分
		⑦知情不报，不积极向公安机关或检察机关提供破案线索的，一次扣3分
分类项目（20分）	A类	①认真记录履岗情况，每月公示自身履岗情况，主动接受群众监督。不按照要求参加公示的每次扣3分
		②严格落实党务、村（居）务公开制度，规范权力运行，公开透明操作。不按时公开的，每次扣4分
		③认真组织开展“三会一课”。每少一次扣5分
		④认真组织开展远程教育，每月两次。少一次扣5分
		⑤在换届工作中，不讲大局，不守纪律，拉票贿选的，党员积分为不合格
		⑥在日常生活中“吃拿卡要”、贪污受贿的，党员积分直接为不合格
		⑦在惠民政策、扶贫解困等工作中不严格执行政策的，扣5分，有为亲友谋利益现象的扣10分
		⑧对本村（社）矛盾纠纷排查不到位、化解不及时的扣2分
		⑨本村、社区出现集体上访或越级上访，造成恶劣影响，被上级通报的，进京的党员积分直接不合格，到省的每例扣10分，到市的每例扣8分，到县的每例扣5分
		⑩本村、社区内出现违法违纪案件或其他产生负面社会影响的案件，扣5分
		⑪不重视发展党员工作，本年度未发展入党积极分子和预备党员的扣5分
		⑫上级交办的重大事项，未完成或完成不力的，每次扣2分
		⑬未制定符合实际、可行性高的发展思路，或制定时未深入群众调查研究，未征求意见建议，闭门造车的扣5分
		⑭“两委”关系紧张，以乡党委评价为准，扣2分

表6（续）

分类项目（20分）	B类	①每月主动参加志愿服务活动应达到1次。每少一次扣3分
		②认真做好联系和服务群众工作，按时向村党组织汇报工作情况，每月不少于1次。每少一次扣3分
		③涉及自身的集中活动不参加，每次扣5分
		④在换届工作中，不讲大局、不守纪律的，扣5分
	C类	①流动党员外出期间，如村、社区党组织有安排的远程学习或电话、书信思想座谈，并且未在规定的时间内补上的，每出现一次扣3分
		②在外出期间，凡做出有损党的形象的行为，一经查实，每次扣5分
		③在外出期间，凡违反法律法规或当地党组织有关规定的，一经查实，党员积分直接为不合格
		④外出返回后，要及时并如实汇报外出期间的情况，返回后经组织查验，没有汇报的扣5分
	D类	①在情况允许时，对村、社区党组织安排的上门送学、上门思想座谈等活动要积极参与，否则每次扣3分
		②在情况允许时，每年至少通过口头、电话等形式向党组织汇报一次自己的生活学习思想动态，否则扣5分
加分项目		①向党报党刊投稿并被刊发的，按照省级、市级、县级、乡级以上每篇得10分、5分、3分、2分
		②因工作表现突出，党员个人当年度受省、市、县、乡发文表彰的分别加10分、5分、3分、2分
		③村、社区集体工作当年度受发文表彰或作为示范、典型推广的：乡级，A类党员加2分，其余参与此项工作的党员加1分；县级，A类党员加3分，其余参与此项工作的党员加2分；市级，A类党员加5分，其余参与此项工作的党员加3分；省级及以上，A类党员加10分，其余参与此项工作的党员加5分
		④有见义勇为行为的一次加10分；能够向公安机关或检察机关提供破案线索的，每次加3分
		⑤缴纳特殊党费的加5分
		⑥积极打造本村农业规模化发展的，加5分，积极为经济招商引资牵线搭桥的加3分
		⑦有其他积极发挥党员模范作用的，经支委会研究，酌情加分

3. 规范积分方式

一是各村党支部成立积分考评小组，负责日常积分工作。积分考评小组将全村党员分为A、B、C、D四类，分类编号后发放积分登记卡，详细记录每位党员的学习教育、履行义务及服务群众情况，作为党员日常行为积分的重要依据；每月在驻村干部监督指导下做好统一积分，每季度做好党员积分公示。二是年底评议积分，确定分值。积分考评小组在联村干部的参与指导以及党员群众代表的全程监督下统计积分并按照日常行为积分与评议积分7∶3的比例计算每位党员的全年积分。三是公示积分。党员全年积分经本人确认后，在村、社区党务公开栏上进行公示。

4. 优化积分运用

镇阳乡党委明确规定，把党员积分情况作为党员评先树优的重要依据。党员全年积分 90 分以上为优秀，70～89 分为合格，60～69 分为基本合格，60 分以下为不合格。对积分为优秀的党员，支部给予公开表彰；对积分基本合格的党员，支部对其进行诫勉谈话；对积分不合格的党员，支部要落实教育帮助的具体措施，促其改正；经教育 3 个月后仍无转变的，支部将严格按照党章和《乐山市不合格党员民主评处办法（试行）》进行处理。同时，把 A 类党员的积分结果与年终绩效工资发放挂钩，积分结果为基本合格和不合格的 A 类党员由乡党委安排专人跟踪指导，改正效果不明显的调整出两委班子。

（二）取得的成效

党员积分制管理使党员成了主角，党组织有了标尺，组织生活有了准则，提醒党员时刻保持本色，奋勇争先，为加强党员管理开启了一条新思路。

1. 党员管理日趋规范

通过实施党员积分制管理，各党支部主动改进和完善了民主评议党员、办事程序、坐班值守、流动党员管理等规章制度。党员组织纪律明显增强：在村党员参与“三会一课”、党员义工志愿服务等党组织活动的积极性明显提高，改变了以往党员参加党组织活动行为散漫、可来可不来的不良现象；外出流动党员也主动向党支部定期汇报思想、工作情况。党组织活动开展更加灵活规范，更具活力和成效。

2. 党员为民服务的热情高涨

党员积分制成为工作的“助推器”，党员之间互相监督、相互促进，主动为群众办好事、办实事。活动开展以来，镇阳乡农村党员带头新上致富项目 28 个，与全乡 276 户困难群众结成帮扶对子，主动充当民间调解员、农村政策宣传员、环境卫生协调员、村级财务监督员，积极参与美化绿化环境、调解纠纷、法律咨询等义务服务活动，参与义工服务党员达 200 余人，调解民事纠纷约 50 起，清理、美化环境达 2 000 余平方米，法律咨询受益群众达 1 000 余人，受到了广大群众的认可和赞许。特别是老党员主动参与村级事务的积极性明显增强，变批评为提建议，为村（社区）经济文化发展提供合理化建议 20 多条。

3. 党员发挥先锋模范作用的主动性明显增强

实行党员积分制后，党员作用发挥的好坏和多少，都用事实说话，用数字说话，优秀党员、先进分子的评选更加具有说服力，打破了以往党员评先选优的“大锅饭”现象，真正体现“干多干少不一样、干好干坏不一样”。特别是党员积分的公示，让绝大多数党员感到积分高、排名靠前，是非常“有成熟感”的；反之，则感到抬不起头。特别是评选出的“最美镇阳人”，在抢割、抢收、抢险等工作中发挥了明显的带头作用，有效地激发了党员发挥先锋模范作用和创先争优的意识。

4. 各项工作的推动更加有力

通过开展党员积分制管理，切实转变了党员干部的工作作风。村党支部围绕农村改革发展稳定，引导党员发挥作用，带头解决遇到的各类困难和问题，推动了项目建设、农业产业、社会稳定等重点工作全面开展，促进了全乡经济社会又好又快发展。

（三）存在的问题

镇阳乡实施党员积分制管理已有一段时间，在实施的过程中发现以下问题有待解决：

1. 积分制管理对党员学习教育的规定难以落到实处，学习效果难以保证

镇阳乡村、社区党员共 313 人，从表 7 可知：A 类党员 26 人，占 8%；B 类党员 63 人，占 20%；C 类党员 99 人，占 32%；D 类党员 125 人，占 40%。C、D 两类党员较多，共 224 人，占 72%。C 类党员因常年外出、D 类党员因为自身身体原因无法参加集中学习。而能够参加集中学习的仅为 A、B 两类党员，共 89 人，仅占 28%。同时学习效果的检测手段也只能是参学率、抽查学习笔记和心得体会等，学习效果无法准确检验。

表 7　镇阳乡村、社区四类党员情况表

支部	A 类		B 类		C 类		D 类	
	人数/人	百分比/%	人数/人	百分比/%	人数/人	百分比/%	人数/人	百分比/%
镇阳村支部	4	13	4	13	14	45	9	29
兴隆村支部	3	7	12	29	14	33	13	31
凉风村支部	4	9	4	9	16	36	21	47
石牛坝村支部	4	8	17	34	18	36	11	22
云峰村支部	4	8	13	27	7	15	24	50
石龙村支部	3	8	2	6	18	50	13	36
毛坝村支部	2	5	8	21	9	24	19	50
社区支部	2	9	3	13	3	13	15	65

2. 积分导向对部分党员触动不大

一些党员认为当不当先进无所谓，对积分多少不在乎，激励措施难以收到预期效果。而且，由于党员退出机制不健全，乡党委、村支委对极个别不合格党员除了教育等常规方式，也无法采取有效措施，积分制的惩戒作用得不到有效发挥。

3. 积分制管理难以有效覆盖外出务工的 C 类党员

占农村党员比重很大的 C 类党员因为常年外出务工，与村党支部的联系仅仅依靠现代通信工具。对他们的学习情况、思想状况、发挥先锋模范作用的情况，村党支部缺乏了解，无法有效对 C 类党员实行积分管理。

4. 部分积分标准不太科学、实用，难以量化操作，需进一步完善

如：带头争创佳绩中规定，A、B 类党员不能认真参与开发创业和外出创业，不积极参加各类专业协会，在村民中起不到带头致富作用的扣 5 分。在实际操作中，不能准确界定“认真参与”“积极参与”。在带头服务群众中，“积极带领群众致富……帮扶群众无明显改善的扣 5 分”这一项不大合理，因为帮扶群众是一个渐进的过程，一年内要有明显改善不容易，这既与帮扶党员自身的经济、能力、技术、人脉资源有很大关系，又与受帮扶对象的实际情况有很大关系。

5. 量化积分考核，记录内容多、积分范围广，且每月记一次分，支部工作人员的工作量很大

现在各村两委班子最多只有 4 名专职干部，且身兼数职（组长、妇女主任、治保等）。4 人中还有非党员，多数村的积分考核工作主要落在书记、助理 2 人肩上。实行积分制管理，平时需要调查、走访、记录。据调查，一个村一个月 2 人统计，实行扣分制计分，需要整整 4 天时间。如果以加分形式计分，预计要花费 7 天时间。由此可见，计分考核工作量大、任务繁重。如果不认真核实、记录，积分制管理就会流于形式。

三、进一步完善农村党员积分制管理方式的对策

（一）建立科学完善的制度

建立科学完善的制度是实行农村党员积分制管理的根本保障。制度建设是党员管理步入规范化、科学化、制度化轨道的根本。党建制度不在多，而在精，在于务实管用。当前农村基层党建工作应在已有的制度上不断完善创新，做到科学性、激励性和可行性相统一。统一制定党员学习培训制度、党建经费保障制度、党员年度考核管理办法及奖惩制度等，张贴在办公区醒目的位置，并加以落实。探索建立村（社区）党支部书记任职资格培训制度，村党支部书记任职前需要经过党校培训并取得任职资格，两年内没有经过党校培训的，不能担任村支部书记。进一步细化完善《党员日常行为积分细则》，主要应围绕政治纪律、组织生活、道德情操等内容设置，为党员定规立矩。同时党员积分细则要具有科学性、规范性和可操作性。只有规范了制度，才能真正用制度管权管人管事，党员积分制管理才会有序开展。

（二）强化党员学习教育

没有教育的管理不会是高效的管理，没有管理的教育也不会是高效的教育。因此，加强农村党员积分制管理必须强化党员教育。

1. 丰富教育内容，提升教育的吸引力

一是要利用“三会一课”、集中轮训、主题党日活动、报告会等形式，有计划地组织党员集中学习。重点学习党的基本知识、党规党纪、习近平新时代中国特色社会主义思想等，以提高政治素质，增强党性意识。将村党支部书记主导、乡镇党员领导干部主讲、下派书记义务讲、宣讲团宣讲、党校老师巡回讲相结合，大规模开展学习教育。二是要善于从正反两方面入手开展学习教育。以革命先辈、先进典型、身边典型等进行正面教育，通过示范引导，强化党员信念，鼓舞士气，激励斗志，增强党员思想意识。利用参观警示教育基地、观看警示教育影片等进行反面教育，用现实的鲜活案例，让广大党员及时受到警醒，主动在思想上、行为上画出框框。三是要通过强化思想教育把解决思想问题与解决实际问题结合起来，尽可能帮助党员解决一些实际困难和问题，这样才能把思想教育工作做活做实，才能真正达到解决思想问题，提高思想素质的目的。

2. 广开教育渠道，搭建教育平台

利用党员教育电视频道（栏目）、手机报、网站、官方微博（微信）、短信等进行学习，形成全方位、多层次、辐射式的党员教育网络阵地集群，以增强学习的渗透力。

基层党组织应充分利用好共产党员网的“看案例学党章”“以案说纪”等栏目，通过生动的案例故事对学习内容进行解读，让党员学习领会得更加深刻；利用党校网络学习平台，选学规定的学习内容，并参加考核，检验学习效果。

开通远程视讯会议系统，在党校设主会场，在各乡镇设分会场，在主体班培训、党委中心组学习时主会场与分会场同时开课，实现优质资源共享。分会场由乡党委安排全乡A、B类及D类党员中身体条件好的党员参加学习，每年保证不少于四次集中学习。这既能解决谁来培训、培训什么的难题，同时也可节省党建经费，确保集中学习教育的效果。

3. 创新教育方式，促进教育成果转化

农村基层党组织应积极加强自身建设，不断完善组织功能。要按照“组织搭台、党员唱戏”的思路，紧贴农村工作实际，创新方式，精心设置活动载体，让党员在组织活动中受到教育，从而积极发挥作用。首先，要围绕农村中心工作来开展党组织活动。以“两学一做”学习教育常态化制度化为抓手，积极组织党员开展遵守党纪承诺践诺活动、党员义工日、党员活动日等活动。进一步完善党员积分制管理，在全体党员中开展“星级党员”评选活动，以激励先进党员，转化后进党员。在D类党员中开展“党员之家”评选活动，让家庭成员理解支持老党员的工作，充分发挥老党员思想先进、德高望重的作用。同时对评选出的星级党员、党员之家给予精神激励和物质奖励，提高党员参与积分制管理的积极性。其次，要围绕群众致富增收开展技能培训、科普教育等。可以将有发展意愿的党员集中起来，分类聘请行业专家培训指导，解决技术难题。或组织他们外出“取经”，启发思维，提高发展致富的能力，增强带头作用。最后，要根据组织需要和党员需求，开展形式多样的团队活动，以激发党员热情，凝聚人心。各支部要充分利用好村级文化站，按时开放图书馆，在“七一”“十一”等重要节点播放爱国主义教育影片、纪录片等。充分利用中国传统节日以及农闲时间组织党员参加创先争优活动、公益活动、群众喜闻乐见的文体活动，让党员在轻松愉悦的活动中受到教育，同时增强支部活力和凝聚力。

（三）加强村（社区）支部班子建设与管理

村党支部是农村发展的龙头、基层稳定的关键，在党员积分制管理中发挥着主体作用。抓好农村党支部建设，是基层党建的重点工作。俗话说，“村民富不富，关键看支部；村子强不强，要看领头羊”。一是要选好村两委班子。要建立健全以村党支部书记为重点的村两委干部选拔培养管理机制，将政治信仰坚定、农村工作经验丰富、群众基础好的同志充实到班子中，配齐配强村两委班子。在选拔人才中一定要打破地域、身份限制，可以从退伍军人、回乡知识青年、创业精英、致富能手、职业农民、事业干部中选拔号召力强、有胆识、有才智、双带能力强、能真正为群众办实事的优秀人才为领头羊。建议继续开展“大学生村官”的招录工作，为村两委充实素质能力较强的新鲜血液；建议村委增设一名组织员编制，专门负责村级党务工作。二是要加强对村两委班子的培养锻炼，可将他们分类集中到县委党校或高校进行强化培训，填补知识空白，锻炼解决问题能力，提升班子整体素质。三是要探索建立对村两委干部的考核激励机制。继续探索从优秀村党支部书记中选拔乡镇干部，探索对优秀农村党支部书记实行职级化激励，在各乡镇推荐的基础上，经过县委各部门联考联评，将符合标准并经过考核认定的村党支部书记单列，设置三级管理职级等次，梯次提升经济和离职待遇，实现对干部的关爱激励。四是要加强对村两委干部的指导管理和监督。村干部既要选好、用好，更要管好。严管就是厚爱，信任不能代替监督。因此上级党委要加强对村两委班子的指导和监督管理。从小事抓起，发现问题就“咬咬耳朵”“扯扯袖子”，加强日常管理监督并与考核挂钩。对 A 类党员实行“中心工作、目标考核、绩效考核”三位一体的考核方式；在党员积分制管理中实行“7+3”模式（考评小组由村 7 名成员+被评议组的 3 名普通党员组成），实现普通党员对村两委班子的监督。五是加强村后备干部的培养。把 B 类党员中的优秀人才纳入积分制管理的考评小组中，在实践中历练；通过产业发展、政策支持等途径，回引 C 类党员中的有志青年回乡创业，为村两委储备后备人才。

（四）多措并举加强流动党员管理

流动党员大部分比较年轻，多数是大学生或比较能干的人，潜力较大，同时流动党员的管理也是积分制管理中最为薄弱的一环。因此，乡镇党委、村支委要加强流动党员管理。一是乡镇党委和村支委要准确掌握流动党员在外工作生活的基本情况。通过发放“连心电话卡”、开通“亲情连心线”、建立“流动党员电话簿”，加强与流动党员的联系。二是以乡镇为单位，在流动党员务工比较集中的地方，成立流动党员支部或流动党员站，在流动党员中选拔 2~3 位组织能力强，发展较好的党员担任“流动之星”，负责在乡镇党委、村支委“双向”发力指导下开展工作。如乡党委可以组织在流动党员中开展以“在外务工有为”“在家乡有为”“带老乡就业”“带群众脱贫”的“双为双带”活动，充分发挥流动党员的示范带动作用。三是充分利用现代通信设备加强流动党员的学习教育管理。由乡镇组织员建立乡镇流动党员微信群，让其关注“学习强国”“共产党员”“天府先锋”“手机报”等学习平台，随时学习跟进党的政策，了解家乡发展情况；各支委可以将整理好的“三会一课”等学习内容、党籍管理等制度汇编成册发送给流动党员学习，并通过电话、QQ、微信及时进行交流沟通，安排学习任务，组织活动等；流动党员每季度定期向支部汇报思想工作、生活动向和学习情况。四是灵活利用春节期间流动党员集中返乡的时机，组织集中学习、召开恳谈会，对流动党员进行学习教育，增强其组织观念。五是要加强对流动党员的积分制考核。把流动党员与支部的联系情况、学习情况、参加流动党员支部或流动党员站的活动情况、发挥党员示范带动作用等情况纳入党员积分制管理，按季度积分并公示。

（五）畅通党员进出口渠道

畅通党员进出口渠道是加强农村党员积分制管理的重要保障。针对农村 B 类党员锐减、C类党员对农村示范作用差、D类党员作用发挥弱的问题，各乡镇党委、村支委要大力培养入党积极分子。要善于对观念新、思想觉悟高、文化素质高、发展思路活、纪律意识强、乐学善助的青年农民进行定向培养，从而不断为基层组织输入新鲜血液。一是要严把党员“入口”关。发展党员要严格按照《中国共产党发展党员工作细则》，成熟一个发展一个，坚决杜绝摊派入党指标现象，坚决杜绝凭私人感情发展党员的现象。二是建立《发展党员纪实簿》，全程记录发展党员各环节内容。三是相关部门应定期开展发展党员工作检查，及时发现并反馈问题，确保党员质量。

畅通党员“出口”渠道。建议上级党组织出台对不合格党员的认定标准、处置的工作流程、实施细则，向社会广泛宣传，便于指导基层开展工作，真正使党员有进有出，永葆党组织的纯洁性和先进性。基层组织在发展中要强化“党要管党，从严治党”的意识。俗话说，“流水不腐，户枢不蠹”，只有及时将党员队伍中不合格党员清退出去，去除“杂质”，才能维持肌体“健康”。在实行党员积分制管理中，对积分不合格的党员，经过党组织教育帮助后仍无转变的，将严格按照相关规定进行处理。

（六）持续加大财政投入

财力支撑是农村基层党建工作的物质保障，因此要建立健全财政投入为主、多渠道投入的基层党建工作经费保障机制。一是要把基层党建工作经费纳入县、乡财政预算，并逐年增加。二是村两委应开源节流，多方筹措资金，区位优势好的村可发展集体经济，以增加经费保障，确保基层党组织“有钱办事”。三是逐步提高村干部待遇，改善工作环境。继续完善村干部社会保险制度，使其干有所想、老有所养，解决后顾之忧。

课题负责人：胡敏
课题组成员：余莉

凉山彝族自治州“十三五”期间养老需求与养老产业发展的对策研究

中共凉山州委党校 凉山行政学院 课题组

凉山彝族自治州（简称凉山州，下同）是我国最大的彝族聚居区，境内有彝、汉、藏、蒙古、回、苗、纳西等10多个世居民族，是一个典型的多民族聚居区。人口统计数据显示，从2010年开始，凉山州已悄然进入老龄化社会。老龄化社会的到来，对于凉山州来讲既有挑战也有机遇。一方面，老龄化社会的到来，意味着人口红利的消失，适龄劳动者将随之减少，家庭和社会用于养老的成本将不断上升，也给凉山州在发展中如何真正“惠民生”提出了重要课题；另一方面，老龄人口的增加，也产生了更为广泛的养老需求，为大力发展养老产业、增加服务业比重、优化产业结构提供了广阔的空间和条件。

一、凉山州人口老龄化现状及“十三五”期间养老需求分析

（一）人口老龄化现状

近年来，凉山州已进入人口老龄化快速发展期，并呈现以下几大特点：

一是凉山州已步入老龄化社会。凉山州第六次全国人口普查公报数据显示，2010年，全州60周岁以上的老年人口为47.13万人，占常住人口的10.4%，比2000年上升2.1个百分点；65周岁以上的老年人口为32.18万人，占常住人口的7.1%，比2000年上升2.13个百分点。国际上通常把60周岁以上人口比重达到10%或者65周岁以上人口比重达7%作为一个国家或地区进入老龄化社会的标准。按此标准，凉山州虽然晚于全国10年时间，但也不可避免地跨入老龄化社会的门槛，面临老龄化的压力和挑战也将越来越大。截至2013年年底，凉山州民政局网站公布的数据显示，凉山州已有60周岁以上老年人口59万人，占总人口的12.1%，比2000年增加了1.7个百分点，人口老龄化的趋势愈加明显。

二是凉山州各县市由于经济发展水平、生育水平和人口结构存在差异，人口老龄化的进程出现明显的差异，汉族人口较多的县市人口老龄化的速度明显快于少数民族聚居县。

安宁河沿线的县市，由于汉族人口相对较多，生育水平相对较低，因而更快进入老龄化社会。以西昌市为例，2010年，全市60周岁以上人口为89 569人，占总人口

的12.57%，比当年全州的平均水平高出2.17个百分点，是全州率先进入老龄化社会的地区之一。而地处安宁河沿线的会理县，老龄化问题更为突出。统计资料显示，2012年会理县60周岁以上户籍人口为6.94万人，比2011年增加2 204人，占总人口的15.0%，较2011年上升0.4个百分点，比10%老龄化标准高出5个百分点。而在少数民族聚居区，生育水平明显高于安宁河谷沿线地区，其人口老龄化水平也明显低于安宁河谷沿线地区。以木里县为例，2014年年末，木里县总人口138 788人，65周岁以上老年人6 461人，仅占总人口的4.66%，与7%的标准相比，相差2.34个百分点，还未进入老龄化社会。综上不难发现，凉山州人口老龄化的区域化差异比较明显。

三是养老已成为当下多数家庭必须面对的问题。问卷“您家里65周岁及以上年龄的老年人有几人”的统计显示，家里没有65周岁以上老人的仅占调查人数的16.78%，家里至少有1位65周岁以上老人的占83.22%，换句话说，八成以上的人家里都面临养老问题（见图1）。

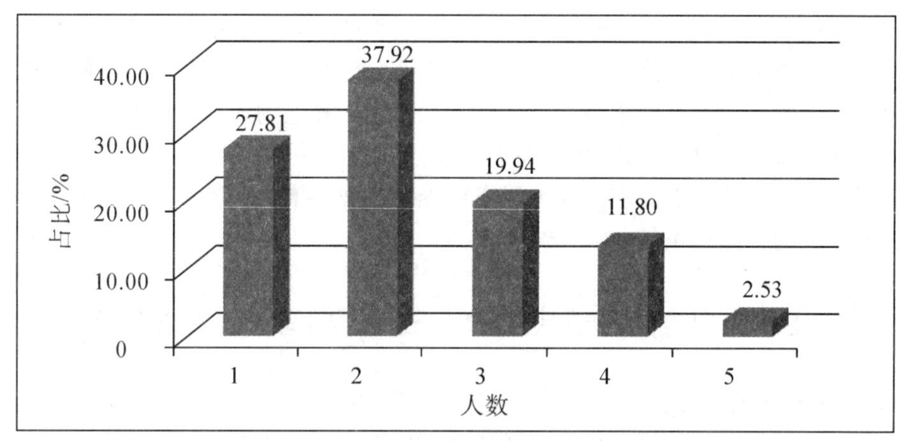

图1 “您家里65周岁及以上年龄的老年人有几人”调查统计

（二）凉山州“十三五”期间养老需求分析

随着人口老龄化的加剧和家庭结构的演变，“十三五”期间凉山州养老需求日益增长，基本养老需求更加迫切，并呈多样化的特点。

1. 养老方式多样化

养老方式的选择受人们生活习惯、收入水平、家庭结构等多种因素的影响，因而养老方式的选择具有多样性。在问及“您喜欢怎样的养老方式”时，选择“居家养老”的占78.89%，选择“机构养老”的占13.52%，另有7.69%的选择“互助养老”；在“居家养老”中，有49.42%的选择“独立居住”，有27.04%的选择“与子女同住”，有2.33%的选择由“保姆照料”养老（见图2）。

不难发现，居家养老仍是人们愿意选择的主要养老方式。另外，随着家庭结构的变迁和家庭养老功能的弱化，入住养老机构必将成为部分老人的现实选择。“十三五”期间，对机构养老的需求将逐步上升。

课题组在调查中发现，除了上述养老方式外，目前还出现一种被称为“候鸟式

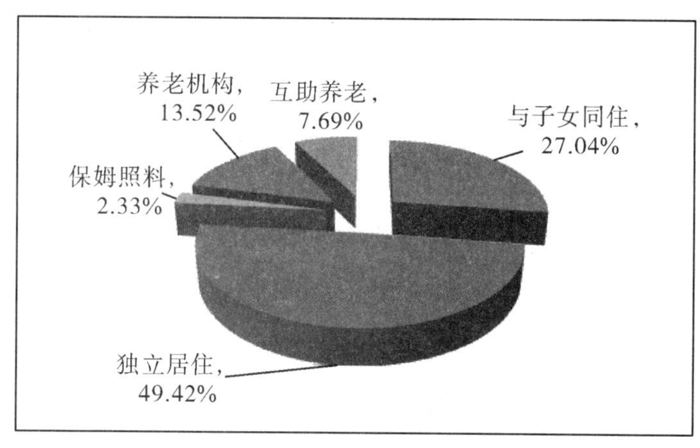

图 2 “您喜欢怎样的养老方式”调查统计

养老”的新型养老模式。“候鸟式养老”是一种特殊的养老方式，即随着季节变化，像鸟儿一样选择不同的地方旅游的养老模式。这是一种建立在一定经济基础上的养老方式。“候鸟式养老”最大的特点是在某一时段选择在异地的养老院、老年公寓等机构生活，它集健康养老、旅游休闲、文化娱乐于一体，在游玩中健康快乐地享受晚年生活。“候鸟式养老”比单纯旅游或者异地购房更为经济，作为一种新型的养老方式，越来越受到人们的关注。凉山州西昌市由于独特的气候条件和丰富的人文、自然旅游资源，每年冬夏两季吸引了大批外地老人来此旅游养老，“候鸟式养老”需求旺盛。

2. 对医疗保健的需求较为迫切

养老不仅要解决老人最基本的衣食住行等需求，更重要的是提高其生活质量。对老年人来说，保证生活质量的前提是健康。在问及“您认为老年人的幸福是怎样的”（多选）时，在“身体健康、儿女孝顺、稳定的经济来源、社会和家庭的尊重”五个备选答案中，选择“身体健康”的占比最高，达 92. 77%。

调查结果进一步证实，健康是老年人最关心的问题。老年人追求健康而产生的对医疗保健的需求将不断释放，而在本来医疗保健资源就比较紧缺的情况下，老年医疗保健资源的供需矛盾将更加突出。在医疗保健中，老年人对医疗的需求尤其突出。在问及“您认为当前中国的养老问题中突出的问题”（多选）时，在“养老金少、养老机构少、养老机构收费高、看病难看病贵、老年人缺乏关怀”五个备选答案中，选择“看病难看病贵”比例最高，占 81. 59%。

在问及“您希望将来的社会能为养老提供哪些服务”时，在“医疗保险服务、精神服务、社区娱乐健身设施服务、其他服务”四个备选答案中，选“医疗保险服务”的占 81. 12%，选“社区娱乐健身设施服务”的占 79. 02%，选“精神服务”的占 73. 43，选“其他服务”的占 40. 79%。四个备选答案中，选择“医疗保险服务”的比例最高。

3. 居家养老对社会化服务的需求强烈

与传统家庭养老相比，现代居家养老更依赖于社会化服务体系的支撑。随着独居老人、失能老人、失智老人的增多，居家养老对助餐、助洁、助卫、助医、护理陪护等需求将大为增加，对社会化养老服务提出了更高要求。

4. 心理需求

老年人的娱乐与精神需求同样是不可忽视的。他们对社交的需求不亚于年轻人。老人们还希望养老服务提供商从心理上尊重老人、关怀老人，并提供足够的社交活动空间。

根据马斯洛需求层次理论，这是一种爱与被爱的需要。老人需要更多的公共空间、交流空间，需要更多的休闲空间和元素，需要更加完善的邻里关系和更加贴心的服务体系。

二、凉山州养老服务业的现状

凉山州为了改善长期以来社会福利机构不足、设施落后的现状，在“十一五”和“十二五”期间大力推进养老机构设施建设。截至2015年年底，凉山州已建成72所养老机构。其中，67所公办养老机构（包含农村敬老院、社会福利中心、社会福利院），主要是国家为城市“三无”人员、农村“五保”户、生活无着落的流浪乞讨人员等民政服务对象提供服务的兜底型福利机构。2014年全州城乡“三无”人员、“五保”对象集中供养月人均生活费达到400元，供养率分别达到31.8%和55%。另有4所民办养老机构（西昌圣家老年服务中心、西昌邛海国际老年公寓、西昌观海湾阆悦苑颐养中心、会理金尚老年公寓），共有870张床位，分别在西昌市和会理县，主要面向社会养老人群，目前入住老年人超过130人。建成了2个省级养老示范社区，21个日间照料中心、269个农村幸福院。有农村基层老年协会1 762个、县级以下老年活动中心477个，极大地丰富了基层老年群体的文化生活。“十三五”期间，在政府的大力推动下，凉山州养老产业将进一步快速发展，并逐步完善社会化养老服务体系。到2020年，凉山州将基本建成以居家养老为基础、以社区为依托、以机构为支撑，规模适度、覆盖城乡的养老服务体系。

三、凉山州发展养老产业面临的问题与成因分析

（一）“未富先老”的问题突出

发达国家进入老龄化社会的时候，往往已进入较高的经济发展阶段。从进入老龄化时的人均GDP（国内生产总值）来看，我国为2 800美元，而按照不变价的GDP核算，日本的数据为15 000美元。2014年，中国人均GDP已达到7 800美元左右。从凉山州的情况来看，近年来虽然人均收入增长较快，但仍低于全省和全国的平均水平。据2015年2月10日凉山州政府工作报告，2014年，凉山州城镇居民人均可支配收入23 609元、农民人均纯收入8 264元，分别比去年增长8.8%、12.3%，两项指标分别是全省平均水平的96.83%、93.88%，是全国平均水平的81.85%、84.14%（见表1）。两项指标虽与全省平均水平较为接近，但与全国平均水平相比仍有一定差距。

表 1　2014 年城镇居民人均可支配收入、农民人均纯收入比较　　单位：元

	城镇居民人均可支配收入	农民人均纯收入
凉山州	23 609	8 264
四川省	24 381	8 803
全国	28 844	9 822

“每月的总花销”抽样调查显示（见图 3），61.83%的人群月花销在 1 000 元以上，仍然有 7.26%的人群月花销为 200~500 元。此数据从表面上看只是月开支情况，但反映出用于生活支出的比例偏大，收入偏低。

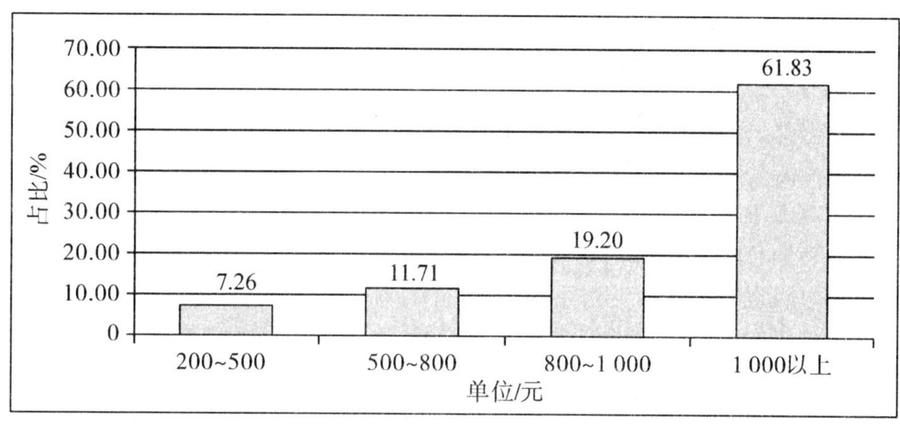

图 3　“每月的总花销”调查统计

另外，由于历史欠账多、底子薄，凉山州不仅城乡二元差距明显，区域发展差别也较大，而且“十三五”期间仍面临精准扶贫，消除 50 万贫困人口的艰巨任务。现实表明，“未富先老”的情况在凉山州显得尤为突出，无论是对于家庭还是社会，养老资金不足已成为制约养老事业健康发展的主要因素。以政府鼓励扶持民营资本进入养老产业为例，四川省规定，对民办新建养老机构每张床位按 1 万元的标准给予一次性建设补贴，其中省级财政负担 5 000 元，剩下 5 000 元由州县财政补助。由于地方财政财力不足，许多县市一直无法将地方配套的养老建设资金落实到位，大大影响了凉山州养老服务体系建设和民族地区全覆盖项目的进程。经过多年的发展，凉山州社会保障已基本解决了有无问题，但社保面不够宽、社保水平低的状况在短期内很难得到根本改善。农村养老保险存在的问题尤为突出。广大农村老人原先没有养老金，现在逐步实现“农保”，虽然农民可以自主选择档次缴费，但由于农村经济发展水平低，农民对农村社会养老保险制度缺乏信心，大多数农民投保时都选择了保费最低的每人每年 100 元档次投保。在不考虑通货膨胀等因素的情况下，连续缴费 15 年，年满 60 周岁，每月可以领取约 66 元的养老金，这点钱对农民养老来说，几乎起不到什么作用。即使农民愿意以每人每年 1 000 元的最高标准连续投保 15 年，年满 60 周岁时每月领到的养老金也只有 163.93 元，仍然难以起到养老保障的作用。对多数家庭而言，养老金的多少仍是人们关注的重要话题。

在被问及“您认为当今中国的养老问题中突出的问题”（多选）时，选择“养老金少”的占比72.03%，在五个备选答案中占比位列第三位。经济尚未发达，人口却已老化的现象反映了目前经济发展水平严重滞后于人口老龄化进程的严峻现实。由于在进入老龄化社会时人均收入较低，凉山州老龄人口的养老问题相比于发达地区，将面临更多的问题和更大的挑战。

（二）家庭式的传统养老方式面临严峻挑战

家庭养老，既是中华民族传统美德的体现，也是符合中国人传统文化习惯的养老模式。与国外居家养老相比，中国的家庭式养老主要依靠家庭自身的功能（即子女的赡养）实现养老目的，而国外的居家养老更多是依靠社会化服务来满足养老的各种需求，两者之间具有本质的区别。

在西方发达资本主义国家特别是北欧国家，由于有较高的社会福利待遇和比较完善的社会化养老制度，退休后的老人无论是选择居家养老还是进入社区养老院，都可以获得较好的社会化医养服务，安度晚年。子女成年后一般不与父母共同生活，也不承担父母养老的经济责任，但有探望父母的义务。与此形成鲜明对比的是中国传统的家庭式养老。在中国的传统观念中，父母上了年纪之后能与子女生活在一起，儿女孝顺，是“老有所依、老有所养”，是一件幸福的事。“养儿防老”观念传承了几千年，儒家文化的思想也要求子女尽孝，子女负有赡养父母的义务，自古就有“父母在，不远游”的古训，加之社会化养老事业发展滞后，依靠子女养老的自助式家庭养老模式成为大多数中国家庭的必然选择。凉山民族地区的养老模式也大多如此，而且随着年龄增长，家庭养老意愿越加强烈（见图4），但伴随着日益加剧的人口老龄化进程，传统的家庭养老模式的弊端日益凸显。

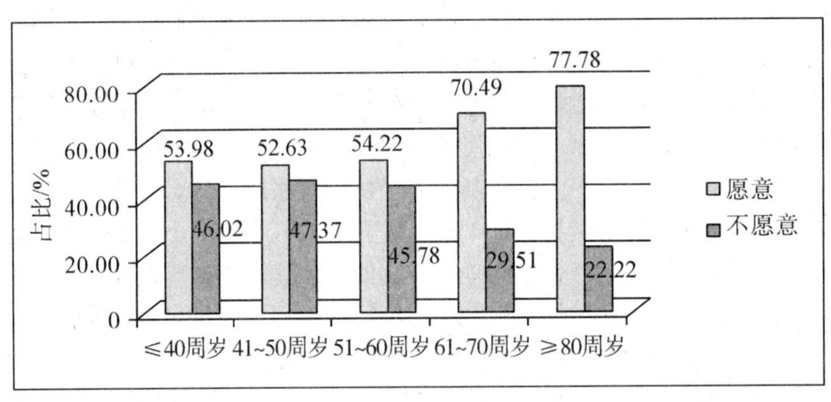

图4　年老时是否愿意与子女住在一起

从“421”家庭结构来看，今后一对独生子女夫妇在抚养1~2个子女的情况下，还要赡养4位年迈的父母。这意味着对家庭来说老年抚养比将持续上升，在老年供养需求急剧增加而家庭供养能力持续减弱的情况下，完全依靠家庭负担老年人养老责任的传统模式已难以为继。另外，随着城市化进程的不断推进和人口流动性的加大，城乡空巢老人的比例将越来越高，高龄、失能老人也将逐渐增多。家庭自助功能的弱化或缺失，导致传统的家庭式养老名存实亡。随着老人年龄的增长和身体机能的衰退，空巢老人选择家庭式养老将面临越来越大的风险。2014 年，西昌市一居民小区就发生过空巢老人猝死家中，几天后才被偶然串门的亲戚发现的事件。理论和现实表明，养老已不仅是家庭成员自身的独立责任，更是一个社会问题，需要更多社会资源的投入。因此，大力支持养老产业的发展已刻不容缓。

（三）发展养老产业面临的体制性障碍

老龄产业的性质徘徊在事业和产业之间，老龄产业中的非竞争性行业和竞争性行业区分不明确，缺乏政府介入还是市场介入的边界划分。尤其在养老服务行业，民营资本在融资服务、财政支持、土地使用、医保定点等方面先天不足，尽管政府出台了大力支持民营资本进入养老服务产业的相关优惠政策，但是在实践中，对民营养老机构的优惠政策还存在落实难、落实不到位的现象，导致民营机构无法平等参与竞争。另外，政府职能部门在老龄产业的管理上还存在条块分割、多头管理的局面，易造成管理上的真空和职权的交叉，缺乏相互协调机制。比如养老机构由民政部门管理，医疗事业由卫生部门主管，分而治之的格局造成医疗和养老资源相互阻隔，难以做到医养融合。

（四）配套的养老服务体系尚未建立

与居家养老配套的社会化养老服务体系尚未建立，加之缺乏必要的养老服务信息平台，老年人居家养老的家政、护理、餐饮、急救等需求难以及时得到满足，居家养老实际上仍然是“家庭养老”。

（五）养老观念认识尚未到位

一是老年人及其子女传统的养老观念尚未改变。绝大部分老年人习惯于独居或空巢生活，他们的子女也不愿意老人入住养老机构。另外，老年人的消费观念也影响老龄产业市场的形成。老年人重积累、轻消费，重子女、轻自己的传统观念很难在短期内改变，这直接影响老年人的消费增长。同时，传统的“勤俭节约”思想在老年人心中根深蒂固，他们往往把有限的养老钱和房产留给子女或第三代消费，转移了老年人的有效需求。

二是对养老机构的现状不满意，觉得还是在家养老更保险。在被问及“您认为养老机构的缺点”时（多选），有超过 77%的人认为收费高，不能承担；缺乏家庭温暖、伙食差、卫生差及易产生压抑感分别占 74.83%、41.49%、38.93%和 69%，足以说明机构养老在人们心目中负面认知仍然偏多（见图 5），导致很多人不愿意到养老机构养老。

三是社会上对“孝”的理解存在一定的误区，不少人认为只有对自己父母不尽孝道的人才会送父母到养老院养老。

四是一些职能部门和社区管理部门尚未真正认识开展社区养老助老服务的重要性与迫切性。

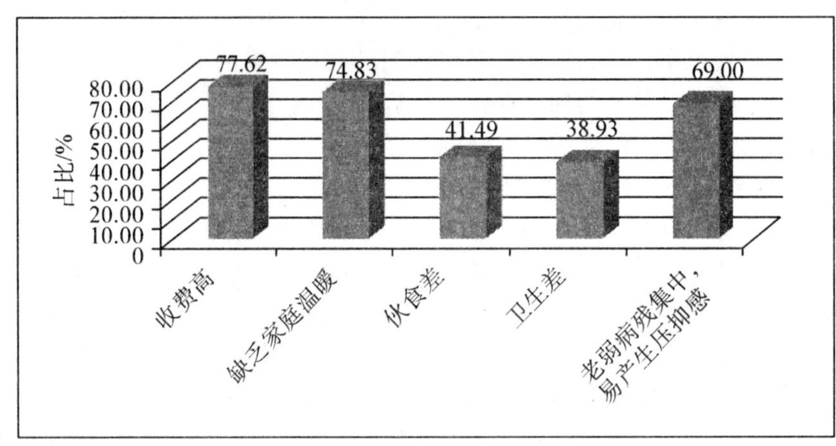

图5 “您认为养老机构的缺点”调查统计

（六）民营养老机构发展举步维艰

民营养老机构基本是自筹自办的，政府只给予一定的优惠政策。巨大的投资压力、经营高风险以及专业护理人员缺失等，让市场前景看似广阔的社会养老产业实践起来却举步维艰。

一是土地是制约其发展的首要因素。近年来房地产业的迅猛发展，带动了城市及周边土地的迅速升值，导致在城区购买土地兴建养老院的成本越来越高。新建民办养老院只能租用民房仓库、闲置房屋或者向郊区发展，存在环境差、设施陈旧简陋等问题，不仅租金高，而且租用房屋在后期的改建中也存在较大的局限性。以西昌邛海国际老年公寓为例，房租一年200万元，运营压力很大。

二是养老机构资金有限，娱乐活动太少，心理关爱匮乏，入院老人普遍感到“孤独”。低投入带来的服务质量低下表现在养老服务机构为老人们开展的集体活动减少或取消，老人活动的体育娱乐设施设备缺失，老人平日的活动以自由外出散步、自主打麻将为主，在社区常见的早晚集体跳舞、唱歌、打拳、乐队等活动在养老院内基本无法看到，大多数失能和半失能老人只能面对天空发呆。不少老人称，他们感觉养老院只是管吃管住管洗衣服，机构及服务人员对他们精神上的关爱不够。

三是各种优惠政策落实困难，社会力量投资养老的积极性受挫。

四是服务人员缺乏专业的系统培训，服务质量低下，影响老人的生活质量。养老机构是一个微利行业，为了节约成本，大多数养老服务机构采用了低工资福利待遇的方式，因此相关服务人员流动性大，人员素质偏低，只有极少数人员受过简单的培训，服务人员大多都是从周边临时招聘来的无法外出打工的村嫂。由于缺乏专业护理人才，养老服务机构远远不能满足老年人急需的较专业的护理需求，这也是相当大一部分子女不愿意将老人送去养老院的原因之一。

（七）大多数养老机构不具备医养结合的功能，在服务上无法满足老年人“医养同步”的需求

据统计，凉山州现有的养老机构还没有一家是真正意义上的医养相结合的机构，其中部分养老机构仅有医务室，只能处理感冒之类的常见疾病，条件差的农村敬老院

甚至连医务室都没有。目前正在建设的邛海国际老年公寓就是一家发展“医养结合”模式的民办养老机构，由于所在区域“十二五”时期没有规划医疗机构，民办医院一直未能办理，到目前仍未实现医养结合。课题组到邛海国际老年公寓实地调研时，曾与一位83周岁高龄的老人交谈。老人思维敏捷，身体健康，对目前养老院的生活很满意。她说：“在这里我感受到了比家里更多的温暖，最大的担忧就是生病了咋办、住院了谁来照顾我。”医养分离的确已成为目前养老机构发展的瓶颈。

四、发展养老产业的对策建议

（一）发挥政府的主导作用，大力发展居家养老社会化服务

居家养老是大多数老年人首选的养老方式。居家养老服务，是指以家庭为核心、以社区为依托、以专业化服务为依靠、以为居住在家的老年人提供解决日常生活困难服务为主要内容的社会化服务。居家养老服务的核心是服务，政府要发挥托底保障和服务型政府的作用，为老年人和服务企业做好公共服务。一是通过政策引导和资金支持，大力培育、扶持居家养老服务企业和社会组织，鼓励社会力量开展家政服务、康复护理、医疗保健、精神慰藉、紧急救助等内容的上门服务，为居家老人及时提供规范化、个性化服务。二是加强监管，不断提高服务企业和社会组织的服务质量、服务水平。三是通过政府购买服务，为困难家庭中的失能老人和80周岁以上高龄老人提供居家所需的助餐、助洁、助医等服务。四是把居家养老与机构养老相结合，在社区建立集娱乐、休闲、医疗服务于一体的社区养老院或日间照料中心，为老人提供专业化的养老服务。五是在城市规划、新小区建设及老旧小区改造中充分考虑无障碍设施的建设，让老年人的出行更为方便、安全、省力，以提高老年人的生活质量。现在多数七层以下的居民小区，当初修建时就没有配套电梯，给居住在三楼以上的高龄特别是依靠轮椅出行的老人带来不便，有的一年也难外出一次。公交系统目前在设施建设上同样存在不足，很难满足需依靠轮椅外出的失能老人无障碍通行的需求。

（二）大力扶持民间资本投资兴办养老服务机构

在政府财政投入不足，公立养老机构远不能满足社会养老服务需求时，大力发展民营养老产业是凉山州切实解决养老难题的有效措施。

1. 切实解决养老机构发展的土地问题，落实各项优惠措施

一是在城市规划中，划定专门养老区域，建设更多适合老年人养老的场所。二是对养老机构土地需求采取低价转让或者低价长期出租方式。三是将养老机构设施建设项目纳入绿色审批通道，加大规划、土地、税收、融资政策和政府固定资产投资对发展养老服务机构的支持力度。四是切实落实国家关于养老机构税收减免等方面的政策。五是对养老机构用水、用电、光纤、宽带等费用按民用计费。

2. 完善对民营养老机构的补贴制度，确保各项补贴制度落实到位

当初政府承诺给予的补贴，难以及时到位，导致民间资本一进入养老市场就陷入“收费高了没人来、收费低了服务水平难保证”的两难境地。我们都知道，资本的天

性是逐利性，指望民间资本来做公益性的“亏本买卖”显然不现实。而如果政府的优惠政策不能及时兑现，也必然影响民间资本进军养老市场的积极性。

3. 积极探索国有资产和民营资本相结合的实现形式，大力推进公建民营养老机构的发展，鼓励社会力量参与养老事业

在养老机构建设上，单纯依靠政府或单纯依靠民资都存在较大局限性。靠政府，一是巨额的资金预算难以承受，二是公办养老机构的管理和服务质量历来备受诟病；靠民资，一方面公益性难以得到保障，另一方面服务价格势必会把一部分老年人拒于门外。所以，互取其长、互补其短的“公建民营”，是破解养老困局的可行办法。“公建民营”的益处在于：政府投资建设养老机构，保证了其公益属性；民资在经营中亦需按照政府相关管理办法进行管理，并找到较好的投资点。值得注意的是，“公”和“民”如何实现无缝对接，是这个模式最重要的关键点。在实际运行中，政府建设优质养老机构后，虽然把经营权交给了民营单位，但对其经营管理水平和质量的监督权，却不能一并交出去。加强管理，使其在合法、有序的框架下运营，才符合政策初衷。而对于民营养老机构来讲，应该摒弃“盈利至上”的商业理念，把公益性放在第一位，在尽责的同时实现合理的盈利。若民办养老机构在提高服务质量、降低收费标准上有所作为，政府还可以给予一定的补贴，以提高民资的参与热情。

实践中，在政府与民资的合作上可更多地采取 PPP 运营模式，这是实现政府与民资合作双赢，大力推动凉山州康养产业发展的有效途径。西昌环境优美、气候宜人，具有发展康养产业的独特优势。西昌市委、市政府正在着力将西昌市打造成国内外知名的生态康养基地、特色旅游胜地，以大健康产业带动西昌经济发展。目前规划修建的多个康养项目，已成功引入 PPP 模式。以正在修建的西昌市阳光养老福利中心为例，该项目总投资 2.8 亿元，由西昌市政府划拨建设用地 64.87 亩（1 亩≈0.066 7 公顷，下同），项目统一规划，拟建床位 1 500 个，分两期实施：一期 22.46 亩，由政府自建；二期 42.41 亩，计划采用 PPP 模式运营，建设用地计划和土地供给由政府解决，建设运营由投资单位负责。建设补贴、运营补贴、税费优惠按照发展养老服务业的相关政策执行，保证政府与社会资本实现合作双赢。

（三）大力培育养老专业人才队伍和社区志愿者队伍

养老服务涉及生活照料、精神慰藉、心理调适、康复护理、临终关怀、紧急救助等方面，从业人员需具备较高的职业道德水平和过硬的专业技能，应尽快建立健全养老护理员职业资格认证和持证上岗制度。为此，一方面大中专院校要优化专业设置，加快相关专业的人才培养；另一方面要加强对原有非专业社工人员的教育培训，提高其素质与能力水平。此外，在社区老年服务中志愿者的作用相当重要，为此政府及相关部门要加大宣传和扶持力度，鼓励更多的人员加入志愿者队伍。在具体做法上，可以借鉴其他地方的成功经验，成立“时间银行”，将每个志愿者每次参加义工的时间按个人账户存入“时间银行”，存入“时间银行”的累积时间作为支取标的，待年老时按自己的意愿支取时间，以获得同等时间的免费养老服务，从机制上确保更多的人员加入志愿者行列，形成“我为人人，人人为我”、助养、助老的良好社会风气。

（四）构建老年人居家呼叫服务和应急救援服务系统，形成全覆盖的社会化养老服务网络

一是充分发挥社区服务功能，建立社区老龄人口逐年登记和定期上门随访制度，健全社区老龄人口信息档案。

二是充分发挥政府的主导作用，鼓励支持互联网运营商或移动运营商投资兴办养老信息服务平台。依托这一平台，将提供养老服务的社会组织如超市、家政服务机构、社区医疗机构等择优进行有效整合，并通过家庭移动终端设备使其与居家养老的各种需求实现无缝对接；针对特殊人群如失独家庭老人、低收入老人和失能老人免费配置“一键通”电子呼叫设备，真正实现居家呼叫服务和应急救援服务系统的全覆盖。

（五）大力推动医养融合发展

老年人是疾病多发的高危人群，他们的生理、心理特点决定了需要消耗大量的卫生资源，而且随着人口老龄化的加速，卫生资源的消耗将会更大，并直接影响当地社会经济的发展。可以说，实现健康老龄化，是决定老龄化国家或地区经济可持续发展的重要因素。促使医疗卫生资源进入养老机构，实现医养结合是今后养老机构的发展方向。可采取的办法有：一是支持有条件的养老机构设置医疗机构，符合条件的可申请纳入城镇职工（居民）基本医疗保险和新型农村合作医疗定点范围，将生病期的护理、床位等相关费用纳入医保报销范围内；二是依靠周边医院，直接在养老机构设立分院、医疗驻点或康复医疗中心；三是建立医疗机构与养老机构协作机制，为老年人开辟绿色就诊通道。

课题负责人：肖平
课题组成员：万豫南、姚文兰、李莲秀、李宇林

凉山彝族自治州生态休闲农业情况调查

中共凉山州委党校 凉山行政学院 课题组

生态农业与休闲农业实际上是现代农业发展的两个方向和路径。两者相辅相成，生态农业是绿色发展理念在农业方面的具体落实，休闲农业是旅游产业与农业的有机结合，是联系一、二、三产业的纽带。生态农业与休闲农业又是互相交织的，农业发展要吸引眼球和观光客，必须保护生态环境，农业生态环境搞好了，自然就会引来关注和消费，所谓“有了梧桐树，凤凰自然来”。

凉山彝族自治州（简称凉山州，下同）光热、水电资源丰富，特色农业和旅游业是主打产业，加之独有的彝族人文风情，凉山州大力发展生态休闲农业具有较大的优势。可以说，生态休闲农业是农业中的旅游业，也是旅游业中的农业，是两者联合的产业。目前凉山州仍有不少贫困人口生活在广大的农村地区，光靠“输血”不能解决问题，选好项目、因地制宜地发展生态休闲农业，是精准扶贫路上一个不错的选择。

一、凉山州生态休闲农业基本情况

凉山州被誉为“天府之国”第二粮仓，是四川省三大牧区之一，农产品具有“早、优、丰、稀、特、绿”的优势和特点，有“中国苦荞之都”“中国茧丝之都”“中国果桑之都”的美称。

（一）生态休闲农业资源得天独厚

凉山州气候类型多样，光热资源丰富，生物种类繁多，农产品价优质高。苦荞麦、石榴、青花椒产量居全国首位；烤烟、桑蚕茧、苹果、白魔芋、马铃薯产量和牛、羊存出栏数居全省第一。凉山州也是全国最大的彝族聚居区，有独特的民族文化资源，每年的火把节、彝族年吸引了国内外众多游客。辖区内有泸山、邛海等4家4A级景区，还有一些有待开发的原生态风情风貌。州内外交通方便，有青山机场、成昆铁路、雅西高速和通县油路相互交织的立体交通网络，交通动脉连接云南、贵州，是自驾旅游的必经之地。州政府所在地西昌年平均气温18℃，年日照天数达200天以上，是难得的阳光康养休闲度假胜地。

（二）特色农产品基地初具规模

2015年，全州共建成现代农牧业特色产业基地面积300万亩（1亩≈0.0667公顷，下同），其中马铃薯产业基地166万亩；会理、德昌、宁南三县整县推进83.7万亩无公害农产品产地认定；全州共建成47个规范化、标准化的现代农业万亩亿元示范区，其中蔬菜类11个、特色水果类14个、蚕桑类9个、花卉类2个。

优质特色农产品多次荣获全国、省农业博览会金奖和名优产品称号。会理石榴、盐源苹果、雷波脐橙等特色水果成为农民增收新亮点。花卉产业后来居上。凉山州是四川五大花卉主产区之一。目前花卉种植面积2万亩，花卉品种300多个，各类温室大棚100万平方米。马铃薯产业作为全州粮食生产和农村经济发展的一大支柱，种植面积、产量居全省第一。加工营销体系基本完善，培育和引进了豪吉集团、科兴薯业、润鑫薯业等12家龙头企业，建成大型加工企业15家、中小加工企业119个，鲜薯加工能力达130万吨以上。苦荞产业茁壮成长，全州17个县（市）海拔1 700~3 000米的区域都种植了苦荞麦，总产量达12万吨，产量约占全国的1/2，而且还有很大的发展潜力，可开发利用面积约300万亩。畜牧业发展势头强劲，全州注册登记畜牧企业数量达到49个，年销售畜禽产品价值12.58亿元，产品涵盖猪、牛、羊、禽、蛋、奶、蜂、兔等产业。蚕桑产业稳中有升，基本形成了蚕沙枕、蛹蛋白、绢丝、食用菌、桑叶茶、冬桑凉茶、桑葚鲜食、桑葚果汁等桑蚕以及附加产业发展链条。2015年凉山州产茧51万担，连续13年位居全省第一。2016年上半年产茧9.47万担，蚕农茧款和桑葚收入3.12万亿元，蚕农同比增收4 364万元。

（三）生态休闲农业发展呈“二元化”结构

凉山州农业人口约450万人，按土地面积868万亩计算，农民人均耕地不足2亩，草山面积2 716万亩、有宜农荒地430万亩，且多数为高寒山区，季节性缺水严重，每年冬春几乎都要发生旱情。凉山州虽是资源大州，但是优质资源短缺，山林、植被破坏比较严重，农村生态环境污染严重。

由于地理位置、经济发展、交通状况和基础设施的差异，凉山州的社会经济、生态农业呈严重的二元结构，安宁河谷地区（四川第二大平原）的樱桃、油桃、葡萄等生态休闲农业已经走在前列，州内的著名自然人文景区也集中在西昌、德昌、冕宁、盐源、会理等县市。位于高寒山区的老凉山，大多是国家级贫困县，虽有马铃薯、苦荞等优质农作物，但生态环境破坏严重，休闲农业还未起步，一些旅游产品和项目没有得到较规范的开发。

从总体上看，相比成都平原的乡村旅游、雅安地区的生态休闲农业发展，凉山州还是比较落后的，比如规模小、产量低、呈分散性、服务差。课题组认为，凉山州农业的优势只有走生态保护和观光旅游相结合的道路，才能做大做强。

二、调查研究基本情况

（一）国内外理论依据

1. 生态休闲农业的功能和种类

生态休闲农业兴起于19世纪30年代，但在中国起步较晚。生态休闲农业是集观光、体验、生态保护和增进文化交流于一体的新型农业产业模式，也是统筹城乡协调发展的快车道。生态休闲农业可以延长农业产业链、改善农民住宿条件、转移富余劳动力、增加农民收入，是一种新型的产业模式和消费模式。

生态休闲农业具有七大功能。①经济功能：调整农业产业结构，增加农民收入，转移农村劳动力；②社会功能：增进城乡交流，缩小城乡差距，改善村容村貌；③教育功能：了解农耕文明，学习农业知识，体验农村生活，参与农业生产；④文化功能：保护传承农业文化、民风民俗、民间手艺、古村建筑文化；⑤环保功能 ：加强农业农村生态保护，打造田园山水，推广新型能源；⑥娱乐功能：提供观光、休闲、体验、娱乐、度假等场所和服务，放松心态，缓解压力；⑦养生功能 ：提供绿色有机农产品和蔬果，提供优美的自然环境、新鲜的空气、宁静的空间。

目前，我国生态休闲农业发展主要有 7 种模式 29 种类型（见表 1）。

表 1　我国生态休闲农业发展模式

序号	模　式	类　型
1	1. 田园农业旅游模式	①田园农业游
2		②园林观光游
3		③农业科技游
4		④农务体验游
5	2. 民俗风情旅游模式	①农耕文化游
6		②民俗文化游
7		③乡土文化游
8		④民族文化游
9	3.“农家乐”旅游模式	①农业观光“农家乐”
10		②民俗文化“农家乐”
11		③民居型“农家乐”
12		④休闲娱乐“农家乐”
13		⑤食宿接待农家乐
14	4. 村落乡镇旅游模式	①古民居和古宅院游
15		②民族村寨游
16		③古镇建筑游
17		④新村风貌游
18	5. 休闲度假旅游模式	①休闲度假村
19		②休闲农庄
20		③乡村酒店
21	6. 科普教育旅游模式	①农业科技教育基地
22		②观光休闲教育农业园
23		③少儿教育农业基地
24		④农业博览园
25	7. 回归自然旅游模式	①森林公园
26		②湿地公园
27		③水上乐园
28		④露宿营地
29		⑤自然保护区

2. 国外经典案例——日本北海道富田农场

富田农场是一家私家农场，位于富良野地区，占地 12 公顷，是北海道的先驱花田之一。园内种植物以薰衣草为主，有 150 种花，花期从 4 月到 10 月，游客络绎不绝。富田农场设计了室内休闲区、工厂参观区、田园体验区和花卉美食天堂四大功能板块，每个功能区下面又有宾馆、商场、餐厅、香水、蒸馏等休闲旅游项目。以花卉观光为主，延伸产业链，同时生产和销售各种精油、干花、香水、食品等；不同花期交错，延长了观赏时间；免费的观光带动了购物和消费，并且游客可以亲自参与制作甜食。完善的农场规划和配套设施，不仅有吃住服务还有观光小火车在花海中穿梭。富田农场的成功打造可以视为生态休闲农业中的典范。

3. 国内经典案例——北京蓝调庄园

2008 年，占地 1 000 亩的北京蓝调庄园在朝阳区金盏乡楼梓庄村启动。庄园隶属于朝阳区 CBD 板块，交通便利，土地平整，定位于浪漫、恬静、与世无争的“蓝调”（美国一种音乐形式）生活方式，依托草莓、蓝莓等水果和温泉资源，面向中高端消费者，成功开发了“私密园”温泉、“爱的伊甸园”大型自然景观、布鲁斯餐厅、蓝调派对吧、蓝莓采摘基地等项目。庄园在建筑上主要采用外部古堡装饰的大棚温室，既发挥了农业种植功能，又与周围自然生态融为一体，吸引了众多游客前往休闲、观光、购物、体验、消费和拍照。

（二）高校和州级部门调研情况

课题组一行先后走访了州旅游局、州农牧局、州委政研室和西昌学院农学院，与分管领导和专家学者进行了座谈。大家一致认为在经济转型升级和精准扶贫攻坚的大背景下，凉山州发展生态休闲农业迎来了较好的机遇和环境，但也存在一些困难和不足。

从 2014 年的统计数据来看，全州接待游客人数在 21 个市州中排第三，仅次于成都和乐山，但是旅游收入却排名第十位，旅游消费水平偏低。旅游产品的品牌形象和档次不够，只有 4 家 4A 景区，无 5A 景区，星级农家乐和乡村酒店也寥寥无几。游客来源地多为川渝滇，凉山州成为自驾游一族通往云南的过路站而不是目的地。政府旅游投资比例偏低，缺乏国际化、网络化的宣传。旅游产品单一，缺少“大旅游”与“大农业”的结合，生态休闲农业体验、观光、休闲、度假的综合功能不够。

凉山州农业面临许多问题：一是农业抵御自然灾害的能力不足。二是农资产品价格上涨幅度较大，影响农民的生产积极性。三是农民素质和技能普遍偏低。务农人员主要是留守的“老妇幼”，而在老凉山地区情况更糟，有的贫困村 90% 的村民不通汉语。四是农产品的产业化程度低，产业链短。一家一户的自给自足生产模式，难以满足休闲农业的规模化和集约化要求。五是草场过度放牧，生态破坏严重。如果能够将生态农业和休闲农业发展起来，将是一个不错的利民工程。

近几年，西昌学院农学院成立了油橄榄、核桃、马铃薯等的研究课题和实验室，培育了一些优良的蔬果和家禽品种，但只能在一些中小农业公司做推广和应用，或者是和州外单位合作。由于缺少资金和官方的支持，有的项目甚至停了下来。从技术层面上看，凉山州走生态保护和休闲度假的农业之路，是没有问题的。凉山州发展生态农业和休闲农业的前景是非常乐观的，在部分发达的地区率先打造实验项目，是可以办到的，但是政府需做好规划和统筹。

（三）县市农业基地调研情况

1. 西昌市乡村旅游十八景

近年来，西昌依托得天独厚的自然资源和地理位置，大力推动乡村旅游发展，出台了《关于推动旅游产业转型升级的二十条实施意见》《关于发展休闲农业和乡村旅游促进农民增收的十六条意见》《西昌推进现代生态田园城市建设的目标和措施》等一系列支持乡村旅游发展的政策措施，将生态保护、旅游观光、休闲度假与扶贫开发相结合，通过乡村旅游发展带动群众增收致富，实现民族地区脱贫。西昌市成功打造出茅坡樱红、桃源农庄、荷色生香、螺岭彝风、月华油桃、西乡葡萄、兴胜草莓、礼州古镇等乡村旅游十八景，形成了“一乡一品、一村一业”的格局，常年举办乡村旅游节 18 个以上，旅游业与生态农业实现了有机对接。西昌的生态休闲农业已经形成了“政府主导、部门联动、协会主体、市场运作、群众参与、文化提升”的良好发展模式。

此外，西昌围绕 2 万亩邛海湿地大做文章，不仅重点打造了“梦里水乡”“梦寻花海”“梦回田园”三大湿地景观，还以气候和阳光为卖点，主推主题精品度假酒店、国际养老社区、木屋度假、自驾车营地四季康养休闲度假。以泸山光福寺、青龙寺为佛学研究基地，开展的参禅悟道、禅修养生、修身养性等心灵度假旅游大受中老年人喜爱。借助环湖骑游、湿地漫步、观鸟、垂钓、水上瑜伽等康体运动项目，以及环湖自行车赛、国际马拉松赛、龙舟赛、轮滑公开赛等大型赛事，加大对湿地的保护和度假旅游胜地宣传。利用一年一度的国际火把节、歌舞剧《彝红》《阿惹妞》、彝族歌舞表演、奴隶博物馆等打造彝族风情浓厚的民族文化旅游。2015 年 10 月 9 日，西昌邛海旅游度假区被国家旅游局正式授予“国家级旅游度假区”称号，成为全国首批 17 个、四川省唯一的国家级旅游度假区。

2. 德昌县角半沟樱桃基地、现代光伏大棚农业

德州镇角半沟樱桃基地是德昌县重点打造的乡村游景点之一，种植面积 3 000 余亩，处于山谷地区，雨量充沛，阳光充足，其樱桃具有味甜、果红、含糖高等特点。为吸引更多的游客到此观光旅游消费，县委县政府投入资金，加大基础设施建设，硬化通村道路，加大园区绿化治理和农家乐整治力度，引进企业投资，通过举办“桑紫樱红、休闲田园”的乡村旅游活动，带动桑葚、核桃、葡萄和蔬菜、家禽的销售，成功完成了生态休闲农业的大转型，提升了德昌的名气，增加了农民的收入。

永郎镇现代光伏大棚农业基地是由青岛昌盛日电太阳能科技股份有限公司投资建设的四川首个太阳能生态农业示范基地（见图 1），投资 4.6 亿元，占地面积 1 000 亩，装机容量为 20 兆瓦。光伏大棚农业有效地发挥出了棚上聚热发电、棚下瓜果飘香的新型生态农业效应。目前，100 亩河坝地经整合已经完成了主体修建，种植的农作物也扩大到花卉、蔬菜、药材。

图1　光伏大棚

3. 越西县20万亩油菜花基地

2010年，越西县成功地举办了首届油菜花节，吸引了州内外的众多游客观光。现在，油菜花的种植面积扩大到25个乡镇，产值达1.6亿元。这是一次传统农业向休闲农业转型的大胆尝试。此后，越西县深入挖掘文昌文化，又成功地开发了“水观音”景区和小相岭自然保护区等旅游品牌。目前，集生产观光、休闲度假、购物体验于一体的“越西山水人家主题公园”正在积极申报中。

（四）调研结果

凉山州发展生态休闲农业的内外条件充足、市场前景乐观、主体意识觉醒、政策导向明晰。一是政府重视、长远布局。凉山州确立了“产业强州、生态立州、开放兴州”的三大发展战略，确定了将旅游业作为凉山州的第一大产业，并多次召开专题会议研究部署凉山州生态农业与旅游业的发展问题。凉山州农牧局、政研室、林业局、环保局、旅游局、水务局、国土资源局都承担了相关的课题研究和项目推进任务。二是政策完善、制度健全。生态休闲农业已经成为绿色发展、美丽中国的必经之路，从中央到省、州都出台了相关的方针政策、措施意见，具体实施也在逐步铺开。《全国休闲农业发展“十二五”规划》从休闲农业的发展形势，指导思想、原则、目标，主要任务，区域布局，重点工程，保障措施六大方面全面布局了休闲农业的未来。四川省政府出台了《四川省关于加快转变农业发展方式的实施意见》，提出要积极拓展农业多种功能，坚持以特色产业为基础，加快现代农业产业基地“景区化”步伐，实现产区变景区、田园变公园、产品变礼品，要集中打造一批休闲农业与乡村旅游专业村、示范休闲农庄（农家）、农业主题公园、森林人家，形成一批具有影响力的精品线路、精品节会，着力打造全省花卉（果类）生态旅游节、红叶生态旅游节等节庆品牌。凉山州相继出台《凉山州“十三五”旅游业发展规划》《中共凉山州委关于推进绿色发展建设美丽凉山的决定》《凉山州生态保护与建设（2015—2020年）推进工作方案》《凉山州大气污染防治行动计划实施细则》《凉山州人民政府关于实行最严格水资源管理制度的实施意见》《凉山州“1+X”生态产业发展实施方案》《水污染防治行动计划凉山州实施方案》等配套制度和措施。

三、凉山州休闲生态农业发展存在的问题

通过调查，课题组认为凉山州生态休闲农业发展形势不错，但是问题也不少，主要集中在以下几个方面：

（一）生态休闲农业在旅游业中所占比例不高

据不完全统计，2014 年全州旅游业增加值为 98.28 亿元，占地区生产总值的 7.5%，2015 年旅游业增加值为 230 亿元，占地区生产总值的 17.5%，旅游业的主体地位和作用是发挥出来了。但我们仔细分析会发现，大部分的客流量集中在春节、火把节、国庆节和彝族年等节假日，这意味着大家都是奔着著名景区来的，而在 14 个 A（2A、3A、4A）类景区中，只有 5 个是乡村旅游和休闲度假项目。另外，根据过夜游客的住宿种类来看，只有 2.2%的人住星级宾馆，18%的人住亲友家，79%的人住其他住宿设施（2014 年）。这说明中档的农家乐、度假村、家庭旅馆很受大众的欢迎。

（二）生态休闲农业规模小、数量少、区域差距大

目前，凉山州的旅游业重点还是在做大做强自然景区精品项目上，例如邛海—泸山景区、泸沽湖景区等著名景点的升级（4A 升 5A）。乡村旅游还处于家庭式经营的初级阶段，虽然有西昌乡村十八景等休闲农业项目，但是游客接待能力有限，经常发生景区爆棚的情况。全州省级乡村旅游示范县只有 3 个，星级农家乐有 143 家，其中 5 星级的只有 4 家。从资金安排上看，全州旅游业投资占财政支出的比例较低，3‰的州县两级旅游发展基金迟迟未建立。尽管如此，不多的旅游发展资金也主要集中在西昌、冕宁、德昌、盐源等比较发达县市。有一定农业和旅游资源的越西、木里、普格、喜德、金阳、美姑、雷波、昭觉、布拖、甘洛、宁南等的休闲农业基本处于未开发状态，因各县经济社会发展情况、滞后原因不相同，难以用一个标准实施。

（三）农产品产业链短、布局单一、缺乏创新

目前，凉山州发展较好的农业产品有马铃薯、蚕桑、石榴、烤烟等，销售的产品多数都处于产品本身和初级的加工阶段。以桑树为例，全州有 3 150 多亩桑树，桑叶除了用于养蚕，也是很好的中药材。桑果有补肾养发功效，但挂果期短，果实不易保存，很多都坏在田里和烂在路上。如果加工成桑果饮料、果酱、干果或者果粉，可以延长产业链，减少损失。这些年，也有小型企业在开发研制石榴汁、石榴酒、桑葚汁等产品，但始终是小打小闹，没有形成规模化的生产，销售市场没有打开，市场营销不够，产品质量好，但却没有竞争力。

（四）从业人员综合素质低、经营主体单一

不管是传统农业还是旅游服务业，从业人员的素质能力提升都相当重要。现代旅游业消费的不仅是产品，更多的是服务和享受，生态休闲农业更是如此。从我们随机

的调查与摸底来看，凉山州的农业和旅游业从业人员素质普遍偏低，集中表现在专业性和服务性上。凉山州本来就缺少农业技师、旅游管理、酒店管理等高端人才，这些人又主要集中在行政机关、企事业单位，理论研究多于实践操作。酒店、饭店、农庄和度假村的老板中，既懂技术又懂经营的人少之又少。在调查中，我们了解到很多个体老板意识到了自身素质和技能的不足，想提升素质和能力都只能去成都参加学习和培训，因为州内缺乏这方面的职业培训和认定。小工和服务员的素质更是不高，本身学历不高，还有的来自边远山区的农村，汉字都不认识，基本都是未经培训直接上岗。另外由于季节性的用工荒，用人成本上升（农村收种工，最高达 100 元/天，饭店的洗碗工最低也是 2 000 元/月），老板更不愿意出钱对员工的服务礼仪、专业技能加以培训。

截至 2016 年 7 月底，全州在工商部门登记注册的合作社达到 3 499 家、家庭农场达到 4 779 家。但真正达到规模化经营的不足 10 家，主要还是以家庭为单位的生产经营模式。合作社大多也是空架子，能发挥作用的不多。另外，由于农业投资的资金周转期长、持续投入大，有一些投资主体还在观望中。

四、凉山州发展生态休闲农业的对策和建议

综上，凉山州的生态休闲农业要走综合发展之路，要与幸福美丽新村建设相结合，与精准扶贫产业发展相结合，与乡村旅游富民之路相结合，与交通水利等基础设施建设相结合。对此，就不一一展开论述，着重提出以下几个建议：

（一）加紧制定《凉山州生态休闲农业发展规划》，并不打折扣地落实

从政策层面上讲，旅游业和农业都有自己的发展规划，也涉及生态农业和休闲农业的发展和利用，但是生态休闲农业毕竟是一个涉及多部门的绿色产业，应该单独制定一个《凉山州生态休闲农业发展规划》，各县级政府也该量身定做各县的生态休闲农业发展规划。科学合理及时制定规划有利于突出生态休闲农业的主体地位，有利于县级地方政府在发展农业和旅游业时有一个具体的方向和依据，有利于为生态农业的发展提供土地、资金、技术和智力支持，有利于统筹配套基础设施建设和组织制度保障，更有利于调动投资公司、从业人员的积极性。

（二）加快生态农业建设的制度化、规范化和科学化

1. 大力发展节水农业

凉山州虽然是水电资源大州，但是城市供水紧张、农村水源枯竭、高寒山区干旱情况严重。要严格落实《凉山州人民政府关于实行最严格水资源管理制度的实施意见》，进一步完善农田灌排设施、中小型灌渠和农田水利的建设；加大节水技术、抗旱产品和喷灌滴灌等技术推广力度；加大对荒山、荒坡和废弃工矿的土地利用，优选抗旱节水的农作物和林木；推进实施农村饮用水的标准化建设、农村污染综合治理和农业用水的补贴机制。

2. 大力发展绿色有机农业

依托农业部门、科研单位和农业生产主体，强化绿色健康观念，推广有机无毒种植技术和加强农产品质量监督，对蔬菜、果树和饲料等重要农作物实施化肥和农药零增长行动。在测土配方的基础上，积极推广科学精准施药和用药、病虫害专业化防治及高效低毒残留农药使用，大力提高绿色有机农作物在市场的占有比例。

3. 科学发展草食畜牧业

科学谋划布局，大力推进食草家禽标准化、规模化养殖。实施草场轮休保护制度，加大对养殖户的技术培训和扶持力度，实施牛羊圈养代替散养；以秸秆、糠皮、玉米等逐步取代草料，推广“高效种植业—生态养殖业—沼气工程—有机肥料”的循环种养农业模式。目前，凉山州已经启动了新一轮的草原生态补奖政策，争取中央财政支持，对具有特殊功能和退化严重的500万亩草原实行禁牧封育。

4. 大力发展农村新型能源

据了解，凉山州安宁河流域比较发达的6县市，农户较多采用石油、电力、煤炭等高效能源，沼气、太阳能、风能也逐步兴起，而11个国家贫困县的农村，主要还是使用柴火、秸秆等低效生物能源。大力发展生态农业是“功在当代、利在今后”的大好事，各级政府应高度重视农村新型能源的开发和利用，在扶贫项目中做好总体设计，实现户户通电、通水，有条件的修建沼气池和太阳能淋浴房，加大对使用新型能源的普及和补贴，减少对森林和草场的过度依赖和索取。

（三）抓好农产品品牌建设和农业基地建设

1. 做大做强“大凉山”绿色农产品品牌效益

目前“大凉山”系列农产品已逐渐走向州外，很受消费者青睐。今后的农产品要继续推进“三品一标”建设，推进无公害、绿色、有机和地理标志农产品的种植养殖和包装销售，充分发挥“三品一标”在农产品品牌建设中的引领、消费认知、市场增值等方面的示范带动作用。农业部门要加强标志认证后的监督和使用管理，对认证产品加大监督抽查和跟踪抽检力度。

2. 围绕优势产品打造生态休闲农业示范基地

整合现有水果、蔬菜、畜禽和特殊水产品牌基地，加大农村土地承包经营权的确权、办证、流转力度，引进“公司+协会+农户”“基地+农户+电商”等多种经营模式，鼓励青年大学生参与农业创业（西昌学院在这方面做得比较好，有不少农业专业的大学生通过自己辛苦创业，已经成功转型为花卉、家禽、水产的专业户），培育生态休闲农业的多种经营主体。加强农业基地的标准化和特色化建设，围绕农产品的生产集中开发观光、采摘、娱乐、科普、食宿等综合旅游功能。

3. 选好农业产业项目，助力精准扶贫攻坚

由于凉山州17个县市条件各异，相差甚远，既要大力发展生态休闲农业，也要因地制宜，选好产业，突出特色。《凉山彝族自治州国民经济和社会发展第十三个五年规划纲要》中已经明确：大力发展“果蔬薯花药”产业。西昌、德昌、冕宁要加

快同城化发展，大力推广发展生态休闲农业，集中力量打造 2~3 个精品项目，淘汰落后的低产项目，整合交叉重复项目。会理、盐源、喜德等中等县市要瞄准主打产业，做好生态休闲农业的综合功能设计，以产业发展带动旅游休闲发展。昭觉、美姑、布拖等县市，如果不具备休闲农业的开发条件，可以首先发展生态农业，用好《凉山州“1+X”生态产业发展实施方案》等政策，大力发展核桃、油橄榄、花椒等经济林木种植，先提高农户收入，完善基础设施，为下一步休闲农业发展打好基础。

（四）加大对生态休闲农业从业人员的教育、培养、培训力度

1. 重金招纳行业高端人才

深刻认识人才资源开发的重要性，树立“人才资源是第一资源”的观念，制定特殊的人才引进计划、政策和措施。组织人事部门要制定合理的门槛和积极的奖励措施，确保各类人才引进来、用得上、留得住。

2. 分类分层免费培训技能

利用旅游人才培训年度专项资金，对现有的生态休闲农业从业人员，按照“规划层、管理层、服务层”实施分层培训，按照“农家乐、酒店业、餐饮业、观光基地、科普教育中心”等分类培训。设立州级服务行业技能鉴定考核中心，对中高层从业人员实施持证上岗管理制度，对一线服务人员进行服务礼仪和专业知识培训考核。

3. 依托高校加强人才培养

采取与省内外高校、职高特别是西昌学院签订战略合作协议、定向培养、走出去、引进来等方式，使农业人才和旅游人才在数量上、结构上和素质上更符合凉山州生态休闲农业的发展需要，为凉山州的跨越式发展提供人力和人才保障。

（五）全面实施生态休闲农业信息化建设

1. 实施“互联网+”行动计划，促进互联网与生态休闲农业相融合

全民旅游和散客时代已经到来，据了解，有 87.6%的游客通过互联网、75.2%的游客通过移动互联网来获取旅游信息。要充分重视互联网和移动互联网的宣传、销售、消费模式，尽快完善凉山州智慧旅游的官网、微博、微信平台建设。利用“携程”“去哪儿”等著名旅游网站做好凉山州旅游产品项目推广，突出生态和休闲功能。加紧实施“光网凉山”“三网融合”“宽带乡村”建设，实现景区 Wi-Fi 全覆盖，积极参与地区之间、国家之间的交流与合作。

2. 加快发展智慧城市

加快推进“智慧凉山 · 云上西昌”建设，建立凉山州云技术中心和灾备中心。提高核心城市综合服务能力，为生态休闲农业的发展提供交通、食宿、天气、金融、购物、投诉等一系列的周边服务产品。积极探索发展总部经济，争取一批央企、国企和跨国公司来凉山州成立分公司、总部、研发基地和换季办公总部。

3. 加快发展农村电子商务和现代物流业

加大与阿里巴巴、苏宁电器等电商巨头的合作力度，实施“电子商务进农村”

工程。一方面改变农村农民的生活与消费习惯，提高农村生活质量；另一方面带动线上线下全渠道销售，提升“大凉山”农产品的市场占有率。整合资源，加快物流基础设施建设，推进省级现代化的物流试点示范区、物流枢纽、物流中心和物流重点项目建设，减少优质农产品出州、农资进州的时间，降低农户和公司的运营成本。

课题负责人：周燕

课题组成员：马娅群、李筱堰

西昌发展大健康产业的调查研究

中共西昌市委党校 西昌行政学校 课题组

党的十八届五中全会将建设“健康中国”上升到国家战略。在此背景下，与“大健康”相关的产业已进入了蓬勃发展期。大健康产业是指围绕与健康相关的包括疾病预防、养生保健、公共卫生服务信息平台建设、旅游养生、保健品研发销售等综合型服务产业。西昌拥有四季如春的气候、诱人的阳光、丰富的温泉、全国最大的城市湿地、多姿多彩的民族旅游文化、良好的生态环境、较完善的旅游配套设施等发展大健康产业的优势和条件，理应创出特色，抢占制高点，确立领先优势地位。最近，我们组成调研组，对此进行了专题调研。

一、西昌大健康产业基本现状

大健康产业已成为全球最大的新兴产业。相比国际和国内发展较快地方而言，西昌大健康产业还处于起步阶段，尚未形成完整、健全的产业链与产品类型标准体系，也没有一个确切的统计标准。据调研，目前西昌与大健康有关的行业具体情况如下：

（1）健康休闲娱乐场所：98 家，从业人员 900 余人，企业法人单位资产 27 237 余万元。这主要分为：风景区娱乐类——以泸山—邛海风景区、螺髻山仙人洞、黄联土林等为代表；休闲度假类——以火把广场、月城广场、农家乐等为代表；民族特色类——以礼州古镇、安哈镇为代表；科技旅游类——以西昌卫星发射中心为代表；文化娱乐类——以西汉土城遗址、无名汉阙、唐代白塔、南诏景庄王庙、罗罗宣慰司、清真寺、大通门等综合性文化设施为代表；宗教圣地类——以泸山光福寺、永安天主教堂为代表。

（2）药品和营养保健品生产企业：一是药品和保健品生产企业。以好医生药业集团公司为代表的企业，共 5 家，从业人员 700 人左右，注册资金 38 232. 40 万元，年收入 70 842. 80 万元。二是天然绿色健康食品生产企业——苦荞麦产业。苦荞麦是集营养、保健、医疗于一体的粮食作物。苦荞麦产业已经成为凉山加工企业最多、加工规模最大、开发程度最高、系列产品最全、产业链条最长、市场开拓最深的农产品加工行业。在凉山境内从事苦荞麦产品开发生产的企业已有近 40 家，年销售额超过 5 亿元。西昌辖区内的环太公司、正中公司已经成为全国苦荞业界居于第一位和第二位的加工企业，也是世界第一和第二的苦荞加工企业。

（3）体育健身场所：西昌辖区内共有公办和民办体育健身场所15处。其中篮球馆1处（凉山民族体育场），足球场和田径运动场1处（凉山民族体育场），网球场2处（凉山民族国际网球中心、邛海宾馆网球场），游泳馆3处，其余均为个体健身俱乐部。

（4）康复、疗养机构：目前，西昌的社会养老服务体系建设和康养产业发展仍然严重滞后，共有养老机构11所（其中：乡镇敬老院8所，民办养老机构3所），在建2所（其中：公办养老机构1所，民办养老机构1所），共计13所。其中3所民办养老机构（西昌邛海国际老年公寓、西昌市邦栋养老院、西昌市圣家老年服务中心）共有床位750个。改造建设完成的西昌观海湾阆悦苑国际颐养中心一期（民办）床位260个；已开工建设的西昌市阳光养老福利中心一期项目（公办）规划设计床位700个。

（5）医疗服务机构：西昌市辖区共有各类医疗卫生机构631个，开设病床5 224张，有卫生人员7 981人，卫生技术人员6 180人。其中由省卫计委、州卫计委审批许可监管的三级和二级综合医院、专科医院6家。

（6）健康咨询服务、健康管理行业：健康咨询服务业刚刚起步，目前仅美年大健康1家于2016年4月入住西昌，投资3 000万元，体检营运面积3 000多平方米，日接纳体检流量150~300人次。由于传统的生活习惯，居民的体检基本都集中在一两家医院（州一医院、市医院），目前到健康机构咨询的居民较少。

二、西昌发展大健康产业的优势和机遇

西昌是我国除西藏和云南元谋之外日照时数最多的地区，是国内开展阳光度假的最佳地之一。西昌有较著名的国家级风景名胜区邛海—泸山、螺髻山仙人洞、邛海国家湿地公园、邛海国家水利风景区。丰富多彩的旅游资源、悠久的民族文化资源、独具特色的民族医疗医药资源和生态养老养生资源、优越的光热资源和海拔、气候优势，为发展大健康产业提供了得天独厚的条件，奠定了良好的基础。

（一）得天独厚的气候资源和丰富多彩的旅游资源

西昌平均海拔1 500米，年平均气温18℃，年日照时间长达2 500小时以上。冬天不冷、夏天不热，一年四季如春，阳光明媚，空气清新，宜人的气候，山水、湖泊、湿地、田园、森林、城市相融的人居环境。西昌月月有水果，四季有花香，是中国冬草莓之乡、中国花木之乡。近年来，西昌通过举办四川省冬季旅游发展大会，创建中国优秀旅游城市，创建四川省环境保护模范城市，创建邛海泸山4A景区，把西昌打造成为融浓郁民族风情于秀美湖光山色中的“御寒避暑胜地·休闲度假天堂”。

（二）交通基础设施日臻完善

西昌处于成都、重庆、昆明三大城市交叉辐射区域，是内陆辐射西南和东南亚的重要通道，是攀西城市群的中心城市。辖区内铁路、公路、航空交通发达。成昆铁路纵贯全境，成昆复线铁路已开工，建成后2.5小时可达成都、昆明。西昌至昆明、成

都高速公路已通车，5小时即可到达。西昌至乐山、昭通、香格里拉高速陆续动工。青山机场是国内拥有一流设施的支线机场，年运送旅客量可达100万人次。已开通至成都的航空快线，已开通至昆明、重庆、广州、上海、北京的航班，陆续开通至西安、珠海、沈阳等地航班。这些都为大健康产业的发展提供有力保障。

（三）旅游服务业较为成熟

依托独特的自然风貌、文化古迹、少数民族文化等旅游资源，经过州、市政府多年来持续打造，完美展现出了泸山的松风水月、邛海的恬静风雅、螺髻山的雄奇俊秀、卫星发射基地的壮观震撼和民族风情的五彩斑斓，形成的乡村“十六景”“民族风情生态旅游长廊”活力绽放。以邛海湿地为核心的西昌邛海国家级旅游度假区，成为中国休闲度假的新热点。就大健康产业发展雏形来看，目前，西昌也出现了一些与旅游养生相关的地产，比如健康养生基地等，这些项目主要是以休闲旅游、度假、餐饮等服务项目为主。

（四）丰富的凉山野生中药材

中国大健康产业联盟首席科学家张天佑教授在“凉山·西昌大健康产业研讨会”上说：“现代健康产业中，如基因诊断、免疫调节等领域中国没有话语权，只有建立在天然自然资源、中医药传统和中国养生传统等基础上的产业，才是全球没有的。”西昌是凉山州的首府所在地，以中药材为原料制药企业均集中于此。凉山是名贵中药材的主产区，野生中药材天麻、黄连、细辛、附子、党参、沙参、当归、柴胡等各种中药材有2 400种，在这些野生中药材中，具有开发利用价值的不在少数，许多中药材均具有纵深加工、提升产业品质和提高产业效益的潜力。木里、美姑的虫草，雷波、盐源等地的天麻，以及全州均有分布的茯苓、党参、酸梅等都是生产中药和保健品的上乘原料。

（五）享誉世界的苦荞麦产业

凉山海拔高日照长，独特的地理位置皆具光热资源和气候条件，远离工业区和城镇生活区，污染极少、大气清新、水质良好，是优质苦荞麦的最佳生产区。凉山是苦荞麦种植面积最大的产区，常年种植面积上百万亩（1亩≈0.066 7公顷，下同），可开发利用面积300万亩，发展潜力巨大。凉山苦荞麦含有丰富的营养和保健功能成分，其营养价值、药用价值越来越被人们所重视，是开发生产保健食品、医药制品、化妆品的优良原料。

凉山州拥有近40家苦荞加工企业，这些企业基本都集中于西昌辖区，以环太公司、正中公司为龙头的苦荞麦加工企业，已研发出苦荞茶、苦荞粉、苦荞方便食品、芦丁香菜、苦荞生粉、苦荞麦6大系列日用品和保健食品，形成了初具规模的凉山苦荞麦产业，苦荞产品年销售额超5亿元。

三、西昌发展大健康产业的路径选择

围绕“阳光生态休闲地、旅居度假目的地、国际健康养老胜地”的目标定位，西昌发展大健康产业应坚持有所为、有所不为，重点发展以下业态：

（一）休闲养生度假旅游业

随着人们生活水平的提高，大众旅游需求持续升温，休闲养生度假旅游已成为旅游业的重要发展方向和大众健康消费的重要方式。围绕进一步放大西昌旅游品牌效应，西昌在举办2016四川国际文化旅游节活动时，提出了冬春阳光之旅、阳春踏青之旅、民族风情之旅、风情美食之旅四个版块，每个版块分别由文化体育主体活动、乡村旅游、特色艺术节三个方面内容构成，形成了独具特色的西昌“四大版块，4×3”旅游品牌。依托邛海、泸山、湿地、农业、美食等生态旅游资源，开发推广休闲养生度假旅游产品，加快体验性、参与性和休闲性项目建设，重点开发适宜中短期游客休闲养生居住的酒店式公寓，打造生态休闲、最美湿地、民族风情、风情美食等旅游版块，发展乡村酒店、养生湿地、休闲农庄、生态渔村、生态农家乐等新型业态，不断提升休闲养生旅游业的比重和品质。

（二）特色医疗服务业

医疗服务是大健康产业的基本内容、龙头项目。西昌发展大健康产业，医疗服务业不可或缺。西昌发展医疗服务业需要扬长补短、错位发展，以特色打造医疗服务品牌。西昌需要在深化公立医院改革、加快构建基本医疗卫生服务体系的同时，切实加强与国内外知名医学院校、医疗机构的合作，鼓励引导社会力量办医，大力发展康复医院、老年病医院、临终关怀医院、专业护理医院等紧缺型医疗服务机构和一批重点专科医院，打响西昌特色医疗服务品牌。

（三）健康管理服务业

健康管理是对健康进行全面分析、监测、评估、提供健康咨询和指导，以及对危险因素进行干预的全过程。世界卫生组织研究报告认为，人类1/3的疾病可通过预防保健来避免，1/3的疾病可通过早期发现得到有效控制，1/3的疾病可通过信息的有效沟通提高治疗效果。据测算，健康体检投资1元钱，可为个人及社会节省9元钱。西昌在健康管理服务业方面几乎还是空白。近几年，西昌在引入知名医药企业的同时，也引入了一批医疗人才和先进的医疗理念。美年大健康于2016年入住西昌，还应积极引进一批国内外知名的专业性健康体检机构，创新服务模式和组织业态，加快健康体检专业化建设，发展针对不同群体的健康服务，重点发展亚健康人群干预、中医理疗、慢性病治理，打造健康体检、健康评估、健康咨询等全方位的健康管理服务链。而法国DLBT集团则已把对凉山的“青睐”转化为具体的康养项目。DLBT集团及法国OBEQ公司中国区总裁王世杰表示，将在西昌合作开发一个以康养为主，配套医疗、酒店和法式风情村的康养旅游项目，形成较为完整的产业链。之所以在考察四川多个城市后，将该项目落地凉山西昌，王世杰表示：“因为西昌是一个旅游城市，有得天独厚的风貌和良好的气候，这些综合因素促成我们将这个项目落地。”

（四）做精做细苦荞和药品衍生产品

苦荞麦开发是目前西昌及凉山州农业中加工企业最多、加工规模最大、开发程度最高、系列产品最全、产业链条最长、市场开发最深、销售范围最广、竞争能力最强、市场前景最好的产业。同时，凉山苦荞麦种植者绝大多数是高二半山区的广大贫困彝族群众，苦荞麦不但是他们不可替代的粮食作物和牲畜饲料，而且是经济收入的基本来源和重要支柱，所以，开发苦荞麦产业对实现和解决民族地区生存发展、扶贫攻坚、社会稳定、民族团结、社会进步等问题也具有十分重要的意义和巨大的作用。

西昌现有好医生等知名企业，拥有一批知名医药产品，应引导和组织企业利用品牌效应，开发基于凉山中药材的保健食品、日化用品和个人护理用品。如好医生药业不但承担中药制剂、化药原料及制剂、保健食品的开发，而且围绕资源品种美洲大蠊、石榴、苦荞麦等进行系列品种研发。建立了中药材农业产业化基地，在西昌、德昌和会理、会东建立了美洲大蠊动物药材养殖基地和银花、姜、附子等药材的 GAP 示范基地。实行了“公司+农户+基地+科研单位”的产业化经营模式，自 1996 年以来，种植附子、大黄 1 万多亩，分别带动了布拖、美姑、越西等地 3 000 多名种植户致富，并带动了相关产业的发展，为凉山扶贫攻坚发挥了十分巨大的作用。

西昌还拥有一批传统的中医药方，可发挥中药“简、便、验、廉”和“治未病”的优势，开发推广一批膏方补品。

（五）养老服务业

西昌海拔 1 500 米，湿度小，年均日照数 2 431 小时，空气质量好，四季如春，气候宜人，且日照充足，盛产自然蔬果，适宜人居。同时，凉山还拥有丰富的旅游资源和独特的文化环境，境内有 4A 景区 4 个，有国家级旅游度假区邛海。随着交通的完善，旅游风景区的打造，每年都有数万名“候鸟”老人从外地到西昌过冬，具备发展大健康产业的各项优势条件。目前，以西昌邛海国际老年公寓、西昌观海湾阆悦苑国际颐养中心为代表的民间资本运营的养老服务机构已有了 5 家。西昌还可积极引导现有养老机构与医疗机构合作共建，提升养老机构的医疗、康复、护理、保健等功能。同时，还应加强与国内外企业的合作，探索发展“候鸟式”养老和“虚拟养老”模式，打造集健康退休社区、活跃老人社区、养生中心、健康管理、老年专属医院、医疗康复中心等功能于一体的养老旗舰社区，并引入连锁经营模式，在市内外建设一批连锁化、品牌化的养老服务机构。

四、西昌发展大健康产业的对策建议

西昌旅游业正处在一个关键的转折时期，实现旅游业与大健康产业的融合，建设西昌阳光生态休闲、国际健康养老胜地成为西昌现代服务业发展又一新的目标。在这一目标统领下，结合西昌阳光生态休闲发展的现状，确定其在西昌发展大健康产业过程中的主要目标是：将大健康产业作为推动经济持续稳定发展新的增长极，建设和完善大健康产业基础设施，将健康产业和旅游产业发展密切结合，在西昌形成大健康发展的大环境。

（1）科学定位，统筹规划。一是科学定位。立足资源，发挥优势，努力把西昌打造成生态环境优美、康养产业突出的国家级生态康养目的地。二是统筹规划。依托西昌得天独厚的气候资源优势，着眼长远发展，高起点规划布局，引进知名科研院所和大专院校参与制定大健康产业发展规划，努力打造一流的康养胜地。三是重点布局。以“休闲康养”为统领，把握“健康”与“养老”两大主题，以养老、养生、健康医疗、美食、健康运动与旅游六大核心领域为切入点，有机融合生态农业、金融保险、康养文化与专业培训、康养地产业与康养用品制造业等，努力打造健全的大健康产业链。四是市场推动。充分发挥市场在资源配置中的决定性作用，多渠道融资，引进大企业、大集团做大做强西昌中高端康养产业，构建梯次配置、关联业态相融互动发展格局，加快发展西昌大健康产业。

（2）营造西昌大健康产业发展的氛围。一方面，西昌要充分利用“一座春天栖息的城市”这张国际“名片”，尽快制订“国际健康养老胜地”建设行动计划，统筹相关创建工作，引导全市上下树立大健康理念、开展大健康教育、提升大健康服务，为发展大健康产业完善功能、打好基础；另一方面，西昌要强化大健康产业的内外宣传，进一步整合提升现有休闲度假养生旅游、四川国际文化旅游节、凉山·西昌大健康产业研讨会等平台载体，统筹市内的传统媒体与新媒体，开办大健康产业发展和“国际健康养老胜地”创建专题、专栏和频道，普及相关知识，介绍新动态和新经验。围绕西昌大健康产业发展和“国际健康养老胜地”创建，花巨资、请高人，策划好一句话、制作好一部片，大手笔在重点新闻媒体和门户网站上宣传推介，迅速提升名气、打响品牌。

（3）充分利用各种资源，开拓国内外各级市场，根据西昌的具体情况设计差异化、有较强吸引力的休闲康养旅游产品。从传统资源观的角度来看，西昌旅游资源丰富，具有发展旅游的先天优势，休闲康养旅游的发展可以依托这些丰富的资源进行传统产品的升级和新产品的开拓。从新的资源观的角度来看，西昌同样具有发展休闲康养旅游的潜力。在今后的发展过程中，要特别注意的是资源的淡旺季、季节的淡旺季导致的旅游淡旺季，虽然休闲康养旅游在一定程度上能够弥补这一缺陷，但是从目前的发展情况来看，淡旺季在短时间内不会杜绝。因此，休闲康养旅游在发展过程中应通过专项化的产品和“反季节产品”“高吸引力产品”等繁荣淡季市场，使“淡季不淡”。

（4）充分发挥休闲康养旅游产业在产业融合、经济结构调整中的作用，通过休闲康养旅游的发展提高旅游业附加值，增加休闲康养旅游在旅游业发展中的份额。旅游业贯穿社会经济发展的全过程，能够提升一产、优化二产、繁荣三产，而且旅游产业关联度高，具有较强的渗透力和拉动力，对于增加就业、改善民生、提高经济发展质量、加速经济结构优化调整和经济发展方式的转变具有重要意义。休闲康养旅游依托农业、工业等资源发展在国际国内已经有很多成功的先例，这些都对其他产业的发展有明显的拉动作用。休闲康养旅游能够更好地融合吃、住、行、游、购、娱旅游六大要素，进而增加旅游产业对经济发展的贡献率。

（5）制定康养服务业从业人员培养规划。充分利用西昌辖区现有中等职业技术学校资源，有计划地招收学生，有计划地培养现代服务业专门技术人员；同时积极与西昌学院及其他省内高校衔接，采用定向、订单等多种模式，开办康养产业高层次人才培训班，为西昌大健康产业可持续发展奠定坚实的人力资源基础。

（6）将休闲康养和观光旅游、度假旅游、生态旅游、乡村旅游等相结合，相互促进、共同发展，最终实现西昌大健康产业的可持续发展。任何一种产业及产品都不是孤立存在的，只有将各种产品进行有效组合，才能将一个城区的整体吸引力提到最高。休闲康养旅游的发展也是如此。实现旅游产品之间的资源和设施共享也是今后休闲康养旅游发展的捷径。而通过有效的产品设计和独特的线路组合，将各种旅游产品进行串联，充分发挥养生功能，是养生旅游持续、快速、健康发展的长久保障。

课题负责人：丁良才
课题组成员：武海萍、蔡成斌

关于泸州市失独家庭的调研报告

中共泸州市委党校 泸州行政学院 课题组

“失独家庭”，指独生子女死亡的家庭，是我国实行计划生育政策以后出现的一种特殊社会群体。为了深入了解全市失独家庭的总体情况和生存现状，制定针对失独家庭切实有效的扶助措施，泸州市委党校课题组，到市卫计委、市财政局、市民政局、市人设局等相关部门调研，到江阳区、龙马潭区、泸县、合江县4个区县的部分失独家庭入户走访。本次调研的重点是失独后不能再生育的家庭（女方年龄在49周岁以上）。

一、泸州市失独家庭概况及受助情况

截至2015年年底，全市失独人员共5 018人，其中49周岁以下559人，49~65周岁3 471人，65周岁以上988人。2016年纳入特别扶助的失独人员为4 459人，其中城镇1 366人，农村3 093人。至今未列入国家特扶政策的有559人（因女性年满49周岁以上方可纳入）。

近年来，各级党委政府为解决失独家庭生活困难和精神困境做了很多卓有成效的扶助工作，主要体现在五个方面。

（一）特别扶助

从2015年起，四川省对女性年满49周岁以上的失独家庭（男性不计年龄）特别扶助标准为每人每年6 000元，城镇和农村统一标准。泸州市严格按照国家和省上的相关规定执行特别扶助政策，每年年底通过银行卡向受益人足额发放扶助金。

（二）生活补贴和救助

对失独家庭的生活补贴和救助，没有统一要求，各区县根据地方财力和其他实际情况进行安排。龙马潭区对失独者每人每月发放300元生活补贴；泸县对失独家庭一次性给予2万元的救助；叙永县对年满60周岁以上的失独家庭每年发放1 200元的养老照护金。

据了解，全国各地对失独家庭一次性救助的标准也有差异。四川省雅安市对失独家庭一次性发放救助金5 000~10 000元；陕西省安康市从2012年起对失独家庭发放一次性救助金2万~3万元；贵州省对失独家庭发放一次性救助金3万元。

（三）医疗扶助

各公立医院均开设计划生育特殊家庭就医绿色通道、转诊绿色通道，特扶对象凭

“扶助证”享受免普通门诊挂号费、一般诊疗费，优先检查、取药、住院等优惠政策；设立绿色通道标识，明确专人协调解决扶助对象的就医问题。65 周岁及以上的特扶对象还可以免费体检。

（四）安居补助

对户籍在泸州市内的计划生育伤残、失独家庭，现居住地属于无房、棚房、草房以及土木、砖（瓦）结构比较严重的危房，凡本人自愿修建的，市、县、乡三级每年从生育关怀金中分别给予每户 4 万~6 万元的经济扶助。目前，全市已落实安居对象 103 户，补助经费总计 600 多万元。

（五）养老及其他扶助

政府通过购买服务，将年满 65 周岁以上的失独人员纳入民政居家养老照护对象，每人每年享受 300 元居家养老服务。

对独生子女伤残死亡家庭的夫妻，各区县人民政府按每人每年 100 元的标准为其代缴养老保险费，所需资金由各区县财政自行负担。

根据四川省卫计委的统一安排，从 2016 年开始，在全省范围内开展省、市、县三级卫计部门领导联系计划生育特殊家庭活动，省卫计委领导班子成员每人至少联系 2 户计划生育特殊困难家庭。

一些机关和企事业单位在节假日对计生特殊家庭进行走访慰问，现场赠送物品或礼金。妇联、工会、团委等部门也组织志愿者、义工等群体对部分失独家庭进行临时扶助，但尚未形成常态化机制。

二、失独家庭生存现状

课题组入户走访，主要针对女性在 49 周岁以上的失独家庭。从入户走访的情况来看，失独家庭各有各的不幸，各有各的伤痛，各有各的困难，各有各的需求，每个家庭面临的问题都真实而具体，不尽相同，课题组对一些共性情况进行简单归纳。

（一）经济困难

农村失独家庭普遍面临经济比较困难的境况。以泸县云龙镇云龙河村为例，全村共有 943 户，失独家庭有 6 户，占 0.6%，这 6 户均不同程度地存在经济困难。据了解，造成失独家庭经济困难的主要原因：一是独生孩子去世后，家庭失去主要劳动力，丧失主要经济来源；二是失独人员年老多病，个人劳动收入很低，医疗花销很大；三是失独人员要承担对长辈的赡养义务，有的失独人员还需抚养孙辈。也有个别家庭不符合相关政策，得不到政府的特别扶助。

案例 1：泸县云龙镇，向先生，现年 68 周岁，1978 年生育一子，随后妻子做了绝育手术，但独生儿子在 8 周岁时因病去世，后经多方协调，领养一女，养女 16 周岁后便离家，回到亲生父母身边，至今未尽赡养义务。如今妻子过世，向先生孑然一身，没有经济来源，房屋破烂，不能居住，幸好弟弟收留，目前居住在弟弟家。由于向先生有养女，所以他既不能享受失独家庭的特别扶助，也不能享受孤老的“五保”政策，生活相当困难。

（二）精神困境

从中国的传统家庭来讲，孩子是父母的希望，随着独生子女的去世，也带走了父母生活的希望和勇气，哀伤、痛苦、失望等负面情绪长期困扰失独者。有的父母在失独后，短期内很难从巨大的悲痛中走出来，为了不让更多人知道自己失独的事实，甚至搬离原来的家。有的父母每到合家团圆的时刻，常常触景生情，潸然落泪。有的父母因为敏感而脆弱，往往会因为旁人某句不经意的话语受到伤害。课题组走访的每一个家庭，当谈及失去的孩子时，哪怕事隔多年，父母依然难掩内心的伤痛。这些状况都非常令人担忧，需要在精神层面对他们进行帮助和关怀，帮助他们从哀伤和丧子的阴影走出来，重拾生活的信心和勇气，重新找到人生的意义。

案例 2：龙马潭区龙祥社区，阳先生夫妇，男 70 周岁，女 65 周岁。2006 年，女儿在成为新娘的前夕被人杀害。至今事情已经过去了十多年，他们仍不愿提及此事，不愿跟知晓女儿死亡的人有过多的接触。当有不知内情的人问起他们子女的事情，他们就说女儿出国去了，以此逃避现实。

（三）养老和医疗困局

这次调研中受访失独者，大多都身患各种疾病，需要长期服药或经常住院治疗。由于失去“养儿防老”的依靠，失独者生病后的照护、医疗费用的负担都成为非常现实的问题。

案例 3：泸县云龙镇，唐先生夫妇，男 68 周岁，患有肺心病；女 63 周岁，患有心脏病和胃病。调研时了解到，唐先生在住院期间因为交不起住院费，自行回家，当时还没有去办理出院手续。他的医保卡显示他仍处于住院状态。

三、失独家庭扶助中存在的主要问题

（一）专项政策少

就目前可供参考的相关制度而言，都是比较笼统的扶助办法，没有对失独家庭进行细分，也就谈不上分类扶助。从已经享受特别扶助的失独家庭来看，他们的困难也是很复杂的。但由于资源的有限性，对失独家庭的扶助，往往采用统一的政策和标准，对于个别需要特殊扶助的失独者，难以得到有效的扶助。

（二）专业人员缺乏

随着中国经济社会发展，职业分工越来越细，越来越趋于专业化，应运而生的社会工作就是一项以帮助他人为目的的职业。从事社会工作的专业人员称为社会工作者，简称社工。社工需要通过社会工作师资格证，并被纳入国家专业技术人员范畴。社会工作者以帮助他人而获得薪酬，以科学的知识和方法为社会上的贫困者、老弱者、残疾者和其他不幸者提供专业服务。

泸州市现有在民政局登记注册的社工组织（主要由专业社工构成的非营利性社会组织）约 20 个，含本土的社工组织和外地社工组织在泸州的分支机构。这些社工组织主要承接政府购买养老、扶幼、助残和其他社会服务工作。其中，泸州市社会工作协会和成都市田园社会工作服务中心等几个社工组织开展的工作比较有影响力。

目前，泸州市还没有社工组织专门从事失独家庭相关扶助工作，也没有专业社工和心理咨询师介入失独救助。

（三）扶助力度不够

目前除了特别扶助以外，其他常态化扶助不多，惠及面也很有限。比如农村计划生育特殊困难家庭的安居补助，匹配的安居费用少，惠及的家庭少。现有对失独家庭医疗扶助主要在服务上提供便利，而对经费的报销减免力度不够。机关企事业单位的慰问帮扶主要集中在特殊的节假日，而忽视对失独家庭日常困难的关怀和帮助。

综合测算失独家庭现在获得的扶助情况，部分家庭勉强能超过贫困线，而且很容易因病返贫。要想在2020年同步实现小康，还有很多工作要做。

四、失独家庭扶助建议

（一）完善计划生育特别扶助金制度

（1）放宽计划生育特别扶助金的条件。按国家人口计生委和财政部的相关规定，计划生育特别扶助对象是城镇和农村独生子女死亡或伤、病残后未再生育或未收养子女家庭的夫妻。扶助对象应同时符合4条件：一是1933年1月1日以后出生；二是女方年满49周岁；三是只生育一个子女或合法收养一个子女；四是现无存活子女或独生子女被依法鉴定为残疾（伤、病残达到三级以上）。因此“失独家庭女方年满49周岁”这一要求，是领取特别扶助金的刚性条件。

调研中，我们发现有的失独家庭，女性虽然年龄未满49周岁，但的确不能再生育，家庭又特别困难，急需帮助，目前却不能领取计划生育特别扶助金。也有的失独家庭，虽然领养了子女，但子女事实上未能尽到赡养义务，家庭特别困难，却不能领取计划生育特别扶助金。所以课题组建议，适当放宽计划生育特别扶助金的条件，对失独家庭中的确需要进行特别救助的家庭，本着实事求是的原则，特事特办，纳入计划生育特别扶助金发放范围，切实解决失独家庭的经济困难。

（2）提高计划生育特别扶助标准。失独者随着年龄增加，劳动能力逐渐丧失，健康问题日益凸显，离异或丧偶独居等情况增多，为了保障失独者病有所医，老有所养，政府对他们的经济扶助就显得尤为重要。因此，课题组建议，计划生育特别扶助金政策应根据泸州市经济社会发展状况制定细化的实施办法，提高扶助标准，形成常态化增长机制，以期失独家庭到2020年能同步实现小康。

（二）提高失独者的社会保障水平

1. 提高医疗保障水平，让失独者病有所医

从我们走访的家庭来看，大多数失独者均身患各种疾病，对失独家庭来说，医疗费用是一笔很大的开销。尤其是一些农村失独家庭，医疗费更是不堪重负。

所以课题组建议：一是提高失独者就医的报销比例；二是为住院治疗的失独者匹配护理补助金。

另外，有条件的地方可以为失独者建立专门的健康档案，安排保健医护人员，定期提供基础医疗卫生服务、预约上门服务及全方位的健康咨询服务。对有生育能力和

生育愿望的失独者进行优生优育的全程跟进服务。

2. 多方协作，让失独者老有所养

我们在调研中发现，具有自理能力的失独者普遍愿意居家养老。但失独者中的高龄独居和失能的人，机构养老将是最好的选择。在尊重老人意愿的前提下，协助老人做好养老事宜，是政府应尽的职责。

为此，课题组建议：一是为失独者确定法定监护人。大多数养老机构明文规定“老人要在养老机构养老，必须有子女做担保”，医院在入院和手术时也需要子女或监护人签字，所以为失独者指定监护人，是为他们养老、就医、遗产处置等事宜扫除法律上的障碍。二是以社区为依托，拨付专门经费，为居家养老的失独者提供生活上的照顾。三是协助符合“三无老人”条件的失独者办理入住公办养老机构。四是对正在缴纳养老保险的失独者，提高政府代缴标准。五是对城镇有住房的失独者，可探索以房养老的方式，协助失独者办理房屋倒按揭养老。

（三）加大对失独家庭的社会扶助力度

1. 充分发挥群团组织的力量，个性化帮扶

妇联、工会、共青团等群团组织可以协助政府部门开展以精神抚慰为主要目的的各类扶助工作。为了探索对失独家庭扶助的经验，群团组织可以有选择地进行帮扶，通过政府购买公共服务，充分利用社工组织等专业助人团队介入扶助工作。课题组建议群团组织可以重点针对以下两个群体开展扶助。

第一，重点扶助失独家庭中的第三代。在调研中发现，有的失独家庭留下了第三代，这对失独者无疑是莫大的精神抚慰，但同时，失独者自然就承担了抚养孙辈的责任。这样的失独家庭对第三代的教养就面临两个问题，一是沉重的经济负担，二是隔代教养的缺陷。有个别家庭，孩子去世后，儿媳或女婿没有对下一代尽到父母的责任，要么外出打工，要么丢下孩子再婚，这些孩子成为事实上的孤儿，缺乏完整的家庭温暖和家庭教育，让失独者很苦恼、很无助。妇联可以向社会组织购买服务，使这些孩子获得稳定而持久的关爱、帮助和照顾。协助他们得到应有的经济救助，弥补他们亲情的缺失，帮助他们学业有成、身心健康成长。

第二，重点扶助失独者中的独居女性。失独的母亲在离异、丧偶等情况下，往往离群索居，郁郁寡欢，生活处境和精神境况都很令人同情。从调研走访的情况看，大多数失独者都愿意得到更多人的帮助和关心，也能够接受陌生人来探望。妇联可以向社会组织购买服务，对这个群体开展经常性陪伴、生活照顾和心理抚慰等工作。对就业、婚姻等现实问题也可以进行适当帮助。

群团组织在扶助工作中，要注意几个问题：一是不宜组织失独者开展集体活动。如果这个群体经常集中活动，可能会发生紧密的横向联系，使失独家庭相似的负面感受发生叠加和泛化，可能诱发一些社会问题。二是要注意保护失独者的隐私和自尊。有的失独者不愿意以弱者的身份接受帮助，他们也不希望失独的事情被更多人知晓，所以在帮扶过程中，不宜过度宣传，即使因为工作原因必须拍照摄像，也要征得当事人的同意，并且照片和影像资料不宜公开报道。三是充分尊重失独者的意愿。有的失独者不愿接受帮助、不愿接受节假日慰问、不愿接受媒体采访等，相关部门要予以采

纳和尊重。四是可以选择在江阳区或龙马潭区等条件较好的社区和农村进行试点，待运行一段时间，总结经验之后再逐渐在全市推开。

2. 大力推进亲缘和地缘互助

由民政部门牵头，充分利用村（社区）力量，对失独家庭开展亲缘和地缘互助。有失独家庭的村（社区）干部，应积极发动和协调邻里乡亲、亲朋好友的力量，对失独者进行情感抚慰、精神支持和心理援助，帮助失独者建立以亲缘和地缘为纽带的良好支持体系，为失独家庭解决生活中的一些现实问题。

课题负责人：周琴

课题组成员：曾妍、邵怡、李莹莹、颜霞、王方

农村基层社会治理方式创新研究

——以泸州为例

中共泸州市委党校 泸州行政学院 课题组

当前中国农村正经历着日新月异的发展变化，但在高速发展的背后，仍存在着一些问题。尤其是在社会治理领域，新老问题交织在一起，成为“十三五”阶段困扰农村健康发展的难题。党的十八届五中全会提出了“创新、协调、绿色、开放、共享”的五大发展理念，有助于我们全面、客观、正确地认识和解决当前农村的社会治理问题。本课题以农村基层社会治理方式创新为主线，选择了泸州市龙马潭区特兴街道办事处、金龙镇、安宁街道，泸县玄滩镇，江阳区通滩镇，合江县法王寺镇等非民族聚居地乡镇和村社进行实地调研，同时通过问卷调查形式对泸州具有“精准扶贫”任务的100位乡镇主要负责人、100位贫困村社干部和村民进行了问卷调查，并结合对浙江省建德市乾潭镇幸福村，诸暨市枫桥镇枫源村，新昌县镜岭镇外婆坑村，乐清市雁荡镇松垟村、淡溪镇黄塘村的考察学习，提出泸州市创新农村基层社会治理方式的对策建议，以资参考。

一、泸州农村基层社会治理现状

截至2016年年底，泸州行政区域面积12 232.34平方千米，下设三区四县，辖10个乡、111个镇、23个街道办事处。在10个乡中，少数民族乡8个，其中苗族乡6个、彝族乡2个。泸州农村具有人口众多，多民族杂居，聚集程度不高，地域广阔，分布不均且多处于丘陵高山地带等特点。因而决定了泸州市农村基层的社会治理需因地制宜，采用创新治理方式。经调查，当前农村地区社会治理的重点难点问题如下：

第一，基本公共服务相对短缺。社会主义新农村建设以来，泸州农村的基础设施和生产生活条件大为改善，基本公共服务得到大幅度提升。仅2015年，泸州就新改建通乡公路700千米、通村公路440千米；实施饮水安全工程，解决了29.7万农村人口饮水安全问题；加大贫困地区农网改造力度，解决农村13.4万户群众用电难问题。2016年年底，已基本解决了农村人口的用电问题，基本实现了道路村村通。但由于各级政府确立提供公共服务责任的时间不长，再加上历史欠账较多，所以由政府提供的基本公共服务在总体上仍然不足。例如，公共教育的不均衡在农村尤其突出，特别是偏远山区中小学的教学条件和师资力量仍然相对薄弱，难以在一个较高的水平上实现教育资源均等化；农村的托儿所和幼儿园目前仍然主要依靠民间力量开办，基本条件和教育水平参差不齐。医疗卫生公共服务在农村仍然是最大的短板，在多数的农村社区虽然建有“医疗服务点”，但“缺医少药”也是不争的事实，看病难、看病贵的问题在泸州农村仍然存在。

第二，社会保障水平不高。根据《泸州市2011—2020年农村扶贫开发规划》的要求，按照“一高一低一无”标准（“一高”是行政村贫困发生率比全省贫困发生率高一倍以上，“一低”是行政村农民人均纯收入低于全省平均水平的60%，“一无”是行政村无集体经济收入）精准建档，泸州共有重点贫困村324个、重点贫困户139 205户、贫困人口433 011人。这说明泸州农村地区还未实现社会保障全覆盖，已实现社会保障覆盖的农村地区也仍处于一种低水平的状态，让真正有困难的农民摆脱困境还有很长的路要走。以新型农村合作医疗为例，合作基金目前主要靠政府、村集体和村民三方出资，江阳区、龙马潭区等经济环境较好的农村地区和古蔺、叙永的政府、村集体的出资比例就大有区别，村民能够享受的报销比例和额度也大不相同。在边远农村地区仍然有一些重点贫困户在面对巨额医疗费用的时候会选择放弃治疗，看不起病的现象在农村时有发生。

第三，社区建设缺乏有力支撑。其一，农村大量劳动力出外打工使社区建设缺乏必要的主体。据泸州市就业局统计，截至2016年6月底，全市农村劳动力转移就业157.7万人，其中，市内转移人数49.6万人。所以泸州的“空心村”现象也较为严重，特别是青壮年的大量流失，包括不少年轻有为的村干部也外出务工了，不仅使农村社区公共生活难以保持生机和活力，也使村级组织和村民小组缺乏必要的干部人选，村级组织出现干部老龄化现象。其二，村社大规模调整使村民缺乏社区认同意识。泸州总人口505.68万人，其中农业户籍人口351.31万人，乡村常住人口231.06万人。新农村建设的进行使很多地区的农村村社出现了一定规模调整，仅2015年，泸州就新建“美丽幸福新村”200个，新改建农村聚居点16个。但不论是撤村并点还是中心村建设，不论是宅基地换房还是“三集中”模式，均是在打破传统村社界限的基础上进行的重新调整。自给自足的农耕文化和固有的属地情结使村民难以对新社区产生认同感，参与新社区建设的意识淡薄，因而缺少参与社区建设的热情。其三，基层政府和村集体的经费支撑能力有限。泸州市财政对全市1 346个行政村每年提供一定的公共服务经费补助，但公共服务经费的缺口较大，特别是许多经济发展水平一般或较落后的农村地区，基层政府自身背负着债务，村集体积累又比较薄弱，难以保障必要的公共服务经费支出。

第四，治理基础薄弱。首先是农民收入差距大，收入单一。2015年泸州农村居民人均纯收入为11 359元，其中江阳区和龙马潭区分别为12 900元和14 880元，而古蔺农村居民人均纯收入仅为7 330元。就农民个体而言，其差距更为突出，特别是贫困山区大多数农户，其收入除去生活开支后基本没有可用于增值的部分。从农民收入来源看，主要来源于外出打工或经商，纯粹靠从事农业生产获取经济收入的仅占调查对象的39.9%。从产业发展看，绝大部分农民依靠传统的种植养殖业，自给自足。一些从事特色种植养殖的农户也因市场信息的不对等，面临同质化竞争、农产品滞销等发展困境。其次是集体经济不等。以龙马潭区（辖区面积333平方千米、人口37万）为例，辖3个镇、8个街道，虽然通过“党建经费”“政府补贴”“费随事转”等项目，临近场镇的农村社区能获得一定额度的工作经费，而3个镇下辖的15个村则只有靠不多的集体经济收入来补贴“集体经济”。最后是文化基础不同。城市近郊农村村民和边远山区农村村民的受教育程度和文化素养具有较大差别。据对泸州100个贫困村的调查，高达94%的村民系初中及以下学历。村民文化知识的欠缺，直接导致社会经济发展的滞后。农民收入偏低、农村集体经济发展缓慢，直接影响农民参与社会治理的积极性和主动性。

第五，职权界限模糊。一是乡镇与村社职权交叉。乡镇政府在一定程度上将村委会、非政府的社会组组织作为依附于政府的附属单位和下属单位，把指导与协助、服务与监督的关系，变为管制与钳制、命令与领导的关系。一些本应由乡镇完成的职责被“分解”到村委会，村委会体现出强烈的行政化色彩，村委会的职责职能发生了严重的异化和偏离，村委会很难发挥其自治功能。二是村党支部和村委会关系不畅。两委干部在“领导”和“自治”职权认识上的偏差导致争执不断，影响村委会在社会自治中的进取性和开拓性。

第六，农村社会组织匮乏且职能弱化。一是体制内的公共服务性社会组织偏多、行政性强，主要有村民自治组织（村委会）、行政性社团组织（工会、妇联、共青团、民兵组织等）。而工会、妇联等社团组织的作用也主要是协助村委会和乡镇政府承担上下对口的相关工作，更多的是开展慈善、助残助老等公益性工作。二是体制外公益性服务社会组织偏少，发展不够。70%以上农村仅有学校、医院等公共服务组织。全市123个乡镇农民专业合作社共429户，多数集中于江阳区、龙马潭区、纳溪区以及泸县、合江县等靠近中心城区的乡镇，其他县区农村社会组织较少。三是农村民间草根社会组织（如农村种养殖业专业技术合作、农民利益纠纷调解、乡俗文化传承等）发展得较少或作用发挥不尽如人意。

另外，社会风气、留守群体、空心村等现象也严重影响农村基层的社会治理。

二、影响农村基层社会治理问题成因

（一）网格化治理方式沿用的仍是治安综合治理思维

“乡政村治”模式当前依然是泸州农村地区的主要社会管理模式，乡镇机构所行使的政治、行政、经济等管理权力，大部分均可通过“网格化”发挥作用。泸州现有的272个社区（居民委员会），1 345个行政村（村民委员会）基本实现了“网格化”治理模式。现在泸州网格化实行较好的乡镇，如龙马潭区特兴街道办事处、泸县牛滩镇等的网格化治理已形成纵横有序、互为联动、协调有力的治理大网，较好的整合了治理与服务资源，夯实了农村基层治理基础。受基层党委政府长期形成的“社会治安综合治理”惯性思维影响，网格化这张“网”更多的是被用于或被理解为“社会治安综合治理”。因而，要发挥好网格化在社会治理中的作用，必须转变认识，形成“广大村民在价值理念上更加互相合作、彼此信任，村内事务由广大群众通过自治组织依法实行自治”的局面，促进利益协调、公共服务与包容发展的融合。

（二）基层领导在农村社会治理中权力“悬浮”

关于“社会治理”，特别是“农村社会治理体制”，我们对泸州市100位乡镇主要领导进行问卷询问，结果有近60%表示不了解或只了解一些，只有24位同志反映“有较多的认识”，而绝大多数村民表示“不知道”。被调查的70%的乡镇村社同志认为农村基层社会治理要重点改善的是“社会治安”，反映出乡镇一级党委政府对“社会治理”特别是“农村基层社会治理”的认识和重视不够，大部分乡镇还没有开展真正意义上的“社会治理”工作，把治理工作重心和宣传重点仍放在社会治安的综合治理方面，以至于在中央提出“创新社会治理方式”的新理念后，感到迷茫，无从下手，多数地区的社会治理工作不能落到实处。基层党委政府必须将工作重心和关注点转移到将社会治安问题与社区服务、民生改善、民主发展等进一步结合的社会治理上，充分挖掘已有的公共服务、民生元素，与“社会治理现代化科学化”模式相契合，创新社会治理的体制和方式。

（三）农村社会组织发展不均衡，村民社会治理参与积极性不高

一是体制内的公共服务性社会组织偏多，行政性强。当前农村社会中的组织类型主要有村民自治组织（村委会）、行政性社团组织（工会、妇联、共青团、民兵组织等）。而工会、妇联等社团组织的作用也主要是协助村委会和乡镇政府承担上下对口的相关工作，更多的是开展慈善、助残助老等公益性工作；属村民自治组织的村委会则异变为乡镇政府在农村进行社会管理的下级行政性组织。二是体制外公益性服务社会组织偏少，发展不够。公益性的帮扶爱心行为已经主要由体制内的社会组织承担，而农村民间草根社会组织（如农村种养殖业专业技术合作、农民利益纠纷调解、乡俗文化传承等）发展得较少或作用发挥不尽如人意。而这类组织在丰富农民业余文化生活、改善农民邻里关系、调解农村纠纷、加强农民社会联结、增强农民社会价值认同等方面能发挥的作用而未得到发挥。

在村民社会参与方面，“组织”和“村民”认识不一。根据调查，对于参加“农村基层社会治理”的认识，近40%的乡镇负责同志认为是村民不愿意参加，占59.6%的村民认为农村社会治理是基层政府和村两委的事，占69.8%的农民对社会治理的相关内容知之甚少，自身参与社会治理的动力很小。之所以出现这种情况，除了主观认识上的原因外，更多的是政府对农村基层社会组织的发展引导不够，农民少有机会参加社会治理，即使参与其方式也很单调。如农民参与社会政治的主要形式是三年一次的村委会选举，虽然《中华人民共和国村民委员会组织法》规定“村民委员会候选人由本村选民直接提名”，但实际上村民很少自发推荐候选人，甚至有的村民要求发误工补贴才愿意参加村委会换届选举；从决策与监督上看，占39.1%的村民表示对村内重大事项的决策只是偶尔参与，占51.3%的村民对村务公开的重视度不够，只“知道有村务公开，但不看”，“一事一议”的范围非常有限。另外，村民和村干部文化层次普遍偏低，法治意识淡薄，村内决策往往是几个村干部说了算，法律条文、村规民约对村民的制约失效。

三、创新泸州市农村基层社会治理方式的对策建议

要创新泸州农村社会治理方式，必须解决好三个意识问题：一是要强化乡村党政组织的服务职能，使其能给农村社会和农民个体提供切实的保障；二是要给农民以真正当家做主的权利，引导和培育农村社会和农民个体进行自我治理；三是乡镇权力组织要适当将相应的权力转交给村民委员会。在此基础上，根据农村基层实际，建立适合农村社会治理的“党委——总揽全局和统领各方，政府——承担社会管理和公共服务的职能，社会——配合和协同管理，村社——依法行使直接治理权利，农户——理性和有序参与”的多元主体共同参与的农村社会治理体制，以形成更适合泸州农村基层社会的治理方式。

（一）建立社会治理统领型党组织，坚持基层党组织在社会治理中的领导作用

坚持党的领导是农村基层社会治理方式创新的必然要求。乡镇党组织要充分发挥党的领导在农村基层社会治理中总揽全局、统领各方的作用，通过下派第一书记，支持村社基层党组织和自治组织积极行使治理权利，引导各种社会组织、群众组织、自治组织和农民群众积极有序参与社会治理。村级党组织要在农村社会治理中发挥领头羊作用，坚持党的领导，凡是与农民生产生活息息相关的地方都建立党组织，形成既能带领群众生产致富又能构建和谐村社的“党组织社会治理网”：一是建立产业党组织。根据农村基层实际，凡有实体产业的村社，按照“一个园区一个支部、一个产业一个小组、一个片区一名骨干”党建模式，在村社党组织的指导下组建产业型党组织，党组织领导和组织党员在企业的生产经营和文明建设中发挥好先锋示范作用。二是建立网格服务党组织。在以农业生产为主要经济收入来源的农村基层社会中，以网格化模式分片分区建立党小组，细化每个党员在治理工作中的服务范围和职责义务，形成“纵向到底，横向到边，覆盖全面，服务便民，功能互补”的农村基层党组织社会治理服务体系，增强基层党建对农村基层社会治理方式创新的有效性。三是赋予基层党组织社会治理功能。根据目前农村基层社会经济发展的实际情况，建立更加有利于发挥党员作用和提升社会治理水平的党组织，如矛盾纠纷民事调解小组党组织、文化娱乐协会党组织、流动党员支部（小组）、老年协会党组织等，增强基层党建对农村基层社会治理的实效性。

（二）改变政府农村社会治理传统观念，真正发挥好基层政府在社会治理中的主导作用

首先要解决好农村基层社会治理存在的“行政垄断问题”。我国农村基层社会治理存在严重的行政垄断问题，最突出的表现是农村基层社会治理的方式和方法仍然是从上到下的“统一模式”，特别是在古蔺、叙永等边远农村，由于集体经济落后，“行政的垄断状况”更是频繁发生，村社没有自治权，村民没有自主权，各项治理活动分开解决，治理成效非常低，政府的项目不能落实到农村村社，农村基层中缺乏一些应有的社会项目，进一步拉大了农村和城市的发展距离。其次是要解决好政府在农村基层社会治理中的直接参与和间接调节之间的脱节问题。也就是要解决好政府只关

注直接参与功能而忽略了间接调节的问题。因为这一问题直接导致农村基层组织严重脱节于城镇社区组织，在泸州“新型城镇化建设”中，政府要改变只关注城市居委会的建立而忽略农村村委会的培养的思维方式，要大力培养农村人口的“居民观念”，以适应泸州区域中心城市建设发展的需要。因而基层政府在农村基层社会治理方式创新上，应做好以下几点：

一是树立好为农村基层治理服务的观念。落实好“治理帮扶”，解决基层困难，增强村社集体经济发展“生命力”。首先是明确基层服务职能，弱化村社的乡镇政府“末梢行政部门”职能，推进村社依法实现其职能归位，清理取消上级政府安排的但不属于村社职责范围内的事项，保证村社干部能集中精力服务群众。其次是规范便民代办服务化，减弱便民中心的行政化，将与农户生产生活密切相关的民政、计生、劳动保障、农业服务管理、农房审批、农村广电维护等事项的办理工作下延至村社，实现农户“小事不出村”。最后是强化政策引领和支持，积极争取经济发展项目，帮助农民发展农场生产、农产品深加工、电子商务等国家鼓励的生产经营项目，在增加农民收入的同时，壮大农村集体经济。

二是在发展模式上运用好“规划服务”，促进乡村建设规范化，增强农村经济发展活力。结合新农村综合体的建设，主导编制系统化规模化的乡镇、村社发展规划，引导村社结合自身自然资源、地理地貌、文化传统等，规范打造适合本地特点的“农、旅、休”新农村发展综合体。

三是还权于村社，推进“网格化”治理的“集体主义、共同富裕”等价值理念，运用好“网格”联系群众服务化。根据农村人口数量、居住集散程度和政权组织和自治组织建设情况，因地制宜合理设置“乡镇党政+村社组织+村（居）民小组+村（居）民家庭+村（居）民”的基本网格服务格局，细化群众服务，实行“第一书记”驻村“全方位”服务制度，建成集政府公共服务为一体的服务体系，以“小事不出村，大事不出镇”为目标，落实“服务村社、服务村民”措施，使“精准扶贫”等政府公共服务实现真正的精准性。

（三）组建参与型社会组织，充分发挥社会组织在社会治理中的主体作用

农村社会组织是农村基层社会治理的骨架。泸州农村由于普遍人数众多、人员生产生活分散，切实代表农民利益的社会组织较少，广大农民缺少“参与”农村社会治理的平台。而农村社会治理事务千头万绪，政府想要“一竿子插到底”“包打天下”，既做不到，也行不通。必须大力发展各类社会组织，引导社会组织开展公共服务、为民解忧等公益性活动，协同参与农村社会治理，让政府从过去“不该管、管不了、管不好”的领域逐渐退出，实现“适合由社会组织提供的公共服务和解决的事项，交由社会组织承担”。

1. 构建“奉献型”志愿者服务体系

积极组建由共产党员带头的志愿者组织，形成“党委政府牵头协调、党员干部重点参与、专业能人服务其中、社会各界共同参与”的“奉献型”志愿服务体系。要在共产党员志愿者的带动下，开展志愿服务活动，如社会治安群防群治、经济发展互帮互助等公益服务；建设公益性组织，如慈善捐赠、教育引导、文化引领、老年服

务等社会公益组织。龙马潭区率先在全市试点实施的“创新基层民主政治机制改革，推进‘两代表一委员’履职创新管理”社会治理方式，在各村社建立“两代表一委员”工作室，将全区的党代表、人大代表和政协委员按工作联系等分配到村社，定期接访服务群众，在农村基层社会治理方面取得了较好效果，值得在全市推广运用。

2. 构建“示范型”社会组织体系

构建以工会、共青团、妇联等人民团体为骨干的“示范型”“枢纽型”社会组织体系，是解决目前农村基层的社会组织力量分散薄弱、数量偏少问题的方法之一。通过发挥“示范型”社会组织的桥梁纽带、业务龙头作用，统筹和指导同类别、同性质、同领域社会组织参与社会治理。各级党委政府要加大投入培育发展资金，重点支持社会组织参与社会救助、社会福利、民事调解等服务，通过“示范型”社会组织的引领作用，汇聚更多的社会力量和社会资金参与农村基层社会治理。目前泸州市的绝大多数农村村社都设置了工会机构，但功能作用发挥较差，没有起到农村基层工会组织“促进乡村劳动关系和谐”的应有作用，特别是在集体经济发展较好、引进企业较多的村社，更应该发挥村社工会小组在农村基层社会治理协调劳动关系中不可替代的作用。

3. 构建“法治型”基层自治组织体系

要加大农村行政村去行政化的力度。支持各行政村在村党组织领导下，依法依规，通过乡规民约等民主自治制度，保障农村居民的知情权、参与权与监督权，实现村民民主自治，村民的事情由村民依法自己解决；以农村基层资源配置和服务管理为重点，依据人口和生产生活区域范围，做好“法治型”基层自治组织体系规划，科学配置落实农村应有的公共资源，缩短服务半径，明确各自治组织的自治区域，着力打造15分钟服务圈。

（四）培育自主型农民，充分发挥农民在社会治理中的主动作用

农民是农村基层治理最基础的主体。如何让农民主动关注和参与村社经济社会发展，是农村基层社会治理的核心要义。要通过培训引导、文化引领、示范带动等措施，建立农村基层社会治理群众自治新常态。

1. 以政策法规培训教育引领群众自治

以建设学习型农村基层党组织活动为契机，按照党委政府的要求和农民群众的现实需要，开展内容丰富、群众喜闻乐见的培训活动，让每一位村民受到中央精神、政策法规、文明素养、公序良俗等循序渐进的影响并形成良好的思想观念，以引导农民自觉参与农村基层社会治理。要建立健全农村群众文化活动场所，给老百姓提供更多聚会交流的平台，以便有更多机会统一群众思想认识，培育自发参与、自我治理的价值认同；以服务村民为出发点和落脚点，规范基层党组织运行，实施“服务清单”“任务清单”“责任清单”，加强村民委员会制度化、规范化建设，完善村务公开和村务监督，增强村民“自治”意识，推动农村基层社会治理实现村民“自我管理”。

2. 以培养村民内在驱动性激发群众自治

发展经济、建设家园是每个农民的共同梦想。中国农村社会的最大特点，在于它如果主要以权力影响力（如上级的发号施令、计划经济体制）来指导影响农民的行

为，农民则不会有太高的积极性和主动性；而如果更多地依靠农民服从传统文化的自觉心理过程，则更容易激发调动农民内心深处遵从社会规则的主动性、内在潜力和创造精神。只有当社会规范内化为农民的自觉意识，社会治理目标转变为农民的自发行动，这种内在驱动力、自我约束力才会产生。通过共建农村“发展梦”，激发村民统一认识、增强村民主动自治的内在动力，在加强农村社会治理过程中变村民“要我干”为“我要干”，形成村民“自我管理、自我监督、自我服务”的自我治理习惯，建立村民“自治管理”长效运行机制，实现农村基层社会治理由一个人（村主职干部）抓到一班人（村班子、党员骨干）抓，再到一村人（全民）抓。

3. 以建立健全村规民约规范群众自治

村规民约是对全体村民的约束，需要得到大家发自内心的共同认可和自觉遵守，才能发挥其真正的效用。现实中，一些村社仅仅将制定村规民约作为任务完成，既不宣传也不执行；或者仅以村规民约作为治理村民的工具。村规民约的制定，必须在全体村民充分讨论的基础上而且是充分反映村情民意，才能得到大多数村民的支持和遵守。村党组织可成立由村里老党员、老干部、村民代表组成的村规民约执行监督小组，规范村民行为，增强村民“依法治理”“主动治理”的意识。

4. 以组建“农村需要”的社会组织推进群众自治

“群众自己能办的事情由群众自己办”是群众自治最有效的方式。让群众自己办自己的事情，并不是由每个群众独自完成自己的事，而是采取有效手段，多管齐下、多措并举，组织村民自发成立以“生产发展、生活富裕、乡风文明和社会和谐”为目的的社会组织。要重点培育农村专业协会类、公益慈善类、农村服务类等社会组织，积极发展民事调解、文化娱乐、红白喜事理事会和道德评议会、禁赌禁毒会等有益组织，引导村民主动加入各类组织，实现思想自我净化，逐步形成“自己的事情自己做”（家家有责、人人有份、全民参与）、“自己的领导自己选”（选举产生协会领导）、“自己的规矩自己定”（把协会的活动内容和规矩写入《协会章程》《村规民约》），增强群众参与社会治理的自觉性、主动性，增强自治功能的覆盖面，建立农村基层社会治理群众自治新常态。

课题负责人：冯钧

课题组成员：易福仁、颜霞、彭莉、刘俊

新理念引领新发展的基层实践思考

——以北川擂鼓镇构建新型股份合作经济为例

中共绵阳市委党校 绵阳行政学院 课题组

发展是永恒的主题，也是当代中国的首要任务。发展的过程就是一个不断提出问题和解决问题的过程。经济社会发展到了新阶段，也会迎来新问题。面对新的发展问题，提出新的发展理念，破解发展难题，厚植发展优势，是推动发展实践的必然要求。党的十八届五中全会在深入分析我国现阶段发展环境基本特征的基础上，明确提出并阐述了创新、协调、绿色、开放、共享的发展理念。这些新理念是实践的呼唤、现实的要求，也是经验的总结和升华，同时也贯穿着强烈的发展意识和问题导向，具有明确的针对性。以新的发展理念引领新的发展实践，才能把我国的经济发展得又好又快，形成新一轮发展。新的发展理念来源于实践，并用于指导实践。如何将新的发展理念贯彻落实到具体实践中，是需要当下各地共同思考甚至探索的问题；而从现有的一些具有新发展理念特征的经济区域或经济点上去寻找总结，是最为简洁也最为有效的方法。北川擂鼓镇虽然经济总量偏小，发展在总体上还处于不发达的状态，但是近年通过构建新型股份合作经济，经济发展快速，社会和谐，人民幸福，在发展思路与方法上具有很强的新理念特征，值得我们以小见大，通过解剖麻雀的方式去观察新理念的贯彻落实要点。

一、北川擂鼓镇新型合作社的发展情况

擂鼓镇位于北川县境东南，距北川老县城 8 千米，距北川新县城永昌镇约 25 千米，辖 30 个村、1 个居委会。全镇有 5 418 户，总人口 18 327 人，其中农业人口 16 544 人，是典型的传统农业发展区。为探索擂鼓镇的现代化进程，带动全镇老百姓进入小康社会，近年来，擂鼓镇在辖区内积极鼓励发展农业合作社，其中以吉羌种养殖专业合作社发展得最为成功，效果也最为显著。

（一）合作社发展：荣誉赞扬扑面而来

吉羌种养殖专业合作社成立于 2011 年 9 月，注册资本 200 万元，现有社员 149 户，养殖基地 12.9 亩（1 亩≈0.066 7 公顷，下同），主要从事大鲵繁殖、养殖和冷水鱼孵化、养殖等，是北川羌族自治县养殖规模较大且体制比较完善的水产品基地之一。

合作社现拥有大鲵养殖标准间 2 间，共 72 口养殖池，占地面积 1 000 余平方米，

大鲵成鱼 1 400 余尾，幼鱼苗 3 000 余尾；修建野外繁殖场一处，面积 570 平方米，大鲵种鱼 180 余尾。冷水鱼养殖池、孵化池共 93 口，年产三文鱼 70 余吨。有专业技术人员 2 人，管理人员 2 人，养殖工人 6 人。2015 年实现产值 680 万元，收入 150 万元。

合作社 2011 年被评为北川羌族自治县擂鼓镇优秀专业合作社一等奖，2012 年被评为北川羌族自治县擂鼓镇先进专业合作社，2013 年被评为北川羌族自治县农民专业合作社县级示范社，2014 年被评为北川羌族自治县特色农业基地建设先进单位及擂鼓镇农村产业发展先进单位。

（二）合作社运转方式：以利益共享为基础

1. 合作社按照自愿、自立、互利的原则成立和吸纳社员

合作社以集中养殖经营为主，不断提升社员的组织化程度。本着“民办、民管、民受益”的精神和“一人一票制”的决策方式，自主经营，自我服务，民主管理。合作社民主选举产生理事长、理事、监事等管理人员。每半年召开一次全体社员会议。合作社建立健全了监督机制，采取社务公开财务公开等方式，账目一季度公开一次，一季度召开一次理事会以及监事会。合作社严格规范制度，形成了规范有序的合作体系，带领社员依法开展生产经营活动，建立了特色鱼示范推广、技术服务、科技培训三大服务体系。

2. 筑社共建，利益共享，共建特色鱼产业链

合作社广泛吸收养殖、销售、服务等多方力量以参股形式加入，提高了合作社的综合实力。合作社将分散养殖户联合起来，合作生产经营，利用本地良好的水资源，探索特色鱼高效生态养殖新技术，有效地保护水产种质资源，增加特色鱼产量，提高养殖产品的品质，带动周边农户经济发展，逐步形成水产品生产区域特色。合作社实行生产、服务和销售有机结合，实现小生产与大市场的对接，形成了一条“养殖户—合作社—基地—市场”的快捷产业链，取得了明显的经济效益。

3. 统筹兼顾，合理分配，促进水产养殖可持续发展

为了兼顾合作社的长远发展需要和防范风险能力，合作社经过会议协商确定了 6∶2∶2 的利润分配方案：销售利润的 60%直接返还给社员，20%作为合作社发展基金，20%作为公积金用于合作社的风险资金再发展。由于活鲜水产品是通过合作社联合销售，成员可以充分享受到生产和流通过程中产生的利润，增加了收益，同时也相对降低了生产成本，通过科学管理获得风险保障，在创新中出效益。

4. 吸引政策资金，帮政府排忧解难，壮大自身发展

擂鼓镇政府报请县人民政府同意后，将 100 万元专项产业扶持资金用于支持吉羌合作社发展。吉羌合作社为擂鼓镇茶坊村的 11 户贫困户分配 100 万元的股份，即每人 9. 09 万元股份。若合作社亏损，这 11 户每年每户按照银行利率标准享受保底红利；若合作社盈利，则按照所持股份的占比分红，但不再享受保底红利。茶坊村 11 户贫困户所持有的股份不能退股，等其脱贫后，该股份将作为下一批贫困户的股份，继续帮助困难群众脱贫致富。这种合作社全新的运作方式的优点有：一是充分发挥扶贫资金效益。扶贫资金在下拨到各村（社）后，往往会出现有资金、无项目的情况，

而依靠合作社，可让扶贫资金最大限度地发挥作用。二是支持了合作社发展壮大。扶贫资金的注入，为合作社的发展提供有力的资金支持，合作社壮大后，社员和贫困户也都受益。

（三）合作社竞争力培育：以市场为导向

1. 品质过硬的发展生命力

合作社针对分散养殖的弊端，引导社员调整养殖模式，发展生态养殖，开展行业自律行动，从源头控制投入品的安全与质量。合作社实行“统一技术指导、统一供应鱼苗、统一饲养标准、统一防病用药”的服务方式。合作社统一组织采购鱼苗、鱼药、鱼饲料等物资，对生产与销售价格等进行统一管理，保持社内养殖生产、市场销售等环节的高度协调，通过对社内各环节实施分段配置式的管理，保证了产品的质量与安全。合作社非常注重产品的品质管理，现已开始着手进行自身的品牌建设。

2. 上下齐心的发展凝聚力

合作社紧紧围绕市场需求，对合作社相关资源进行合理配置，筑社共建，利益共享，广泛吸收养殖、销售、服务等多方力量股参与分配的方式加入合作社，将股权量化到人头，现有138户出钱入股。为了给合作社提供良好的发展空间与宽松的发展环境，合作社对周围由于经济原因暂时未入股的一些农户也进行股权分配，即所谓分配“干股”。合作社还对一些政策资金能量化到个人的也量化到个人，全体社员不管出钱没出钱的都能分配到利益。这种合作模式在全市、全省、全国都是比较少见的，得到了当地社员以及群众的拥护，群众的拥护也转为了支持合作社发展的实际行动，人人关心合作社发展，人人支持合作社发展。

3. 订单合作的产销供给力

目前合作社所有销售不是“单打独斗”，不是传统的单家独户养大鲵或冷水鱼一尾就去卖，而是共同以合作社名义拓展市场，统一销售，目前主要是通过同外地的大企业签订协议订单。一是同新希望、通威等公司合作，用企业的饲料养殖鱼，然后用鱼抵饲料；二是将鱼卖给了丽江、都江堰、平武虎牙、江油等地。通过点对点的订单式生产，形成固定特色的供给产业链。仅新希望集团、都江堰三文鱼研究所、通威集团就能保证每月外销5吨产品。由于合作社的冷水鱼品质优良，目前供不应求，有更多的企业期望与合作社进行市场方面的合作。

4. 技术自有的核心竞争力

合作社的大鲵及冷水鱼养殖技术为自有技术。大鲵是自我繁育，自行繁殖养殖，实行“统一技术指导、统一供应鱼苗、统一饲养标准、统一防病用药”的“四个统一”方式，没有养殖户去外面另行购买鱼种鱼苗，保证了标准的统一与安全。而冷水鱼鱼种是丹麦进口的鱼卵，自行孵化培育养殖，具有市场核心竞争力。合作社每年还定期派有关人员赴成都、重庆、陕西、湖南等地进行交流学习，学习他们的养殖技术、先进的管理经验和经营理念，不断强化和提升合作社技术人员和养殖人员的养殖与繁殖技术。通过技术学习以及加强管理，目前基地养殖效益较非示范区提高30%以上。

二、合作社具有鲜明的新发展理念特征

吉羌种养殖专业合作社组织机构完善、制度健全、权利义务明确，发展卓有成效，成功地带动了当地群众的增收致富，其发展过程具有鲜明的新发展理念特征。

（一）坚持了创新发展

创新是发展的动力源泉，以创新驱动推动发展是当下国家推动发展的主要战略。创新大致可以分为四个方面：一是观念创新。创新思想，彻底摒弃小农意识和计划经济的旧观念，树立市场经济意识，树立发展新理念。北川擂鼓镇坚持以市场为导向，改变过去将农村作为剩余劳动力储蓄地的旧观点，强调市场交换对经济发展的重要意义，按照本地的比较优势坚持发展冷水鱼产业。二是体制创新。通过体制创新，政府简政放权，优化经济发展环境，打造新制度红利。擂鼓镇构建新型股份合作经济，在当地党委政府的领导下，坚持民主自治、民主决策，让群众找到了发展的动力。三是结构创新。速度决定增长，结构决定发展。只有优化调整结构，才能培养发展的潜力和后劲。擂鼓镇属于传统的小农经济，结构散乱无特点，通过确立了冷水鱼作为地方的主导产业，其他产业围绕冷水鱼发展，极大地优化了产业结构，市场效益明显。四是科技创新。合作社深刻认识科技创新对发展的重要意义，每年派工作人员外出学习先进技术，并且在实践中不断总结摸索新的养殖改进方法，每年养殖水平均有进步。当下，我国已进入“互联网+”的新时代，擂鼓镇还计划大力发展“互联网+农业”。一是可以让消费者通过远程的方式近距离地观察到北川擂鼓冷水鱼的养殖，起到宣传效果；二是通过互联网的平台加大销售，扩大养殖规模和效益。

（二）注重了协调发展

协调是持续健康发展的内在要求。习近平总书记强调，必须紧紧扭住全面建成小康社会存在的短板，在补齐短板上多用力。谋划“十三五”时期经济社会发展，必须全力做好补齐短板这篇大文章，更加注重协调发展，在协调发展中拓宽发展空间，在加强薄弱领域中增强发展后劲，实现实实在在和没有水分的经济增长，建成不分地域、不分群体、不分层级、不分民族的全面小康。擂鼓镇将自身发展需求与政府的扶贫攻坚责任相结合，充分利用政策资金，并且创造性地将各种政策资金分配到人头上，形成股份，从制度上让所有的贫困户脱贫，并且这种处理方式一般不会产生返贫现象，除非合作社破产倒闭。例如，擂鼓镇把争取下来专项改善合作社的基础设施资金，不同于其他地方修了路交给合作社使用就算工作完成了。擂鼓镇与合作社商量，把政策资金转化为投资，而投资再变成股份分配给全体成员与社会，让人人都能享有政策资金带来的好处，尤其是让贫困户得到实实在在的好处。

（三）凸显了绿色发展

绿色发展注重的是解决人和自然和谐相处的问题。作为一种生产方式，绿色发展要求形成科技含量高、资源消耗低、环境污染少的产业结构和生产方式，大幅提高经济绿色化程度，加快发展绿色产业，形成经济社会发展新的增长点；作为一种生活方式，绿色发展要求实现生活方式和消费模式向勤俭节约、绿色低碳、文明健康的方向

转变，力戒奢侈浪费和不合理消费；作为一种价值取向，绿色发展体现了生态文明主流价值观，被纳入社会主义核心价值体系，是人人、事事、时时崇尚生态文明的社会新风尚。绿色发展集中体现了“保护生态环境就是保护生产力，改善生态环境就是发展生产力”思想，是实现人与自然和谐发展的制胜之道。过去擂鼓镇没有绿色就是代表了落后，但是现在随着时代的进步，人的需求层次的提升，绿色就是生产力，绿色是擂鼓镇当下最大的优势，擂鼓镇天然的、无污染的冷水资源是其他地方无法复制的。在发展过程中，擂鼓镇突出生态、生产、生活的“三生共赢”发展模式，坚持对生态环境的保护，尤其是水资源的保护，凡是不符合保护环境的产业坚决不引进、不发展，凡是破坏环境的企业或个人都要受到政府的处罚，尤其是对有意破坏生态环境的企业进行严格的处罚，甚至促使其离开擂鼓镇。可以说，擂鼓镇对生态环境的保护不遗余力。

（四）形成了开放发展

开放是繁荣发展的必由之路，封闭没有出路，开放才能发展。不断扩大对外开放、提高对外开放水平，以开放促改革、促发展，是我国发展不断取得新成就的重要法宝。必须坚定不移实施对外开放的基本国策、实行更加积极主动的开放战略，坚定不移提高开放型经济水平，坚定不移引进外资和外来技术，坚定不移完善对外开放体制，以扩大开放促进深化改革，以深化改革促进扩大开放，为经济发展注入新动力、增添新活力、拓展新空间。国家如此，地方经济的发展同样如此，不坚持开放发展，形成开放发展的良好局面，经济社会发展就没有前途。擂鼓镇在构建股份合作社时，除了本地的社员能够参与入股以外，凡是可以为合作社的发展做出积极贡献的人或单位，合作社都愿意在互利共赢的基础上形成股份合作关系。同时合作社坚持走出去学习先进的技术和管理能力，紧跟外在市场的步伐，不断增强发展的竞争力。

（五）实现了共享发展

共享发展注重的是解决社会公平正义问题。我国经济发展的“蛋糕”越做越大，人民生活水平、居民收入水平、社会保障水平持续提高，但是分配不公问题比较突出，城乡收入、城乡区域公共服务水平差距较大。人民期盼有更好的教育、更稳定的工作、更满意的收入、更可靠的社会保障、更高水平的医疗卫生服务、更舒适的居住条件、更优美的环境，这既需要把“蛋糕”越做越大，也需要把“蛋糕”越分越公平。实现好、维护好、发展好最广大人民根本利益是发展的根本目的，增进人民福祉、促进人的全面发展始终是我们发展的出发点和落脚点。必须坚持发展为了人民、发展依靠人民、发展成果由人民共享。只有充分调动全体人民推动发展的积极性、主动性、创造性，发展才能具有最深厚的功力。而做好共享发展，最重要的是分配制度的设计，做好内部个人与个人之间分配，长远发展与当前利益之间的关系。擂鼓镇坚持发挥在党的领导下，民主商议的原则，让社员群众充分发表意见，经过几个月的充分协商，尤其是合作社的党员带头，做每个群众的思想工作和解释工作，形成了个人按股份分配，同时注重长远发展与当前利益的平衡，形成了一个合适的利润分配方案，得到了所有社员的签字认可，并且在后面的执行过程中显示了发展的凝聚力。

三、擂鼓镇的发展对贯彻落实新发展理念的启示

在过去强调发展是硬道理，只注重单纯把总量做大，而不太注重发展质量时，“圈地+基础设施建设+招商引资”是各个地方发展的不二法宝。而新的发展理念，就需要新的贯彻落实方法，擂鼓镇的发展是发展理念的转变，同时也是贯彻落实新发展理念方法的转变。

（一）注重在分析的基础上做好发展定位

擂鼓镇贯彻新发展理念的思路是在理论分析的基础上搞好定位工作。理论分析，是定位分析的基础。所谓理论分析就是掌握经济发展的规律以及发展的前景。北川擂鼓镇认真分析后发现，我国现在已经处在工业化后期，绵阳也进入了工业化中后期阶段，擂鼓镇再搞低层次的工业不仅破坏擂鼓的生态环境，而且缺乏竞争优势，而绿色农业是我国经济发展的短板，大力发展现代农业具有广阔的前景，这与当下提出的供给侧改革也不谋而合。所谓供给侧改革，本质也是要产品的供给与市场的需求关系更加协调。定位是发展的方向，在这个基础上，再搞好规划，最后具体实施，起到的效果就是事半功倍的。擂鼓镇的发展经验告诉我们，要根据大的发展环境与地区发展优势，坚持围绕定位，而不能像过去一样，见商就招，盲目发展，而是要选择性的招商，符合地方发展定位的才能进入招商视野。绵阳现在坚持在理论分析基础上搞好定位发展，再规划实施，成效明显的地方越来越多。例如丘陵地区农业型乡镇绵阳梓潼许州，大力发展柚子以及优质大米，其他的产业紧紧围绕这两个产业来进行，发展就很快。

（二）注重在发展过程中把握好产品质量关

市场有市场的规律，一个产业的发展有着自身的规律。在工业化早期，追求量的扩张，没有量就没有效益；而现在我国已经进入了工业化后期，人的需求层次发生了质的提升。过去市场需求的是有没有，只要价格便宜就有市场；现在市场需求的是好不好，安不安全，价格不像过去那么计较，而在于是否合适。这就要求我们在追求发展时一定要把握好产品的质量关。产品的质量主要包括两个方面：一是产品质量一定要非常好，符合国家的安全标准，不存在影响消费者安全与健康的不合适因素；二是与消费者建立相互信任的供给与需求关系。擂鼓镇在冷水鱼产品生产质量上严格下功夫，做到统一配种、统一技术，让产品质量可保证；同时，现在还注重通过“互联网+”与消费者的口碑不断开拓市场，让擂鼓的冷水鱼产业发展越来越大，越来越有市场。如何做到在发展过程中把好产品质量关，政府该大有作为：要建立产品质量放心区，严格把握产品质量标准；要下决心支持地方搞好产品质量检测，对质量检测不合格的企业要严格硬处罚，杜绝假冒伪劣；要引导企业注重产品质量，把产品质量当成企业的生命。现在不注重产品质量的地区一般都会被挤压到发展产业链条的末端。随着我国产业的升级，落后的产业将会转移到落后的国家，不注重产品质量的地区发展会越发困难。

（三）注重在发展时向极点倾斜政府优势资源

经济的发展需要点与极的带动作用。当前是我国推动新型城镇化发展的重要阶段。从城镇化的角度来讲，人口的流向将决定经济发展的活力。按照一般规律，人口会逐渐向大的城市、城镇集聚，这些大的城市与城镇无一例外都有具有竞争力的产业作为支撑，都能带动巨大的就业容量。政府资源应该向产业发展好的地区或者有产业发挥潜力的地区倾斜。这也是成都的发展经验。成都的发展除了坚持“三个集中”以外，还坚持加强重点镇建设，强调发展的资源更多地向多个重点镇倾斜，形成以点带面、多点多极的发展状态。近年，绵阳也特别注重加强重点镇体系的建设。绵阳按照人口规模、区位优势、经济发展潜力、服务功能完善程度、规划管理水平、科技创新能力等条件，筛选出了市、区、县级的重点镇并支持重点镇建设：一方面市、区、县上的主要领导要作为联系领导，帮助地方发展协调各种关系；另一方面，给予发展土地指标以及资金方面的支持。擂鼓镇的产业发展已经初具规模，得到政府的肯定与支持也越来越多，发展呈现加速态势，与周围的重点镇相互促进，在发展的底气上也越来越足。

（四）注重在党委的领导下发挥群众的自治能力

我国的发展，关键在党的领导。同时，也需要发挥群众的自治能力，让群众将经济发展的动力与国家的要求有效结合才能形成持续发展。经济的发展，需要建立大生产与大市场的对接，克服小生产与大市场的不协调。擂鼓镇在构建股份合作时坚持两点：一是坚持党委的领导。党委对合作社的发展与决策情况有知情权，注重发挥党员的带头作用。同时，除了股份分红以外，不从合作社索取额外的效益，不利用政府的政治优势干扰社员的决策。二是坚持发挥社员的自治能力。所有的重大决策由全体社员按照合作社的章程，采取民主决策的方式，集思广益，做出合理的、符合全体社员共同利益的发展决策。总结擂鼓镇的经验就是，在党委政府的领导下充分发挥群众的自治能力。

课题负责人：党海燕

课题组成员：林劲松、王显强、涂海霞

社会治理视角下的农村信访工作机制创新研究

——以南充市顺庆区金台镇“三级评定”信访工作法为例

中共南充市委党校 南充行政学院 课题组

农村信访工作的顺利开展，对帮助农民表达合理利益诉求，维护农民合法权益，促进农村改革、发展、稳定、和谐具有重要作用。南充市顺庆区金台镇以社会治理理论为指导，勇于实践，大胆创新，探索出一套符合农村实际的信访工作新模式——“三级评定”信访工作法：对于合理合法的诉求，严格按照相关法律、政策切实维护群众的合法权益；对于不合理不合法的诉求，做好解释和思想疏导工作，打消其不切实际的预期；对于违法信访行为坚决予以纠正。“三级评定”信访工作法，成功地指导了顺庆区金台镇农村信访工作的新实践，逐步实现了由维护社会稳定向依法构建和谐社会的转变，是创新农村信访工作机制的重要实践成果。

本课题在对“三级评定”信访工作法深入调研的基础上，结合社会治理基本理论，对“三级评定”信访工作法进一步总结提升，旨在为创新农村信访工作机制、推动农村经济社会健康发展提供理论支持和实践启示。

一、社会治理与信访工作

1. 治理的含义及特点

1995 年，联合国全球治理委员会发表的《我们的全球伙伴关系》的研究报告，对治理进行了界定：“治理是各种公共的或私人的个人和机构管理其共同事务的诸多关系的总和，它是使相互冲突的或不同的利益得以调和并采取联合行动的持续的过程。它既包括有权迫使人们服从的正式制度和规则，也包括各种人们同意或认为符合其利益的非正式的制度安排。”

“治理”与“管理”相比，具有以下特点：一是治理主体的多元化和治理范围的不确定性。政府、公共权力组织和民间组织都有可能成为权力的中心。同时，作用范围也随着主体的不同而发生变化，小到一个具体组织，大到一个国家，甚至是整个世界，都可以是治理理论应用的范围。二是治理方式由强制性为主转变为以平等、对话、合作为主的多元化手段。三是权力运作向度由单一的官僚制所设计的自上而下转向自组织网络式的多元互动的模式。治理的运行机制，既有自上而下，又有自下而上，还有横向协调。具体讲，现代国家治理，就是政府（广义政府包括执政党、人大、政府、政协）、市场、社会组织、公民共同参与治理国家和社会。它是一个上下互动的管理过程，权力向度是多元的和相互的。四是治理追求的目标由传统的“善治”向一种良好的治理即“善政”转变，由单纯地追求效率转向为实现公共利益最大化，使国家与公民社会形成一种更为有效和良性的互动关系。五是“治理”是建立在公民的知情权基础上的，对政务透明有更高要求。在信息化时代下，它要求政务公开透明，以满足公民的知情权；否则，必然招致普遍质疑。六是“治理”的权威建立在公民的认同和共识的基础上。“治理”以自愿为主，必须建立在多数人的共识和认可之上，没有多数人的同意，“治理”就很难发挥真正的效用。

2. 社会治理的理念

社会治理就是在共同价值原则的基础上，遵循达成一定共识的规章制度，以法律法规为准绳，政府、社会、个人规范社会行为，协调社会基层关系，解决社会矛盾，防范社会风险的行为。

社会治理有着独特的理念和思维。一是治理是一种多元化的系统思维，要求识别治理系统中各主体的关联性，强调治理的民主性以及处理好多元利益主体的利益关系。二是治理的内容是通过多元利益主体的参与，建立规范的治理结构、相互协调的治理机制，并实现治理机制之间的良性互动。三是治理的手段是“疏统”并举、软权力和硬权力并用，以疏导和软权力的运用为主。四是治理是一种过程化思维，是围绕“合规、规则和问责”不断演进的建设过程。五是治理是以群众参与为基础。信访工作正是为群众提供了参与社会治理的途径，解决群众诉求的过程更是改善社会治理的过程，继而实现公共利益最大化，使国家与公民社会形成一种更为有效和良性的互动关系，这些都是治理理念的关键所在。

3. 社会治理与信访工作的关系

信访工作作为社会治理工作的重要组成部分，以社会治理理论为指导。

首先，信访与社会治理密不可分。党的十八届三中全会通过的《中共中央关于全面深化改革若干重大问题的决定》中强调：“创新有效预防和化解社会矛盾体制。健全重大决策社会稳定风险评估机制。建立畅通有序的诉求表达、心理干预、矛盾调处、权益保障机制，使群众问题能反映、矛盾能化解、权益有保障。”“完善人民调解、行政调解、司法调解联动工作体系，建立调处化解矛盾纠纷综合机制。改革信访工作制度，实行网上受理信访制度，健全及时就地解决群众合理诉求机制。把涉法涉诉信访纳入法治轨道解决，建立涉法涉诉信访依法终结制度。”

其次，信访工作是社会治理工作的重要组成部分。社会治理的目标在于维护最广大人民的根本利益，最大限度地增加和谐因素，增强社会发展活力，全面推进平安中国建设，维护国家安全，确保人民安居乐业，社会安定有序。信访作为社会治理的重要组成部分，在缓解社会矛盾、维护群众权益方面一直发挥着至关重要的作用。可以说，在维护社会秩序的稳定、和谐方面，信访做出了自己的贡献。这一点，在基层尤为突出，在村、镇，只要群众的诉求得到及时解决，矛盾得以及时化解，权益得到有效维护，就不会出现不稳定因素，便可保一方稳定。

二、当前农村信访工作存在的问题

近几年来，随着农村利益格局的调整，各类矛盾纠纷日益突出，出现了许多新情况、新问题、新特点，引发出一系列新的群众信访问题，直接影响农村的长治久安和经济社会持续健康发展。以顺庆区金台镇为例，当前农村信访工作主要存在五方面突出问题。

1. 现行信访工作制度不完善

农村信访工作复杂化程度不断提高，上级转办的信访案件不断增多，信访工作一票否决制度在农村基层政府中的使用范围越来越广，给农村信访工作带来巨大压力。当前，各级政府都有相应的信访部门，但是，最终处理和化解信访问题的部门只有一个，即信访人户籍所在地的基层人民政府。不论信访人到何处上访，上级部门通常只是进行登记和批办，层层下批，最终仍然要由基层政府进行处理。上级政府这种只批不办的信访管理制度，给农村基层政府带来了很大的工作压力，而一旦对信访问题处理不好，则可能被追责。因此，在现行的信访工作制度下，农村信访工作人员压力很大。

2. 农村信访工作堵访严重

依照法律法规，向上级政府反映问题是人民群众应有的权利，但是，在目前的农村基层信访工作中，首要任务变成了防止群众上访，特别是要求杜绝进京、赴省等上访。一些农村基层政府把信访工作的重心放在堵访上，而不是化解上，每到信访量爆发突出的时期，农村信访部门就采取各种方式对上访人员进行“稳控”，防止信访人员赴省、进京。乡镇基层政府往往从“安抚”“花钱买平安、花钱买和谐”等角度着想，从而导致了大闹大解决、小闹小解决、不闹不解决的现象。一些上访人员往往抓住政府怕问题闹大这一软肋，采取不正当手段实现个人企图。这客观上较大程度地怂恿了上访人的不断上访行为。信访工作，本应是社会的安全阀，是群众的安慰剂，但是，农村这种背离信访工作本质要求的现象，反而将信访变成了社会矛盾的导火索、个别人不满心理的增压器。

3. 农村信访部门职能不强

农村信访部门职能不强，造成越级上访情况突出。在农村，乡镇虽然是一级政府，但是，所辖范围过窄，行政协调能力不强。在城乡一体化的今天，不少信访问题的发生很可能牵涉社会的方方面面，需要各级部门通力协作才能得到化解，单凭乡镇信访办或乡镇政府的协调处理，无法使信访案件得到妥善处理。在此情况下，一些群众认为，乡镇无法为其解决问题，只有找上级领导批示，才能促使问题得到彻底解决。由此，导致不少群众习惯性越级上访。例如，在金台镇发生过这样的信访案件：一个区级工业园在金台镇范围内进行产业升级改造，关闭了该镇一个砖厂，但并无任何赔偿。该砖厂在开办时取得了相关的合法手续，无赔偿导致砖厂老板意见极大，不断到政府进行上访。区工业园属于区级政府独立机构，金台镇对该部门无法进行管理，因此，在工业园与上访人协调不成功的情况下，金台镇政府也显得无能为力。镇信访办在对该案件失去耐心后也不再进行调处，从而使该问题拖成信访积案，而砖厂老板则不断到市里、省里进行越级上访，成为金台镇突出的越级上访案件。

4. 信访工作人员整体素质不高

随着农村经济社会不断发展，农村各种社会冲突和信访矛盾加剧，化解难度增大，这就决定了信访工作人员不但要具有较高的政策和法律专业水平，而且要为人公道正派，善于做思想疏导工作。但是，从金台镇以及其他农村基层的现实情况来看，农村信访工作人员大多是由原来的村干部选拔而来，普遍都存在文化水平不高、业务素质不高以及年龄偏大等问题。相当一部分农村信访工作人员，不具备相应的法律素质和专业知识，他们开展信访工作，依然是凭借以往的老观念和老经验处理问题，而不是靠政策和法律解决问题。这种情况下，部分信访事项可能暂时得到化解，但随着时间的推移，各种后遗症可能随时爆发。

5. 信访群众认识存在误区

部分信访群众认识存在误区，把上访看成是一种与政府的博弈，认为基层政府要控制信访量，对其上访采取各种方式进行阻拦，只有把事情闹大，惊动上级领导，才能真正解决问题。同时，在现实信访工作中，有部分信访群众在拿到上级批示的信访文件后，确实在基层政府解决了一部分问题，从而更加坚定了他们“大闹大解决”的观念，一旦遇到问题，找政府特别是找更上级政府则成了他们解决问题的首选。也有部分上访群众法制观念淡薄，有的甚至不知法、不懂法，向政府提出过分要求，想通过多次上访来达到目的。有的上访人员明明懂法，预料到在法院的判决中不能实现自己的利益诉求，于是就通过上访来不断给政府施压，希望以此来实现自己的利益诉求。

三、“三级评定”信访工作法的主要内容与实践成效

信访工作是构建和谐社会的一项基础性工程。顺庆区金台镇牢固树立抓信访就是抓发展、抓民生、抓稳定的理念，定向施策、精准发力，探索实践“三级评定”信访工作法，走出了一条分层化解矛盾、依法促进和谐的特色路子。

1. 主要内容

“三级评定”信访工作法就是村委会先把群众上访的事由、政府已经办理的程度公布于众，然后召集同村党员代表、村民代表对群众上访的问题进行评议，若70%的群众认为还需解决，村委会再通过召开党员会议提出解决方案，最后提交镇信访工作专题会议进行研究解决。具体来说，就是以下三级：

第一级——群众评定。每个村民小组成立由1名信息联络员和5~7名社员代表组成的村民小组群众评议委员会。信息联络员由村民小组长担任，社员代表由本社文化水平较高、知晓法律政策、办事公道正派、德高望重的社员担任。信息联络员负责先对群众的信访事由、信访要求如实登记。村民小组评议委员会再根据信访诉求及时召开群众评议会，由群众和社员代表根据信访人陈述的事由，深入调查了解，逐一核实信访事由的真实性，对属实事由建立台账提交村级组织，对不实事由则及时向群众

和信访诉求人公布调查情况。比如，该镇村民费某某，反映其承包地被某机械养护中心强行占用，要求给予相关赔偿。该信访事由经村民小组评议委员会调查核实，其承包地早在修建潆新公路时就被依法征用，该单位属于合法使用，其信访事由不属实。村民小组评议委员会及时向信访人和群众公布了调查结果，化解了纠纷。实行“三级评定”工作法以来，全镇村民小组共调查核实大小矛盾纠纷 556 起、成功化解 153 起。

第二级——村级评定。每村均成立了由村支书、村主任、村会计、公共事务管理员、纪检员、妇女主任、民兵连长组成的村级信访评定委员会。村级信访评定委员会根据村民小组提交的信访事由，召开会议，研究具体解决办法。凡属邻里矛盾纠纷的，则组织矛盾双方进行调解；凡属涉法涉诉的，则引导其走司法途径；凡属征地拆迁等需要由镇上统一解决的，则提交镇一级处理；凡属村上职责范围内、金额在 500 元以内的信访事由全权由村级组织处理。比如，该镇村民任某某，其妻做过节育手术后患癌症死亡。任某某认为其妻患癌症是因节育手术所致，多次到相关部门上访。该村接到村民小组反映的信访事由后，村级评定委员会引导其通过司法途径解决，经相关医疗机构认定其妻患癌症与节育手术之间没有必然联系。同时，村级评定委员会根据其妻长期患病欠下巨额医药费用、家庭经济困难的实际情况，积极发挥村级组织职能，按照国家相关政策向上为其申报了困难救助，帮助其渡过了难关。通过村级评定，该信访当事人明白了相关法律、政策，主动息诉息访。实行“三级评定”信访工作法以来，村级评议成功化解矛盾纠纷 358 起。

第三级——镇级评定。村上无权处置且属合法的信访诉求，由镇分管领导先牵头组织进行评议处理，分管领导无法处理的信访诉求由镇党委书记、镇长组织召开联席会议研究解决方案。比如，该镇村民陈某某，反映按政策奖励其独生子女的“半个人”土地在修建潆新公路时未给予补偿，多次上访未得到解决。经过“三级评定”后，镇上协同相关部门按政策给予合理补偿，切实维护了其合法权益。陈某某的信访问题得到有效解决后，她对党委、政府更加信任，对群众评定的公平性非常认可，主动请缨担任本社的信访信息员，成为联系群众的贴心人和党委政府化解群众信访问题的得力助手。目前，镇级评议有效化解群众纠纷 45 起。

2. 实践成效

“三级评定”信访工作法最大的特点就是责任下沉，一改过去靠政府单打独斗处理信访问题的局面，充分发挥了基层组织和群众的智慧，将群众的诉求交由基层进行民主决策。金台镇推行“三级评定”信访工作法，实现了“三大转变”，有力地促进了社会和谐。

（1）信访秩序转变，信访秩序由“无序无法”向“有序依法”转变。实行“三级评定”前，群众有信访诉求，动辄找镇党委书记、镇长，甚至邀约人员到区、市、省、京集访、闹访，错误地认为接访的领导越大、部门级别越高就越能获得更多的利益。同时，部分群众“信访不信法”，如一些医疗事故、交通事故、非正常死亡等案件本应通过法律途径解决的问题，当事人首选上访甚至堵门、堵路。实行“三级评定”后，群众有信访诉求，凡属普通矛盾纠纷，都首先向本村民小组反映，经村民小组评议后再逐级向上报告，越级上访大幅减少；凡属涉法涉诉的信访案件，基本都寻求法律途径解决，堵路、堵门等违法行为得到有效遏制。

（2）信访问题转变，信访问题由“久拖未决”向“有效化解”转变。该镇针对排查出来的68个信访突出问题，逐一建立台账，按照职能职责实行镇、村、村民小组层层分解任务和镇、村干部定点包案制度。通过深入细致的工作，该镇556个矛盾纠纷中的68个信访突出问题已成功化解62个，剩余6个涉法涉诉问题已引导通过司法途径进行解决。

（3）干群关系转变，干群关系由“紧张”向“和谐”转变。实行“三级评定”以前，由于群众未参与接访，造成解决信访问题不公开、不透明，群众认为干部“暗箱操作”、欺软怕硬、讲关系；干部认为群众无理取闹、胡搅蛮缠，干群关系一度紧张。实行“三级评定”后，群众广泛参与，共同比对相关政策和法律法规解决问题，从而对干部的信访工作有了深入理解。群众的怨气少了、信任多了，干群关系也变得更加和谐。

四、“三级评定”信访工作法的启示

“三级评定”信访工作法来自实践，鲜活生动。基于社会治理的视角，我们认为，“三级评定”信访工作法对农村信访工作机制创新具有以下启示：

1. 解放思想是动力

思想是行动的先导。农村信访工作机制创新必须解放思想，不断研究新情况、解决新问题。顺庆区金台镇历来是全区甚至全市的信访大镇，多年积累的信访问题让个别村民成为老上访户，隔三岔五地找到政府翻“老账”。尤其是近年来，随着潆新路、兰渝铁路、搬金路、金大路、百万蛋鸡产业园等重大项目涉及该镇，因耕地被占、房屋拆迁等问题而上访的群众越来越多。面对严峻的信访压力，金台镇党委认为，只有解放思想，突破旧观念，树立新思维，才能充分认识到在社会转型、改革攻坚的关键时期，有矛盾暴露、有冲突产生、有分歧出现是正常的。这些矛盾冲突不是都可以准确预见的，不是都可以压得住的，而这些矛盾又都需要透明、公开、及时、妥善地加以解决。因此，金台镇党委一班人大胆解放思想，不断强化开拓创新意识，勇于冲破原有的老框框，探索出一套农村信访工作新机制——“三级评定”信访工作法。

2. 畅通渠道是前提

畅通渠道，健全群众诉求表达和反馈机制，使群众的诉求及时、无障碍地得到表达是创新农村信访工作机制的前提。为此，金台镇党委、政府直面矛盾，采取多种形式畅通群众表达诉求渠道。一是“赶”干部下村，切实为老百姓解决问题。首先是实行镇干部下村签证单制度，要求全体机关干部每月下村不少于4天，并做好签证单的回执工作，要求填报下村所做事内容、证明人等。其次是实行干部服务群众联系卡制度，并做好联系卡回执工作。该镇一名工作人员深有体会地说：“为民办实事制度和干部服务群众联系卡制度，确实为老百姓解决了不少问题。”二是进茶馆“收集民怨”。金台镇茶馆文化历史悠久，发展至今，呈现出“两多”特点。其一是茶馆多。全镇有大小茶馆 100 余家，其中集镇有 60 余家，零星分布在村社 40 余家，在全区、全市甚至全省罕见。其二是茶客多。据统计，该镇平均每天喝茶约 1 000 人次，约占在家人口的 15%。镇党委、政府在充分调研论证的基础上，决定走进茶馆面对面听“民怨”找“问题”。对于收集到的问题，分为作风建设、助农增收、产业发展、信访稳定、乡风文明五大类，由班子成员牵头，专人办理，限期解决，并设立问题解决进度公示墙，广泛接受群众监督，直到群众满意。三是举行恳谈会。例如 2014 年 12 月，镇党委组织举行恳谈会，数百名群众聚集在金台镇办公楼前的院坝里，与镇干部零距离接触、面对面交谈，表达各自的意见和建议。针对群众提出的 128 个问题，镇党委予以公布，并安排镇干部“一对一”限时解决。四是开展信访接待调解。镇、村干部逢场天轮流值守接待群众，及时解决问题，有效避免问题积压。此外，金台镇还充分发挥网络、媒体等现代信息技术和传媒优势，广开言路，及时反映群众诉求。目前全镇信访形势根本好转，被市委、市政府评为信访维稳先进集体。

3. 齐抓共管是基础

信访工作是一项系统工程，因此，创新农村信访工作机制既需要各级党委、政府的坚强领导，又需要相关部门的通力协作，还需要群众的广泛参与。一是实行党政同责、党政共管。落实镇党委书记、镇长信访稳定工作第一责任人责任，分管领导的分管责任，信访工作人员的具体责任。在处理信访问题上，党政态度鲜明一致，避免政出多门。村民小组、村、镇既各司其职、各负其责，又密切配合、上下联动。二是实现信息共享。一方面由村民小组向村、村向镇自下而上报告信息；另一方面由镇向村、村向村民小组自上而下通报信息，实现信息“无缝对接”。三是实现疑难共解。对重大疑难信访问题，由乡镇组织信访问题所属的村民小组、村和镇级相关单位召开信访联席会议，共同研究解决方案，积极稳妥化解矛盾纠纷。

4. 依法公正是关键

信访问题必须在法律、政策允许的范围内依法依规化解，因此，依法公正是创新农村信访工作机制的关键。金台镇在依法依规解决信访问题的过程中，严格执行相关法律、法规和政策，做到“一把尺子量到底、一个标准执行到底”，确保法律、政策面前人人平等，建立了要“相信法律、政策，而不是缠访、闹访”的导向。同时，群众的信访问题由村民小组群众评议是否属实，由村、镇评议是否合法和符合政策，做到了信访问题处理公开透明、依法解决。

5. 维护合法权益是核心

每个信访问题能得到真正化解，维护群众的合法权益是核心。只有充分维护群众的合法权益，才能得到群众的信赖，最终实现息诉息访。金台镇的“三级评定”信访工作法，对于合理合法的诉求，严格按照相关法律、政策切实维护群众的合法权益；对于不合理不合法的诉求，做好解释和思想疏导工作，打消其不切实际的预期；对于违法信访行为坚决予以纠正，从而逐步实现了由维护社会稳定向依法构建和谐社会转变。

6. 完善制度是保障

“以制度管人，以制度管事”是创新农村信访工作机制的保障。金台镇针对农村存在的突出问题和薄弱环节，建立健全各项具有针对性、可操作性的管理制度，推进依法治村。一是强化村务公开。坚持定期真实、全面地向村民公示村级政务、财务，重大事务随时公开，给村民一本明白“账”。乡镇制定村务公开制度和相应的责任追究制度，对不严格执行村务公开制度的相关责任人追究责任。二是重大事项集体决策。村里的重大事项，必须按照民主集中制原则，经过村两委班子集体研究决定，年终或届满向党员或村民做出书面述职报告。对调离、辞职、届满的人员，实行离任经济责任审核，使村组干部工作办事公开化、议事制度化、程序规范化、过程监督化、结果公示化。三是健全财务管理制度。严格执行“财务预决算制、财务限额审批制、收支报结理财小组审核盖章制、三资管理登记制、承包合同管理归档制、财务公开监督制”等财务管理制度，使村级财务管理更加规范化、制度化。四是制定《村组干部廉洁从政行为规范》，着力解决农村不是党员的村组干部“无章办事”的问题，切实增强对农村基层干部的约束力。只有从制度上坚持公开透明，坚持让一切权力在阳光下运行，群众才会满意，才不会将敌意和不满在心中累积，才能从源头上防止社会矛盾的滋生。

7. 注重教育是良方

加强对农村基层干部和广大群众的思想教育，不断提高其素质，是创新农村信访工作机制的良方。农村信访问题发生在基层，信访问题预防在基层，信访问题的解决也在基层。因此，首先，必须建设一支高素质的信访干部队伍，加强对信访干部的政治、业务培训。认真学习和掌握《信访条例》和相关法律、法规、政策及信访工作技巧，严格执行各项信访工作制度。如信访事项办理情况反馈制度、质量考核制度、信访调研制度等，确保处理信访事项及时、合法、高效。要教育农村基层干部正确认识自己手中的权力，牢记“全心全意为人民服务”的宗旨，严格依法按政策办事。其次，对广大人民群众要进行社会主义核心价值观教育和法制教育，教育和引导广大群众通过理性有序的方式和法律的渠道解决利益诉求和矛盾纠纷。最后，进一步普及法律知识。将法律法规知识以通俗易懂的形式进课堂、进学校，从小学生开始就强化法治意识和学习法律知识，营造学法、懂法、守法、用法的社会舆论氛围。

课题负责人：冯维和
课题组成员：梁宇

干部驻村帮扶制度实施中存在的问题及对策研究

——以巴中为例

中共四川省委省直机关党校课题组

针对四川省“人口多、底子薄、不平衡、欠发达”的省情，科学扶贫、精准扶贫，集中力量消除农村贫困，是当前的重要工作。理清问题，方能集中力量打好歼灭战。如何扶、扶什么、达到什么效果？这些已经成为干部驻村帮扶工作的重要任务。加强对全省干部驻村帮扶情况的调查研究，具有重要的现实意义。

一、背景及意义

（一）干部驻村帮扶是推进扶贫攻坚、全面建成小康社会的突破口

小康社会，并非局部地域的小康，也非部分人的小康，而是涵盖城市、农村，全面的小康。然而，农村贫困现象相对突出，扶贫攻坚任重道远。要实现党的十八大提出的目标，全面建成小康社会，农村是关键，不能掉队，不能拖了后腿，得跟上步伐。

扶贫攻坚决战是一场政治仗、民心仗、决心仗。四川省推行干部驻村帮扶，干部下沉到村、扶持到户，切实为贫困村想方法、谋点子、出思路、务实事，将扶贫工作抓细抓实。干部下村，接地气式扶贫，也是群众路线需要，让干部真正融入群众中，融进群众心里，事为群众所想，劲为群众所使，利为群众所谋，把困难问题解决在农村，把发展希望留给农村。

选派优秀党员干部深入农村任职，既是有效推行农村工作机制创新，统筹城乡发展的重要举措，也是我国政府在农村基层治理方式上的一大特色和亮点。近年来，我国诸多省市以开展党员干部驻村活动为手段，推动各项解决“三农”问题政策的实施，虽然取得了良好的效果，但也存在着一些问题。本调研在深入分析四川省巴中市开展干部驻村活动的基础上，总结当前干部驻村制度在实施过程中存在的问题，并提出相关的完善对策。

（二）干部驻村帮扶是密切党群、干群联系的需要

“政治路线确定之后，干部是决定性因素。”干部下村，作用如何发挥，效益怎样实现？这些，事关扶贫成败。干部驻村，人必到。既为驻村，意为长期性，带有坚

守概念。既是长期驻扎，干部应当有持久战思想，把农村当根据地，把自己置身于乡土之间，扎根于群众之中，与村民共劳作、同谋事，把制约发展的贫困因素查找出来，并逐个解决。干部驻村，要防止只当挂名将军，神龙见首不见尾。如果把驻村当镀金，混够时间即功德圆满，如此驻村，成效从何而来？恐怕是来时什么样，去时未改观，山河依旧。因此，下派驻村干部要将心一并派驻，把心留在农村，留给渴望发展、期盼致富的贫困群众。心到才会情到，动以真心，才会感以真情。用真心、真情，才会致力于群众脱贫，倾情于农村建设发展。干部驻村，要以科学、务实的行动，多为贫困村社做些打基础、利长远的实事，多挖掘潜力，利用优势资源发展经济。如此所为，才不失驻村意义，不辱组织使命，不负群众期望。

因此，要确保干部下乡驻村帮扶不流于形式，很重要的一点是要有制度上的保障，要严格追究责任，坚决杜绝形式主义的“走读干部”；各级领导干部要围绕群众最关心、最直接、最现实的利益问题，结合每户的实际情况，拿出科学有效、标本兼治的方法措施，切实把群众有疑问的惠农政策解答实在；要建立“部门长期包联、干部定期驻村”的长效机制，真抓实干，关注民生、解决民忧、化解民怨，让他们看到领导干部切实在解决群众困难，为群众操真心、办实事、谋福祉。只有这样，才能增进与人民群众的鱼水深情和血肉联系，驻村干部才能真正做群众的“贴心人”。

（三）加强驻村干部制度理论研究的需要

在新农村建设中，干部驻村既可以宣传党的方针政策，加强党和人民的血肉联系，也可以提供相应的公共物品，满足农村发展的需要。干部驻村是一种中国特色的政策工具，目前，鲜有学者对其进行专门分析和解读，对干部驻村的政府工具学研究，无论从历史抑或是现实的视角，都具有一定的理论和实践价值。进一步说，没有完美无缺的工具，干部驻村作为一种从传统的革命和建设年代传承下来的政策工具，在以社会主义市场经济、工业化、城市化、国际化、信息化为特征的现代社会中的运用，其价值、内涵、特征、效益、具体模式、路径依赖及创新性，还需要进一步研究，才能实现中国特色与时代气息完美结合，并不断丰富我国公共管理实践的工具箱。

二、干部驻村帮扶的基本情况分析

根据调研活动安排，课题组一行 4 人于 2016 年 7 月 14 日—19 日采取随机走访、问卷调查、抽样调查、开座谈会、实际访谈等方式，深入巴中市通江县、南江县 12 个乡（镇）的 13 个精准扶贫村进行了为期 6 天的社会调查，共走访精准扶贫户 24 户，访谈驻村干部 30 人、贫困人口 35 人、村干部 20 人、其他群众 25 人，共发放问卷和收集资料 500 多份、参加座谈会 6 场、行程 1 800 余千米。总体上看，巴中市干部驻村取得了明显的成效，但与中央和省委的要求以及人民群众的强烈期盼相比，还存在一些差距。

（一）主要举措及成效

第一，真扶贫、扶真贫。一是突出责任抓扶贫。县一级均建立了考核、培训、督查制度，普遍严格实行领导干部扶贫攻坚“一岗双责”、扶贫攻坚党政“一把手”负总责，积极组织动员、规划统筹，完善了县级领导联系乡镇、部门帮扶贫困村、干部帮扶贫困户工作制度，加强对扶贫工作的绩效考核，把考核结果作为领导班子评优和干部晋升的重要依据，对年度任务完不成的乡镇和部门实行“一票否决”，形成了上下贯通、横向到边、纵向到底的责任体系。二是聚焦精准抓扶贫。普遍瞄准当地最贫困的地区、最贫困的人、最急需解决的问题，实施精准“滴管”、精准识别、精准管理、精准施策。通江县把识别权交给群众，确保对象真实精准，严格识别标准，坚持“六个不纳入”原则，识别出贫困户 28 533 户、93 635 人。同时，坚持因片施策、因村施策、因户施策，制定了 18 项扶贫专项方案，对 157 个贫困村落实了“五个一批”[①] 办法，实施政策性扶贫，全面贫困发生率从 29.8%下降到 14.7%，扶贫攻坚取得初步成效。三是机制创新抓扶贫。各地驻村工作创新机制体制，整合了资本资源，提升驻村帮扶活力实力。普遍实行驻村干部与村两委共同研讨村内发展，制定了 5 年发展规划、年度帮扶计划和脱贫计划，落实完善了“五个一批”实施方案，不断完善精准扶贫结对帮扶台账，确保结对帮扶信息建卡到户、组织发动到户、沟通联系到户、走访问候到户、帮扶措施到户。巴中市先后制定《巴中市深化“挂包帮”精准扶贫工作驻村干部管理办法》《巴中市扶贫攻坚驻村“第一书记”管理办法》，明确了驻村干部在建强基层组织、推动精准扶贫、为民办事服务、提升治理水平四个方面的职责任务。

第二，硬抽人、抽硬人。各地严格选派标准，按照思想好、素质高、能力强、作风实的基本要求，重点从有 2 年以上工作经历的优秀年轻干部人才递进培养计划学员和后备干部中选拔驻村干部，平均每个驻村工作组中有 1 名乡镇干部。通江县驻村工作组均由部门（单位）副职担任第一书记兼任工作组组长，保证全脱产，确保贫困村能借上力。各地严格选派程序，实行部门（单位）党组（党委）和组织部门双重审核制，对拟选派的驻村干部进行了为期 1 周的媒体公示，接受社会各界的监督，70%以上是各部门（单位）年富力强的中层骨干。驻村干部的精神状态良好、带领群众干事创业激情高涨，随机抽样发现 90%的第一书记能够脱产驻村，每月驻村时间达 15 天左右，群众知晓率、满意率普遍在 80%以上，精准扶贫户对帮扶联系责任人的知晓率达到 100%。巴中市 2015 年全年共选派 2 668 名优秀青年干部，组建 828 个驻村工作组，并明确了工作组组长，从全市农业部门中增派 968 名中高级农业技术人员。252 名市县领导联系了 606 个贫困村，23.2 万户贫困户已落实帮扶责任人并结成了帮扶对子，63.66 万名贫困人口精准分类纳入“六个一批”，实现驻村帮扶“五个全覆盖”。

第三，出大钱、大出钱。各地普遍按照目标、任务、资金、全责“四到位”要求，明确驻村工作待遇，干部驻村期间交通、住宿等费用由原单位据实报销，按照相关规定发放生活补贴、艰苦边远地区津贴、乡镇工作补贴。巴中市还为每名第一书记办理保险额度不低于 30 万元的人身意外伤害保险，通江县财政局按照相关规定，按每个贫困村 2 万~3 万元的标准，预算驻村干部工作经费 318 万到所有县级帮扶单位，确保驻村干部住得下去、待得下去、干得更好。巴中市市本级按照每年 2 000 万元、

① “五个一批”指发展生产脱贫一批、易地搬迁脱贫一批、生态补偿脱贫一批、发展教育脱贫一批、社会保障兜底一批。

各县（市、区）按不低于1 000万元建立专项扶贫资金，且每年增加1 000万元以上，整合政府涉农资金，做实“四个50%”① 投入，切实加强了干部驻村工作的物质保障基础。

（二）存在的问题及分析

第一，驻村干部工作情况与群众期望的矛盾。调研中发现驻村干部大都处于27~45周岁之间（见表1），这个年龄段大都是“上有老、下有小”，也是部门（单位）推动工作的骨干力量，驻村帮扶的思维还没有及时扭转过来，个别干部的实际问题没有得到解决，如有的干部有少数民族习俗，妻子来探望他时不能在村里居住等问题；驻村干部到村后，群众的激情是火热的，积极性很高，但是有的群众把干部驻村精准扶贫工作曲解了，以为能够带来多少钱、多少项目，能够分到自己手里多少。这些因素杂糅在一起，对驻村干部开展工作产生了消极影响。

表1　驻村干部年龄统计

	工作组组长		工作组成员	
	人数/人	占比/%	人数/人	占比/%
总人数	369	100	762	100
<30周岁	25	6.8	90	11.8
30~39周岁	133	36.0	243	31.9
40~49周岁	171	46.3	294	38.6
≥50周岁	40	10.8	135	17.7

第二，驻村干部与村两委协调配合的矛盾。由于村两委对干部驻村工作理解不全面、不精准，错误地认为驻村工作组和第一书记好像有取代他们工作的可能性，在推动工作过程中，所触及的实际利益和问题方面，遮遮掩掩，积极性不强；驻村干部的有些同志之前缺乏在农村工作的实际经验（见表2），不能快速融入农村的实际工作生活中。

表2　驻村干部是否有农村工作经历

是否有农村工作经历	工作组组长		工作组成员	
	人数/人	占比/%	人数/人	占比/%
总人数	369	100	762	100
是	345	93.5	736	96.6
否	24	6.5	26	3.4

第三，派出部门（单位）所掌握资金和社会资源不平衡。由于部门（单位）间的职能不同（表3），有些部门（单位）所掌控的资源较为丰厚、人数也较多，如县委书记和省核工业地质局联系的是同一个精准扶贫村，其效果就很容易凸现出来；还

① “四个50%”指涉农部门项目资金总额的50%以上、资源有偿出让收益的50%以上、少数民族地区待遇县转移支付50%以上、资源有偿出让收益的50%以上用于综合扶贫开发。

有些单位的财政资金自身运转都很困难，有些单位人手本来就缺乏、力量不足，如通江县直机关工委就3~4人，下派驻村干部之后，单位的工作也面临着困难，帮扶力量严重不足。

表3　驻村干部来源单位性质统计

来源	工作组组长		工作组成员	
	人数/人	占比/%	人数/人	占比/%
总人数	369	100	762	100
市（州）单位	19	5.1	41	5.4
县级党政机关	73	19.8	233	30.6
县级事业单位	48	13.0	72	9.4
乡镇	212	57.5	372	48.8
国有企事业	12	3.3	25	3.3
民营企业		0.0	1	0.1
中小学校	5	1.4	14	1.8
其他人员		0.0	4	0.5

第四，扶贫干部实际数量与精准扶贫户数量全覆盖责任人的矛盾。有些帮扶联系责任人没有和精准扶贫户进行有效对接，个别精准扶贫村发现由村支书或者党员联系帮扶5~6户精准扶贫户（见表4），有的单位对干部驻村工作重视不够，深入调查研究不具体，对所派干部的情况了解不全面、不彻底、不精准，甚至个别帮扶联系单位安排司机和刚刚大学毕业考入单位的女大学生作为联系帮扶责任人，精准扶贫不严不实，走形式、难精准、不到位。

表4　驻村干部帮扶户数统计

	工作组组长		工作组成员	
	人数/人	占比/%	人数/人	占比/%
总人数	369	100	762	100
帮扶户数	2 707	—	5 945	—
人均帮扶户数	7.3	—	7.8	—
帮扶1户	54	14.6	96	12.6
帮扶2户	48	13.0	87	11.4
帮扶3~5户	54	14.6	91	11.9
帮扶5户以上	213	57.7	488	64.0

第五，驻村工作组和帮扶联系单位（部门）的驻村工作与文件要求脱节。工作人员普遍没有按照相关要求进行驻村，除了第一书记和组长能够保障全覆盖外，工作组的其他成员并没有驻村，工作机构呈现“空壳”状，形同虚设，没有达到全部驻村；有的精准扶贫村只有第一书记1人驻村，有的也只有工作组组长1人驻村；有的驻村干部不能实现全脱产，有的驻村干部作风不实、蜻蜓点水、沉不下去、浮在面

上，只是实现了人驻在村里，但行动迟缓、工作思路规划至今建立在理论上，甚至有的还是一片空白，精准扶贫效果依然“涛声依旧”。如两河口村的驻村干部并没有长期住在村里，调研时发现其被子、锅等生活用品还是新的。

三、意见及建议

习近平总书记强调，“农村绝不能成为荒芜的农村、留守的农村、记忆中的故园”，要“遵循乡村自身发展规律，充分体现农村特点，注意乡土味道，保留乡村风貌，留得住青山绿水，记得住乡愁。”但是，目前农村的发展与习近平总书记提出的目标还存在着差距：一些地方偏重民居外在建设，目中无“人”，没有兼顾“形成好风气”“养成好习惯”；一些地方只是“就扶贫而扶贫”，缺少长远眼光，没有把脱贫攻坚纳入农村全面现代化建设当中来规划；一些地方建设缺少整体性考量，没有考虑到把农村经济社会发展融合到全域范围来推动。针对这些问题，课题组在深入实际调查、走访驻村干部及帮扶贫困户基础上，提出以下意见和建议：

第一，加强驻村干部的教育培训。“打铁还需自身硬”，要发挥各级党校、行政学院、科研院所的教育培训作用，加大对驻村干部的宗旨教育、党性修养、调研能力、规划能力、群众工作能力、组织协调能力的培养，同时要加强农业科技知识、产业发展知识、群众教育知识、社会动员知识的普及和培训，多种方式、多措并举，切实提升驻村干部精准扶贫的软实力。

第二，特色资源、特色扶贫。要将帮扶联系单位的职能特点与精准扶贫村的特点精准结合起来。调研中发现通江县的精准扶贫村的精准扶贫户，大都是因病致贫，联系帮扶单位是巴中市医院，巴中市医院在该村设立了医务室，定期对村民进行医疗检查治疗，开创了医疗扶贫的新模式；还有通江县的梨园坝村也是一个精准扶贫村，县住建局是该村的联系帮扶单位，经过调研后住建局发现该村的古代文物保护相对齐全，在住建局的协助下该村成功申报了“全国历史文化名村”。

第三，各级驻村帮扶领导小组要切实加强对干部驻村经费的保障落实，解决好驻村干部的待遇问题，要关心他们的工作、生活和家人，加大对表现优秀、驻村工作成效显著的干部典型的宣传力度。要为驻村干部提供坚强的政策、组织、资金、技术、智力、后勤保障等支持，鼓励其在带领群众创新创业中不掉队、不落伍、不拖后腿。

第四，驻村干部要加强对群众的农业科学技术指导，培育懂技术、会经营、善管理、用科技的现代新型产业职业农民。同时，要加强对农业科技人员的统筹分配使用，增加农技支撑力度。

第五，精准扶贫村和精准扶贫户要和驻村工作组、相关帮扶联系单位（部门）及帮扶联系责任人签订年度目标责任书。省委驻村帮扶领导小组要切实加强督导落实、从严从实督查考核、奖惩及时兑现，确保干部驻村帮扶的实效。

第六，要进一步加强对驻村干部的考核管理，要找准找实考核导向，考准考实驻村干部。驻村干部绩效考核的关键，并不是有没有驻在村里，而是实际工作能力和实效；建议驻村工作组组长和第一书记同为一个人，以保证全脱产，增强驻村帮扶工作实效。

四、启示

驻村干部是促进农村经济发展，加快村风村貌建设，帮助农民脱贫致富、增产增收的重要力量，因此确保干部驻村成为长效机制也就成为各级政府部门需要高度重视的工作。

（一）健全和完善干部驻村结对帮扶制度

巴中市很多地方都建立了一套较为完善的干部驻村结对帮扶制度，规定各个部门、单位都要和一个贫困村结对帮扶，挂乡助村，并鼓励财政、扶贫部门优先和贫困村结对帮扶，有利于这些村加快脱贫致富的步伐；鼓励科技、文化、宣传等部门优先和没有配置文化信息工程基层服务设施的贫困村结对帮扶，有利于加快这些村文化信息工程基层服务设施的建设。同时规定每年都要派遣缺乏基层工作经验的干部轮流到结对帮扶的贫困村中驻村历练，协助当地党委和政府部门做好关系到群众切身利益的工作。例如：对于需要实施农村面貌改造，通过驻村干部调研、参观考察，以及多种形式的干群座谈会等方式，本着科学规划、综合整理的原则，在尊重已有格局的基础上，从村庄的长久发展出发，制定出科学合理、切实可行的村庄发展规划、土地优化整治方案等。对于那些没有农民合作社的村庄，驻村干部要协调和帮助培训该村的合作社带头人，帮助协调推进各项手续的审批，加快该村庄农民合作社的建设。驻村帮扶干部通过这些方法，不仅能给农民带去科技文化的进步，还能促进村容村貌村风的进步和变化，并让这一系列进步和变化形成一种长效机制，让村民生活一天比一天富裕、一天比一天开心。同时，乡镇党委和政府还会定期组织驻村干部参加例会。通过例会及时了解和掌握驻村干部在日常工作中碰到的问题、驻村生活中遇到的各种困难，想方设法为他们排忧解难，解决他们的后顾之忧，让他们以更加饱满的热情，全心全意投入后续的驻村工作中去。通过例会还可以促进驻村干部之间的相互交流与合作，让他们在交流中发现自己驻村帮扶工作中的不足并及时改正，学习他人工作中的成功经验，加速成功经验的推广。

（二）确保驻村干部专职定岗定职，职责明确

建立健全干部驻村长效机制，给每一个驻村干部定岗定职，原则上和原来的岗位脱钩，成为专职驻村干部，并有明确的驻村工作职责、目标和任务，确保干部驻村工作能落到实处、产生实效。巴中各地都高度重视干部驻村帮扶工作，普遍要求驻村干部要成为宣传党和政府关于三农方针政策和法律法规的“宣传员”；进一步密切党和政府与农民之间血肉联系的“联络员”；深入农村，与农民面对面谈心的“调查员”；促进农村基层组织建设、督促农村民主事业发展的“辅导员”；促进农村经济科学、全面、协调、可持续发展的“服务员”；化解三农矛盾和纠纷，维护农村和谐、稳定的“调解员”；传播先进农业科学、技术、文化的“传播员”；加快中国特色社会主义新农村建设的“督导员”。同时，还特别要求驻村干部要善于以解决农民最关心、最直接的实际问题为切入点，深入农村，进入农民家庭，与农民同吃、同住、同工作，切实关心农民的疾苦，近距离倾听农民的呼声，了解他们所思、所想、所需、所

求，积极主动地和相关部门沟通协调，努力在最短时间解决农村环境、农村民居改造、饮水安全、村街道路硬化、增收致富产业、安全稳定用电等人民群众最关心的问题，帮助贫困村制订出一个切实可行的脱贫致富发展计划，制订一个有前途、有发展前景的农业产业计划，培育几个有头脑、有知识、有技术、有文化的脱贫致富带头人，让农民真真切切看到脱贫致富的希望，感受到来自党和政府的关怀。

（三）建立健全干部驻村监督考核评价制度

完善的干部驻村考核评价制度是确保干部驻村工作不流于形式、形成长效机制的重要保障。巴中市一些地方设立了专门的干部驻村监督考核评价小组或工作站，以科学的设置监督考核评价项目为切入点，以驻村干部为农民解决问题和困难的效率和数量，帮农民做实事、做好事的效果为重点，采用自查互查、突击检查、日记追踪、随机抽查、现场监督、暗访密查、问卷调查、群众走访、电话检查等多种方式相结合的方法，定期或不定期对驻村干部驻村时间、民情记录、在岗履职、帮扶计划制订和帮扶工作的成效等多个方面进行监督、考核、评价。同时，将干部驻村监督考核评价结果和选派单位的年度综合考核成绩挂钩，干部驻村工作成效和驻村干部个人的绩效工资、年度考核评价、职务晋升、先进个人评选挂钩，并记入档案。有些地方对表现优异、帮扶效果显著的单位、驻村干部分别授予“干部驻村工作先进单位”“优秀驻村干部”等荣誉称号；根据具体情况，对工作落实不到位的单位、驻村干部和不仅要责令他们限期整改，还要取消他们当年评优评先的资格，并根据具体情况分别予以约谈、通报批评、减缓晋升职务、记过等处分，做到赏罚分明。巴中市有些县（区）的干部驻村监督考核评价小组或工作站会定期对干部驻村工作进度进行通报，在通报中对取得显著成绩的驻村干部予以表扬，既鼓励了先进人员，又有助于推广成功的经验；对工作不负责、不作为的驻村干部予以通报批评，累计多次通报批评的驻村干部还会被“召回”，并在年终考核评价中被定为“不称职”。

五、结语

干部驻村作为一种政策工具，对建设美丽四川起到了积极的作用。要进一步利用、完善和研究这一政策工具，充分发挥其作用。首先，政府要充分发挥干部驻村制度的积极作用，进一步完善激励机制、资金资源投入机制、驻村人员选任机制等相关管理制度，主动利用其政策工具价值优势。例如，创新农村工作机制活动是以选派党员干部驻村任职为载体，以构建各类资源输入农村的新机制为导向。在资金投入上，不同的机关事业单位由于直接、间接管理或支配的资源不一样，客观上也使得不同的派出干部能够导入的资金资源不一样，但当地农村的公共产品和公共服务需求却往往是一样的，因此两者之间存在某种必然的矛盾，如果能够建立相对确定的公共财政资金投入渠道，则有利于具体问题的解决和驻村干部开展工作。其次，理论研究者要加强研究。国内学者要加强对这一具有中国特色的治理方式的研究，从历史或者现实的角度出发，综合运用多种学科研究方法对其进行定性和定量研究，为我国以后将其作为一种常态化、固定化的治理手段提供科学理论依据。最后，积极响应省委、省政府号召，开展“四好村”活动，从注重村容村貌的外在建设，转向注重人的现代化建设；从物质的建设，转向兼顾精神的建设。一是加强农村公共服务体系建设，配套完善以村级组织（村两委）活动场所和便民服务中心、农民培训中心、文化体育中心、卫生计生中心、综治调解中心、农家购物中心（即“1+6”）为主要内容的村级公共服务活动中心，推进公共服务均等化。二是开展文明个人、文明家庭、文明村组、文明乡镇创建活动，养成文明礼貌、勤俭节约、安全生产、守时守信的好习惯，自觉抵制好吃懒做、相互攀比、大操大办、宗族派别等不良风气。三是实施乡风文明急需人才培养工程，选派村社文化能人参加成都村政学院、四川宝山村庄发展学院、“三区”文化人才支持计划的培训，用优秀的人才带动村民，形成良好的文化环境。四是加强对乡土文化的保护，实施“乡村记忆”工程，注重对古村落、古遗迹、古建筑的保护，加强对非物质文化的传承，让散落在乡村的文化、文物活起来，增强乡村发展的内在动力，让世人记住乡村发展的印记。

实施干部驻村制度，既有利于统筹城乡发展，又推动农村各项事业不断进步，是我国构建和谐社会的重要举措。在当前新形势下，既要增强广大党员干部艰苦奋斗、为民服务的意识，又要以科学严格的管理机制确保实践工作扎实有效。同时必须密切结合新时期党的路线方针政策与当地经济和社会发展的实际，与时俱进地探索具有中国特色的有效的人才培养形式，不断创新工作方法，确保干部驻村制度取得更大的进步。

课题负责人：郝儒杰
课题组成员：刘彦武、欧勤扬、覃清蓉

高县构建“效能型”机关党建新机制的调查与建议

中共高县县委党校 课题组

习近平总书记在全国机关党的建设工作会议上强调，“机关党建工作必须适应新形势新任务的需要，走在党的基层组织建设的前头”。近年来，面对全面建成小康社会的历史使命，高县坚持问题导向，紧紧围绕“三强一重”（强保障、强基础、强队伍、重实践），构建精准聚力、精准发力的“效能型”机关党建新机制，形成了以“四级联动”的责任机制和“四位一体”为抓手的推进机制，以主动融入中心、主题实践系列化为平台的运行格局，较好实现了“服务中心、建设队伍”两大核心任务的相融共振，“强党建”与“促发展”两个效能的双提升。

本课题组对县级领导、部门党组（党委）书记、基层党组织书记、机关党员、农业产业化龙头企业党员等 35 个单位的 753 名党员干部进行问卷调查、座谈调研、实地走访，选取 3 个机关基层党组织（先进典型、后进转化典型、垂直管理部门各 1 个）做典型分析，总结提炼构建“效能型”机关党建新机制的做法与成效，并针对薄弱环节提出对策建议。

一、相关概念的界定

（一）效能

《汉语大辞典》对“效能”一词的释义有三：①效力；贡献才能。②效率。③功效；作用。在本文中，效能主要指办事的效率和工作的能力。

（二）效能型机关建设

机关效能建设是以提升机关效能为基本目标指向，以实现优质高效为目的的实践活动。机关及其工作人员是效能的实践者，是效能的主体；人民群众是效能建设的受益者，是效能的客体。开展机关效能建设，目的是建设为民、务实、清廉、高效的效能型机关。

（三）效能型机关党建

效能型机关党建，是以优质高效为追求目标，以服务人民为根本宗旨，以社会满意为基本标准，通过加强和创新机关党建的建设，着力构建精准聚力、精准发力的内生动力机制，最优化、最精准、最高效地促进和保障机关作风、工作效率、服务质量、运行效能全面优化的一种高层次的机关党建模式。其核心要求是实现“建设队伍、服务中心”两大任务的相融共振，“强党建”与“促发展”两个效能的双提升。

二、探索与成效

（一）高县机关党建基本情况

高县县级机关有部门党委 8 个，下设支部 28 个，党员 544 人；机关党委 1 个，下设党支部 3 个，党员 46 人；县直工委直属总支 18 个（下设党支部 58 个），直属党支部 30 个，党员 1 429 人。县级机关共有党组织 146 个，党员 2 019 人。

（二）缘起与动因

2004 年中央电视台《焦点访谈》以《盼不来的验收》为题，对高县仁爱乡退耕还林中的一些不当做法进行了报道。这集中反映出部分机关党组织和党员干部作风不实、党群干群关系失调、执行不力、合力不够、制度不严、能力不强等问题。这对以“效能”为生命的机关党建工作带来了前所未有的挑战，提出了严峻的课题。

为此，作为革命老区的高县，始终坚持全面从严治党根本要求，始终坚持“效能”是机关党建的生命，始终坚持以《中国共产党章程》和相关制度为依据，着眼于全面从严治党和全县大党建格局中机关党建走在前、做表率，着力于“三强一重”（强保障、强基础、强队伍、重实践）的机制创新，着力于强化保障、基层基础、队伍建设、主题实践的整体推进，开始了“效能型”机关党建的探索和实践。2007 年 5 月，宜宾市机关党建现场会在高县召开，2010 年 5 月高县代表四川省在全国首届“全国县级机关提高党的建设科学化水平研讨会”进行了经验交流发言。高县的创新做法，得到了中央国家机关工委、四川省直机关工委等领导和专家的肯定，《党建》《四川机关党建》等媒体进行了报道。

（三）效能型机关党建的探索与实践

1. 强保障突出刚性

建立三大机制，制度化营造领导有力、推进有序、运行高效的“效能型”机关党建的好环境。一是坚持县委、机关工委、部门党组（党委）、基层党组织四级联动。建立《县委常委及县级党员领导干部机关党建联系点制度》和部门“一把手”承诺、述职、评价、激励、问责“五位一体”的责任考评奖惩机制，构建“县委统一领导、党组（党委）全面负责、工委统筹推进、支部（总支）具体落实、党员全员参与”的责任体系和落实机制，实现机关党建工作领导、管理、考核、服务职能全覆盖，加强组织保障。二是坚持责任、考核、关怀、奖惩“四位一体”。县委制定《关于加强和改进基层党建工作责任制的意见》《县级机关科级领导班子“四好”创评管理办法》《建立健全县级机关党内激励、关怀、帮扶机制的意见》等规范性文件，完善部门党组（党委）书记向县委述职、部门党组织书记向党员大会报告工作并接受评议、机关党建年度考核表彰等制度，构建刚性的责任机制。三是坚持党务干部培训激励、党建经费同步落实。把党务干部的教育培训和能力提升列为“大培训”计划的重要内容，通过绩效考评、评先推优、表彰奖励，健全党务干部激励关怀制度。

把保障党组织活动经费作为硬性要求列入部门年度考核，加强基础保障。

2. 强基础突出规范

强化三个抓手，规范化推进“效能型”机关党建强基固本“走前头”。一是规范化建设。推进理论武装、班子建设、基层组织、队伍建设、作风与效能“五大”基础工程的规范化建设，构建强基固本的长效机制。有序推进机关思想建设、组织建设、作风建设、反腐倡廉建设和制度建设各项工作。二是规范化管理。以《高县机关党建规范化工作手册》为蓝本，规范分类指导和考核重点工作和创新工作，抓好年初“建账”抓承诺、年中“查账”抓进度、年终“交账”抓考核的“项目化”绩效管理。三是规范化考核。制定强保障、强基础、强队伍、重实践“三强一重”的指标体系及评价标准，按照党组织自查、工委考核、民主测评的程序和量化考核、满意度测评6∶4的结构比例，进行“实绩+民意”的专项考核。

3. 强队伍突出从严

加强党务干部队伍建设。一是严把入口关。坚持标准，把政治强、业务精、作风好的干部选拔到机关党务工作岗位，注重选优配强机关党组织书记。二是严格教育培训。建立“菜单式选学”制度，有计划、有步骤地组织机关党务干部学习培训，不断优化知识结构，提高业务能力和服务水平。三是严格管理考核。健全目标责任、绩效考评、评先推优、表彰奖励机制，充分激发党务干部的积极性、主动性、创造性。

4. 重实践突出效能

创新“强党建”“促发展”相融一体的实践载体，常态化开展“党建·效能”双争先联创行动。一是常态化开展“党员争优”“组织创先”、班子创“四好”及共产党员示范岗、示范股室（站所）、示范部门（单位）等六大系列创评，不断提升“党建争先”与“效能争先”联动推进的实效。二是“双岗双责”拓展空间，将“党建·效能”双争先联创行动与机关干部联系服务群众、精准脱贫、机关效能建设有机整合，拓展站好“双岗”、履行“双责”的空间和舞台，实现组织共建、队伍同管、发展共抓、文明共创、城乡共建的各项成效不断提升。

（四）初步成效

经过近几年实践和探索，高县以县委重视强保障为总杠杆、以规范化建设强基础为总抓手、以激发激情强队伍为总基石、以主题实践升效能为总载体的“三强一重”的“效能型”机关党建新机制取得初步成效。

1. 制度成效

初步形成以“1+6”（1项制度、6个“办法”）为主体构架的“效能型”机关党建新机制。1项制度即《县委常委及县级党员领导干部机关党建联系点制度》，6个“办法”即《县级机关领导班子“四好”创评管理办法》《部门党组（党委）书记及部门负责人落实机关党建责任制先进个人评选表彰办法》、县级机关“党建·效能”双争先联创行动“共产党员示范岗”“示范（股室）”“示范单位（部门）”6个创评管理办法。以此为基础，县直机关工委编印了《高县机关党建规范化工作手册》，内容有三：《中国共产党章程》的要求；县委、部门党组（党委）、县直机关工委、机关基层党组织“四个层面”机关党建工作的职责和规范；开展“党建·效能”

双争先联创行动和落实机关党建各项工作任务的轨迹和成果记载。该手册成为党务干部学习的教材、工作指导的蓝本、工作考核的依据。

2. 社会成效

营造了激情干事、奋力跨越的浓厚氛围。“党建·效能”双争先联创行动大常态化开展，形成了从共产党员、基层组织、领导班子到股室站所、单位部门、领导班子各个层面都有典型、亮点，各行各业、各条战线都有“标杆”“样板”的良好局面，营造了事事争先进、处处赶先进、人人创佳绩的浓厚氛围，取得了基层满意、群众满意、组织满意、部门满意的良好效果。

3. 实践成效

为全面建成小康社会提供了坚强的政治动力和组织保证。有力保证了全县新型工业化、新型城镇化、农业现代化以及基础设施、民生工程、招商引资等各项重大项目的扎实推进。“效能型”机关党建的实践和探索，既出色地完成了建设队伍、服务发展的两大根本任务，又有力地提升了机关党建工作的制度化、规范化水平。

三、存在的问题及影响因素

高县“效能型”机关党建工作的探索和实践，取得了明显的成效，但也存在许多不足。为全面分析高县构建“效能型”机关党建存在的问题和不足，本课题组对高县753名党员干部（见表1、表2）的问卷调查进行分析，对先进典型（高县矿检站党支部）、后进转化典型（高县检察院党总支）、垂直管理部门（高县地税局机关党委）等进行典型案例分析，认为高县“效能型”机关党建存在以下问题。

表1　参与调查党员干部情况统计表

	男	女	20~35周岁	36~45周岁	46周岁以上	合计
人数/人	535	218	167	293	293	753
百分比/%	71	29	22	39	39	100

表2　党员分类统计表

	县领导	部门党组织书记	基层党组织书记	机关党员干部	离退党员干部	合计
人数/人	12	19	51	642	29	753
百分比/%	2	3	8	83	4	100

（一）全面从严治党的意识有待进一步增强

加强党的建设是各级党组织和党组织书记的第一责任。党员干部对高县的机关党建工作责任制落实情况总体满意，表示满意和比较满意的比例达86%，认为落实情况一般的占9%，表示不满意的占5%（见表3）。但责任制的刚性落实还有差距。一是《县委常委及县级党员领导干部机关党建联系点制度》、“一岗双责”制度的落实有差距，有的仅是“一般化”的指导。二是有的部门党组织“两手抓，两手都要硬”的意识不强，存在党建工作主动性、针对性不强，与中心工作融合度不够的问题。三是县直工委对机关党建工作的领导"硬"的措施严重缺乏。四是有的单位存在党建工作与业务工作"两张皮"现象，不同程度地存在党建工作"说起来重要、做起来次要、忙起来不要"的问题。部分党组织书记还没有真正把机关党建工作作为主业。

表3 党员干部对高县机关党建责任制落实情况评价

评价	满意	较满意	一般	不满意
人数/人	346	304	66	34
百分比/%	46	40	9	5

（二）制度建设整体功能有待进一步发挥

调查结果显示：在753名干部中，有564人认为高县构建"效能型"机关党建机制比较健全，关键在于抓落实，占75%；有289人认为推进机制还不够完善，占38%；有172人认为各种制度太多应精简，占23%；有282人认为构建"效能型"机关党建应突出精准聚力和精准发力，打造独特品牌，占37%（见表4）。可见，高县在构建"效能型"机关党建机制上做了大量卓有成效的工作，但对"效能型"机关党建工作机制的构建、落实上还存在一些问题，特别是制度建设整体功能发挥不强。一是县委、机关工委、部门党组（党委）、基层党组织的"四级联动"有差距。二是制度体系的教育、指引、规范整体功能的发挥有差距。三是制度的及时优化调整和制度的执行有差距。

表4 党员干部对高县机关党建机制的评价

评价	比较健全	不够完善	制度多应精简	应突出精准
人数/人	564	289	172	282
百分比/%	75	38	23	37

（三）党建与业务相融共振有待进一步强化

调研发现，无论是先进典型（高县矿检站党支部）、后进转化典型（高县检察院党总支）、垂直管理部门（高县地税局机关党委）还是其他机关党组织，机关党建和中心工作相融共振都有待进一步强化。这正是"效能型"机关党建的核心和关键。一是在认识上，机关党组织往往"主业"与"副业"错位。二是在制度安排上，没有做到机关党建和中心工作同部署、同落实、同检查、同考核。三是在部门工作推进上，没有结合部门实际的具体举措。党建工作主动融入中心工作，用"效能型"机关党建的制度、机制、载体、工作成效来保障和促进中心工作更加出色完成，还有待进一步强化。

（四）部分党务干部工作激情有待进一步提升

机关单位配备的党务干部大多数是兼职人员，有的甚至身兼数职，使他们无法专心党务工作，整天疲于应付，部分党务干部工作激情减退。高县机关党务干部队伍建设存在问题主要表现在6个方面（见表5）：一是党务干部队伍使用多、交流提拔少，干党务不如干业务。二是缺乏严格、科学的目标管理。三是没有有效的考核评价机制，激励手段严重缺乏。四是岗位缺乏社会的广泛认可，工作实绩不易得到承认。五是岗位吸引力不强，党务干部人难选。六是对党务干部重选配轻培养。

表 5　高县党务干部队伍建设存在问题

问题	岗位吸引力不强	缺乏严格科学的目标管理	使用多提拔少	缺乏社会认可	缺乏有效激励	重选配轻培养
人数/人	227	350	352	250	315	159
百分比/%	31	46	47	33	42	21

四、对策与建议

（一）增强从严治党的责任意识

面对党要管党、从严治党的新要求，要把习近平总书记“把抓好党建作为最大的政绩”的要求变为各级党组织和党组织书记的自觉行动。要着力实现县委、部门党组（党委）、县直机关工委、基层党组织责任落实的“四级联动”，全面落实中央《关于建立健全地方党委、部门党组（党委）抓基层党建工作责任制的意见》。

——县委：一要把机关党建摆在全县大党建格局的重要位置，发挥机关党建的示范、引领、表率作用。县委常委会应每年至少听取一次机关党建工作情况汇报，并专题研究、解决重大问题，制定完善机关党建工作的制度和政策。二要把全部机关党组织统一归口县直机关工委领导和管理，按照规定明晰县直机关工委和部门党委（党组）的职责划分，形成完整的机关党建工作系统并规范运行。三要把《县委常委及县级党员领导干部机关党建联系点制度》的落实成效纳入县委常委及县级党员领导干部年度述职评议。四要把部门党委（党组）落实机关党建目标责任制的情况列入年度综合考核，相应建立问责制度。

——部门党委（党组）：一要把“效能型”机关党建工作纳入党委（党组）重要议程，及时听取机关党组织的工作汇报，分析存在的问题并加以解决。二要制定机关党建与中心工作同部署、同落实、同检查、同考核的措施和办法。三要提供必要经费保证，支持并积极参加机关党的活动，发挥表率作用。

——机关工委：一要加强宏观规划和分类指导，建立机关工委领导分类联系各部门机关党组织等制度，增强分类指导和服务的针对性。二要建立机关工委与部门党组（党委）（包括垂管部门的上级党委）沟通联系制度，共同研究和推动重点难点问题的解决。三要加强“效能型”机关党建的理论研究，不断总结新成效、新经验。

——基层党组织：一要统筹落实机关工委、部门党委（党组）的工作部署和要求，发挥党的组织优势，宣传和贯彻党的路线方针政策。二要做好党员教育、管理、监督和服务。三要组织动员全体党员积极参与“党建·效能”双争先联创行动，做合格党员，当干事先锋。

（二）提升制度建设的整体功能

一要认真总结这些年“效能型”机关党建工作探索和实践的成效，进一步优化

“三强一重”（强保障、强基础、强队伍、重实践）的制度构架，做到精简、有效，运行规范，推动有力。二要发挥“效能型”机关党建制度体系教育、指引、规范的整体功能，全面提高运行成效。要把“效能型”机关党建制度体系和有关要求列入党员、党务干部学习教育计划，用以规范党组织和党员的行动，提升“效能型”机关党建工作成效。

（三）实现党建与业务相融共振

“效能型”机关党建的核心和关键在于强调机关党建与中心工作的相融共振，变“围绕”为“融入”，实现相融共振。

一要在认识上更加清醒。要牢固树立“抓好党建是最大的政绩”的思想，把党建工作作为各级党组织和党组织书记的“主业”，把“效能型”机关党建办成“一把手”工程。

二要在制度安排上更加合理。要在机关党建与中心工作同部署、同落实、同检查、同考核的基础上，突出系统和行业特点，把力量聚焦在各行业、各系统中心任务的落实、推动上，聚焦在县委重大决策部署和重大项目的落实和推动上。要瞄准中心任务的出色完成来作为研究和部署理论武装、组织建设、作风建设的重点、措施和载体，以推动中心任务完成的实效来检验党建工作的成效。

三要在工作推动上更加精准。按照部门职能把县级机关分为“财税金融”“农业农村”“城市建设管理”“民生工程”“社会治理”“党群机关”等类别进行分类指导。在“效能型”机关党建制度构架范围内，根据不同类别的中心任务和特点，相应确定“强党建”“促发展”的重点安排、载体选择及工作方法，力求精准聚力、精准发力。

（四）提升党务干部工作激情

一要加强引导。各单位、各部门要引导党务干部以“五强三心”完善自我，做一个优秀的机关党务工作者。“五强”即党性观念强、能力素质强、创新意识强、工作作风强、自律意识强；“三心”即做服从大局服务大局的“有心人”，做关心党员服务党员的“贴心人”，做服务群众帮助群众的“热心人”。二要加强培训。发挥县委党校主阵地作用，以请进来、走出去等多种方式，加强党务干部的教育培训。三要加强关怀。要建立政治上、工作上、生活上关心帮助机关党务干部的制度，激发内在动力。四要加强管理。按照县委要求，严格绩效管理，做到定人、限时交账，提高工作效能。

（五）打造机关党建品牌

要在“效能型”机关党建丰富实践的基础上，树立品牌意识，探索创建“效能型”机关党建品牌。按三个层次推进：第一层次是机关基层组织党建品牌，重在打造精兵队伍，打造工作精品；第二层次是部门、系统、行业党建品牌，在做好打造精兵、精品的基础上，重在培育行业精神；第三层次是全县的“效能型”机关党建品牌的铸造。随着各行各业品牌创建行动的推进，形成品牌之花次第开放的局面，以机关党建品牌创建引领机关党的建设，以机关党的建设提升机关业务水平，以提升机关业务水平助推高县建设。这样，“效能型”机关党建才会提升到更高境界。

五、结语

高县构建“效能型”机关党建新机制的探索和实践证明：县委不断强化组织、制度和工作保障，是构建“效能型”机关党建新机制的根本前提；机关工委、部门党组（党委）、基层党组织协调推进，是搭建“效能型”机关党建新格局的基本方法；落实责任、规范管理、严格考核，是推进“效能型”机关党建规范运行的坚实基础；始终坚持把机关党组织作用发挥的平台、机关党员党性锻炼的课堂锁定在经济建设、服务民生的第一线，实现“强党建”与“促发展”的深度融合，精准聚力，精准发力，是实现两个效能双提升的基本路径；打造“效能型”机关党建品牌，是不断提升机关党建科学化水平的进一步探索。

课题负责人：胡泽荣
课题组成员：王艳

资阳市全面建成小康社会进程中的农民增收问题研究

中共资阳市委党校 资阳行政学院 课题组

党的十八届五中全会强调，要在2020年全面建成小康社会，城乡居民人均收入比2010年翻一番。小康社会的核心是“全面建成”，包括各个区域、各类人群。而农业、农村、农民是这方面的短板，直接影响小康社会进程。正如习近平总书记所讲，“小康不小康，关键看老乡”，关键要看广大农民群众能不能增收致富。

对于地处四川丘陵地区、农村人口众多、农业发展薄弱的资阳市而言，要在现有基础上和现实条件下，实现农民进一步增收致富，存在较大困难。本课题在实地调查基础上，结合农民增收的内外环境、综合因素，探寻一条丘陵地区农民增收之路，希望为资阳全面建成小康社会有所帮助。

一、资阳市基本情况

资阳于1998年设立地区，2000年建市。2015年年末，户籍总人口503.7万人，城镇化率为39.5%，农业户籍人口413.0万人，常住人口356.9万人，其中城镇人口141.0万人。2016年5月，四川省政府同意县级简阳市变更为成都代管，现辖雁江区、安岳县和乐至县，辖区面积5 747平方千米，总人口355万。考虑资料收集和数据的完整性，除特别说明外，本文采用2015年末包含简阳市在内的资阳全市完整数据。

资阳市地处四川盆地中部，北靠成都、德阳，南连内江，东接重庆、遂宁，西邻眉山，是唯一同时连接成渝“双核”的四川省区域性中心城市。资阳属于成都平原经济区，市区距成都中心城区仅87千米，交通便捷，区位优势明显，是四川具有代表性的六大丘陵地区市（州）之一。2015年，资阳市实现地区生产总值1 270.4亿元，比上年增长8.8%，位居全省第十位。

二、资阳市农民收入情况

2015年，国家统计制度改革，将农村居民纯收入调整为农村居民可支配收入，与城镇居民可支配收入并轨，带来三个方面的变化：一是从收入方面看，将外出农民工在外花费的收入统计进来，并将寄带回的收入由工资性收入改革归入转移性收入中，这两部分收入结构产生较大变化；二是从支出方面看，扣除赠送农村以外亲友支出、缴纳社保费用支出、财产性支出等；三是从人均方面看，扣除了农村住户中外出半年以上的农民工，农村居民人均收入的分母调整为农村常住人口，计算收入的分母有所减小。改革后，城乡居民统一为可支配收入，体系更加科学合理，便于城乡比较和研判，但纵比带来一定困难和数据偏差。但总体上看，资阳农民收入在“十二五”期间跟上了全国全省大的发展态势，获得了较大增长，五年平均增长了12.8%，2015年农民的人均可支配收入达到了12 284元。而且，“十二五”期间的五年农民收入增幅均高于地区生产总值增幅，广大农民有了更多的获得感（见表1）。

表1　资阳农村居民人均收入增速与地区生产总值增速比较

年份	农民人均收入/元	增速/%	地区生产总值/元	增速/%
2011	6 718	21	836.4	16.1
2012	7 708	14.7	984.7	14.3
2013	8 756	13.6	1 092.4	10.6
2014	9 798	11.9	1 195.6	10
2015	12 284	10.1	1 270.4	8.8

资阳市农民收入呈现以下三个特点：

（一）农民收入较快增长

2010年具有里程碑意义，增速达15.6%，开始超过全省平均水平，并一直领先；2011年增速达到21%，创历史新高，之后平稳回落，但都在10%以上，高于同期经济增长速度。2015年，资阳农民人均收入首次突破万元大关，达到12 284元，同比增长10.1%，为2008年的2.8倍；收入总额居全省丘陵市（全省共6个，南充、遂宁、广安、资阳、内江、自贡）第1位，居全省第6位，比2014年前进2位；增幅仅次于广安和泸州，位居全省第8位；2015年农民收入绝对额也首次超过全国平均水平（见表2、表3）。

表2　全省部分市（州）2015年农村居民人均收入排位

地　区	累计/元	位 次	增速/%	位 次
全省平均	10 247	—	9.6	—
成　都	17 690	1	9.6	17
攀枝花	12 861	2	9.3	21
德　阳	12 787	3	9.5	18
眉　山	12 756	4	9.8	13
绵　阳	12 349	5	9.5	18
资　阳	12 284	6	10.1	8
自　贡	12 088	7	9.4	20

表3　资阳农民人均收入与全省、全国比较

年份	资阳		四川		全国	
	农民人均收入/元	增速/%	农民人均收入/元	增速/%	农民人均收入/元	增速/%
2010	5 552	15.6	5 087	14	5 919	14.9
2011	6 718	21	6 129	20.5	6 977	17.9
2012	7 708	14.7	7 001	14.2	7 917	13.5
2013	8 756	13.6	7 895	12.8	8 896	9.3
2014	9 798	11.9	8 803	11.5	9 892	9.2
2015	12 284	10.1	10 247	9.6	11 422	8.9

（二）城乡差距有所缩小

从2013年开始，农民收入增速连续三年超过城镇居民收入增速，城乡收入比连年下降。2015年资阳市农民收入增速高出城镇居民收入1.8个百分点，城乡居民人均收入比为2.15，较上年缩小0.42；从全省全国看，城乡居民人均收入比分别为2.56和2.73，资阳市城乡居民收入差距相对更小。因此，总体而言，资阳市农民收入呈现追赶城镇居民收入的态势，城乡收入差距进一步缩小（见表4）。

表4　资阳农民人均收入与城镇居民人均收入比较

年份	农民人均收入		城镇居民人均收入		城乡收入比
	金额/元	增速/%	金额/元	增速/%	
2013	8 756	13.6	22 826	10	2.61
2014	9 798	11.9	25 154	10.2	2.57
2015	12 284	10.1	26 424	8.3	2.15

（三）收入结构不断优化

2015年，国家统计制度口径变化，将外出农民工寄带回的收入由工资性收入归入转移性收入，工资性收入及转移性收入在总收入中的占比此消彼长。但将工资性收入与转移性收入合并观察，同样能够反映农民收入变化情况。2015与2008年相比，工资性收入与转移性收入在总收入中占比达到了62.3%，提高了18.8个百分点；财产性收入绝对额和占比分别提高了270元和1.5个百分点；家庭经营性收入占比为35.1%，减少了20.3个百分点（见表5）。“三升一降”反映出资阳农民收入结构不断优化。但总体上看，财产性收入增长不足，2015年其人均总额和占比都大幅增长，但与城镇居民相比，其总额少、来源窄的问题突出。

表5　资阳农民人均收入结构

年份	工资性收入		家庭经营性收入		财产性收入		转移性收入	
	金额/元	占比/%	金额/元	占比/%	金额/元	占比/%	金额/元	占比/%
2008	1 715	38.6	2 460	55.4	48	1.08	218	4.9
2009	1 872	39.0	2 586	53.8	55	1.15	290	6.0

表5(续)

年份	工资性收入		家庭经营性收入		财产性收入		转移性收入	
	金额/元	占比/%	金额/元	占比/%	金额/元	占比/%	金额/元	占比/%
2010	2 181	39.3	2 945	53.0	77	1.39	349	6.3
2011	2 795	41.6	3 364	50.1	73	1.09	486	7.2
2012	3 237	42.0	3 670	47.6	171	2.22	630	8.2
2013	3 684	42.1	4 091	46.7	242	2.76	739	8.44
2014	4 241	43.3	4 251	43.4	267	2.73	1 039	10.6
2015	4 378	35.6	4 308	35.1	318	2.59	3 280	26.7

三、资阳农民增收主要做法

（一）大力发展劳务产业

坚持把劳务产业作为农民增收的主要途径，加大宣传培训力度，打造资阳“砖刀”“剪刀”“菜刀”“川妹子”“建工”等劳务品牌，提高了劳务产业质效，确保了农民外出从业收入保持较快增长速度。从全市看，外出务工收入占农民人均收入的比重接近30%，并呈逐年增加的趋势。雁江区“川妹子”、简阳“送奶工”等劳务品牌，在上海、南京、杭州、苏州多地赢得了良好声誉，带动了劳务收入连创新高，2015年实现劳务收入257.21亿元，同比增长16.3%，农民人均增收6 200多元，成为名副其实的第一抓钱手。

（二）强力推进农业产业化经营

近年，资阳市积极培育农业产业化经营，走出了两条成功之路。一是搞园区型基地式现代农业。依托特色优势产业，连片建设了十大特色鲜明的农业园区，资阳蜜柑、晚白桃、柠檬、黑山羊等名声在外，成了农民在家赚钱的好项目。乐至五彩林乡是林业项目，园区一期建成后，解决了300多位农民就业，土地流转租金、园区务工工资，让附近农民人均年收入已超过1万元，高于全县平均数2 000元左右。二是培育新型农业经营主体，搞农村合作经济。资阳现有合作社联合社13户，居全省第一；农民专业合作社达3 670户，数量在全省仅次于成都，带动农户达80余万户，国家级、省级示范合作社分别达47个、98个；家庭农场达774户，居全省前列。资阳很有名的宰山嘴蔬菜联合社、东庵生猪合作社，通过利益联结，一头带农民，一头接市场，入社农民增收效果显著。从2014、2015两年来看，全市农民人均农业收入占家庭经营性净收入的比重分别达71.9%和68.5%，占农民人均可支配收入的比重超过40%。从较长时间来看，资阳市作为农业大市，农业收入还是农民增收最现实、最直接的来源（详见表6）。

（三）大力发展第三产业

农村发展第三产业的基础是现代农业，是一、三产业在农村的融合发展。资阳利用较好的自身综合条件，打造独具特色的乡村旅游，已建成省级乡村旅游示范乡镇10个、示范村14个、星级农家乐（乡村酒店）37家、社会农家乐600余家。“古多精美"的安岳石刻、元帅故里红色旅游、雁江"佛山橘海""三贤四杰"等乡村旅游名声在外，给当地农民带来了实实在在的经济利益。2015 年，农村第三产业实现人均收入 1 258 元，同比增长 7.2%，占家庭经营性净收入的 29.2%，比上年提高了 3.6 个百分点（见表 6）。

表 6 农村家庭经营净收入构成

指标	2015 年		2014 年	
	绝对额/元	占比/%	绝对额/元	占比/%
经营净收入	4 308	100	3 903	100
（一）第一产业	2 952	68.5	2 806	71.9
1. 农业	1 794	41.6	1 895	48.6
2. 林业	233	5.4	90	2.3
3. 牧业	880	20.4	757	19.4
4. 渔业	45	1	64	1.6
（二）第二产业	98	2.3	99	2.5
（三）第三产业	1 258	29.2	998	25.6

（四）深入推进脱贫攻坚

2015 年，资阳省定贫困人口 27.97 万，具有"插花式"贫困特征。资阳市采取了一系列务实举措，直接增加困难群众收入。一是从产业发展上扶持增收。据雁江区中和镇明月村第一书记介绍，他们采取"保底收益+按股优先分红"的方式，引导吸纳 86 户贫困户把 300 余亩（1 亩≈0.066 7 公顷，下同）土地经营权入股专业合作社，带动农户年均增收 5 000 元。二是给予大病救助，减少支出。建立了大病保险与医疗救助政策措施，让贫困患者医疗开支"微支付""零支付"。雁江区小院镇柏林村村民黄某治肠外瘘，只缴纳了 10%的治疗费用，极大地减轻了就医负担。三是政府直接给予项目支持。在全市贫困村实施贫困村村级发展互助资金项目，借出资金 2 351.56 万元。在新村建设中加大对贫困户的帮扶力度，已解决无房户 428 户、危房户 1 103 户的住房问题。无房户住房问题全部得到解决，9 460 户贫困户成功脱贫。

四、影响资阳农民增收的主要问题

从外部环境看，"十三五"受整个经济下行压力大的影响，农民工资性收入和经营性收入不容乐观。加之，资阳市特殊的内部制约因素众多，农民增收的问题还是十分突出。

（一）经济实力不强，支持农民财力有限

区划调整后，资阳仅辖雁江区、安岳县和乐至县。扣除简阳市部分，2015 年，资阳市经济总量仅 869 亿元，居全省后几位。从人均 GDP 看，低于全国、全省平均水平 27.3%和 6.4%；从财政收入看，2015 年实现地方一般公共预算收入仅为 61.8

亿元，人均 1 209 元，一般公共预算支出为 213.6 亿元，绝大部分支出是通过国家转移支付的，除用好上级政策和资金外，市县（区）两级财政本身是拿不出钱来支持和改善农民增收致富环境的。

（二）农村发展基础差，农业抗风险能力弱

作为丘陵地区传统的农业大市，资阳现辖区 3 个县（区），共有农业人口 293 万人，全市总耕地面积约 250 万亩，人均耕地面积不足一亩，且大部分为中度或深度丘陵地带，土质差，保水效果差，加之农村交通、水利等基础设施建设滞后，毗河供水工程也未建成，老旧水利设施毁损严重，带病运行多，保灌率低。雁江区大部分农民，以及安岳、乐至两县近 90%的农民仍处于靠天吃饭的局面，农业仍为弱势产业，抵抗自然风险的能力极其低下，严重制约和影响生产规模化、集约化发展。

（三）替代产业培育滞后，农民现金收入低

在资阳农村虽然开始出现了现代农业的身影，但在面上还没有形成大气候，总体上看还是传统农业占主导地位。另外，乡村旅游受自然条件、地理位置、前期投入等制约，发展也很缓慢。农民从非农产业中获得的收入较少，在家庭经营性收入中占比普遍不到 10%。农民财产性收入、转移性收入虽然呈现较快增长的趋势，但基数太小，对农民收入的贡献有限，具较强影响力的农村产业还没有真正形成。就算培育多年的农业产业项目，如乐至蚕桑，对农民增收的效果也不好。在收回的 130 份农民问卷中，主要种植作物占前三的依次是水稻、玉米、蔬菜，从种植、养殖及其他家庭经营收入三项总和来看，2013 年、2014 年及 2015 年三年均呈连续增长态势的仅 22 份，占 16.9%，增幅普遍在 2%~5%之间，远低于这三年农民收入 11.9%的平均增幅。

（四）农民文化素质有待提高，转型就业困难重重

农民长期从事农业生产，没有其他技能，一旦失去土地或土地减少，农民重新就业难。安岳县文化镇燕桥村支部书记反映，村上个别年轻人，土地流转后，没有地种了，缺少一技之长，找不到合适的事情做，整天游手好闲，他很担心这样的年轻人今后怎么办。当选择导致家庭收入困难的原因时，有 23 位农民选择了缺乏技能技术，在该镇收回的 64 份问卷中占比第一高，达到了 36%，比缺乏投资资金选项还高出 2 个百分点。

五、促进资阳农民增收的思考

要在 2020 年全面建成小康社会，城乡居民人均收入比 2010 年翻一番。由于 2010 年所用统计口径为农民人均纯收入，现已调整为农民人均可支配收入，难以进行纵向比较和测算。但据农业部分析，要实现农民收入翻番，“十三五”期间其年均增长率要在 6.5%以上，加之资阳为内陆欠发达地区，这一增幅应高于全国全省平均水平，并适当高于本地 GDP 增速。结合 2015 年资阳经济增速 8.8%和农民收入增速 10.1%的情况，考虑“十三五”期间资阳农民收入年增幅在 9%左右。

根据 2016 年中央一号文件《关于落实发展新理念加快农业现代化实现全面小康

目标的若干意见》的总体要求，同时考虑国际国内宏观经济大环境影响，农民增收已进入下行通道，短期内仅在农业农村内部，凭农民一己之力难以扭转大的形势，农民增收困难的问题还将长期存在。因此，综合判断，受主客观及内外因素的影响，农民增收需要向改革要动力，向开放要活力，在统筹城乡发展、“四化联动”及一二三产业融合发展中找出路，全面综合应对施策。

（一）把握成资一体化趋势，推动农村加快发展

农民增收不能独立存在，需要农村综合竞争力的增加，需要农村大发展，需要农村大环境的改善和进步。近年，资阳面临着与周边城市一体化发展加快的难得机遇，对农村发展带来前所未有的利好。2014 年 6 月，《成渝经济区成都城市群发展规划》出台，资阳在交通、产业、公共服务等方面与成都、德阳、绵阳、眉山等八个城市一体化发展。在此基础上，2016 年 9 月 26 日，成都与资阳签署一体化发展合作协议，双方将在区域合作规划编制实施、一体化平台建设、综合交通网络、产业融合发展、社会事业合作、县域经济发展等方面进行合作。

成资一体化方向已经明确，在具体举措上，资阳应当以建设成都紧密型较大的卫星城市为目标，以牵手成都、服务成都为理念，积极承接成都非省会城市功能，超前谋划服务成都生产生活的产业及功能定位，确保资阳农村能够在服务成都的同时也实现加快发展，为农民可持续增收奠定坚实基础。一是道路建设方面要互融互通。要以全域融入成都为目标，以成都天府国际机场为方向，全面推进资潼高速、资三和资安等快速通道建设，优化升级现有的各级道路，特别是要打通断头路，构建与整个大成都全面无缝对接的交通网络。在农村，要加大财政支持力度，力争在“十三五”期间，实现社社通水泥路，确保农产品产得出、卖得出。二是在水利建设方面要全面畅通。彻底解决安岳、乐至两县生产生活用水问题，全力抓好毗河供水工程建设，搞好大中小渠道的配套建设，新建改造一批提灌站，确保水引得拢，还到得了田间地头，从根本上解决当地农业生产靠天吃饭的窘境。三是在信息化建设方面要互联互通，实现资源共享、降低费用、全面覆盖三重目标。加大专项资金支持，统筹利用无线、有线、卫星三种技术，在村村通基础上，到 2020 年实现数字广播电视户户通，同步降低农村用户收费；利用无线技术，实现免费网络乡村全覆盖；特别要引入成都电视台相关频道节目，让农民群众在享受高质量电视节目的同时，了解成都的发展、市场需求等情况。与成都一体化发展是资阳农村发展及农民增收的希望所在，但需要特别注意的是，既要充分调动广大农村人口作为成资一体化进程的参与者和推动者，也要全面保障广大农民作为成资一体化受益者的各项权益，这样才能更好地实现成资一体化发展目标。

（二）利用交通区位优势，全面发展乡村旅游业

资阳市通过近年的努力，交通格局正在发生深刻变化，成渝客专、遂资眉和内资遂高速已经通车，极大地缩小了资阳与周边城市的时空距离，15 分钟到成都、40 分钟达重庆已成为现实。2016 年底成安渝高速也全线通车，加之已纳入天府国际机场配套交通规划建设的机场高速、资潼高速、资三快速、资安快速通道等陆续开通，资

阳正在成为成都交通中心枢纽重要组成部分和成渝经济区内重要交通次级枢纽。

今后，资阳城乡间人流、物流、资金流、信息流都将更加快捷有效，农村一、二、三产业将更加深入融合发展，同时成渝两地巨大的市场需求，也必将为资阳农民增收创造巨大潜力。资阳市在2015年被国家旅游局列为全国首批20个国家级旅游业改革创新先行区之一，四川省仅资阳、乐山两市入选，《毗河乡村旅游总体规划（2015—2025）》已开始实施，为资阳发展旅游业提供了有利条件。据此，资阳农民应当积极行动起来：可以依托城市，搞城郊型乡村旅游；可以依托景点，搞休闲度假型乡村旅游；可以依托农业园区，搞观光休闲型乡村旅游。只要能满足游客观光、休闲、度假、体验、健身、娱乐、餐饮和购物的各种需求，就可以把农民从具体从事第一产业的传统农业生产中分离出来，把家庭经营收入搞活。资阳城郊农民搞非农产业特别是乡村旅游已经尝到了甜头。在乐至县劳动镇陈毅元帅故里调查时，在希望增加农民收入的6条措施中，有多达32%的农民把“发展观光农业”作为首选项，超过“加大涉农补贴性财政支出”选项5个百分点。农民不坐等国家支持，而是在市场经济中寻找增收之路，立足农村优势赚城里人的钱。

具体实施过程中要特别注意三个问题：一要细化目标市场，精准定位，解决重点客源问题。适应成资一体化发展新要求，资阳的乡村旅游就应当瞄准巨大的成都市场，以打造成都人亲山亲水及健康养老为目标，吸引客源。二要搞好新村建设，体现特色。要借国家支持新村建设政策，搞好民房改造，切忌片面追求高大上，突出丘陵地区的乡村特色和风貌，既现代文明，又古色古香。三要发挥资源优势，打造品牌。突出佛山橘海、石刻之乡、元帅故里等自然资源、人文历史特色，大力发展休闲度假、旅游观光、养生养老、创意农业、农耕体验、乡村手工艺等。要大力推进农民奔小康，就必须培育壮大农村新产业新业态，推动产业融合发展。这也是农民增收的重要支撑。

（三）完善利益联结机制，提高农业组织化程度

分析当前普遍存在的农业增产不增收的现象，单家独户的农民个体经营，已不适应大市场带来的竞争和风险。在对资阳众多农村合作社的调研中发现，只有把农业和农民按照一定方式重新组织起来，才能从根本上确保农民增产增收。在雁江区宝和镇宴家坝村，几乎所有的被调查农民都希望“开展土地流转，提高土地收益”。村党支部书记说，他们从2009年开始，以土地、资金入股等方式，组建了40多个农民专业合作社，村上已创建黄瓜、茄子、海椒、花菜4个绿色蔬菜品牌，特色产业日益强大，农民人均年收入比全区平均水平高出1 000多元。进一步考察资阳合作社中两个典型案例——宰山嘴蔬菜联合社、东庵生猪合作社，其成功之处在于形成了牢固的利益联结机制。而以下利益联结问题应当纳入考虑：

一是资本或股份构成要有利于调动各方积极性。①优先考虑农民入股。基础是土地入股，并鼓励农民以部分现金入股，现金入股也可以以合作社劳动的劳务费来折算。②吸纳集体持股。村集体以一定方式持股有利于整合村委会等基层组织的力量，发挥其作为农民和乡镇政府间桥梁纽带作用。村集体股份来源于三部分：村委会以集

体名义捆绑承接有关涉农项目资金；政府扶持的财政资金；村委会从不愿直接入股、但愿意土地流转的农户中承接土地，折算成股份。③允许社会资本入股。对生产周期长、投入资金大的种植或养殖项目可以引入社会资本。

二是运行机制要健全，治理结构要科学。以保护农民合法权益为核心，以农村产权制度为主线，逐步建立起适应市场经济体制的集体资产管理运行机制。具体而言，合作社相关章程、管理架构要健全，社员大会、理事会、监事会的职责与监督制约关系要理顺，党委政府、村两委与合作社的关系要界定清楚，经营管理者要有职有权，有利于调动积极性。

三是党委与政府的帮助、支持至关重要。为搞活农村经济，党委、政府应该适应形势需要，积极引导组建合作社，并给予必要的项目及资金支持。比如，政府出面整治土地，修建水利设施，出资购买农业商业保险，牵头培训职业农民等。

四是收益分配要兼顾各方利益。总体应当遵循《中华人民共和国农民专业合作社法》的有关规定操作，落实好返还比例（总额不得低于可分配盈余的60%）。分配方案须经合作社成员大会民主讨论并通过后再进行分配，兼顾短期与长期、个人与集体、股份大小等关系。为确保合作社可持续发展，利益分配时要重点考虑和优先提取公共积累，不断充实公积金和风险基金。

（四）实施回引工程，扩大创业带动就业效果

在外务工人员通过与外界的沟通交流，其知识、见识会得到更新和提高。这些人积累到经验和资金后，可以自己回乡创业，带动周边农民收入提高。雁江区南津镇的李坤忠在外打工19年，近年他投入近百万元，在东峰镇和南津镇创办了两家针织厂，一举解决了100多名当地人就业。乐至县放生乡的郭小明，原是一位士官，转业回乡创业，带领老百姓饲养“香鸡”致富，成了远近有名的“金凤凰”。据测算，农村1个人创业可以带动3~5人直接就业，拉动就业农民年均增收2万元左右。今后，农村工作就应当重视吸引有一定经济实力的务工人员回乡创业，鼓励创办劳动密集型企业，如搞乡村旅游开发，鼓励办合作经济组织，开展土地流转，搞规模化现代观光农业，带动一批乡亲就业，快速增加现金收入。

政府需要做好三件事情：一要积极宣传资阳农村广阔的发展空间和发展优势，特别是成资一体化发展机遇，激发在外务工人员回乡的热情。二要认真梳理在外成功的务工人员，动员其回乡创业，提供创业登记、培训、项目推荐、指导等服务。这项工作可交由乡镇和村社完成。三要做好相关配套服务，给予大力支持和帮助，由相关部门主动上门办理证照，给予税费减免，提供小额担保贷款及贴息，提供灵活多样的用地保障，强化水电气等要素保障。据乐至县中天镇党委书记介绍，现在回乡创业的人不少，但在农村无论是搞农家乐，还是搞特色种养业，都避不开土地问题，国家土地政策十分严格，希望对不改变土地用途的项目给予大力支持。

（五）借力城镇化工业化，开辟农民增收新空间

城镇化工业化是一个国家和地区文明进步的重要标志，是农民转型发展的重要载体和重要保证。“两化”互动发展，可以促进农民实现多元就业，使农民在离土不离

乡的情况下就地就业，并逐步实现农民产业工人化、市民化，必将为农民增收致富开辟新的空间。实践证明，农民不论是进工厂，还是进城镇从事其他产业，一个月的收入就顶四亩地一年的收入。

随着成资一体化的深入实施，资阳将打造城市“升级版”，主动承接成都非省会城市功能疏解，规划建设临空经济新城，优化市域城镇体系；产业体系上，依托天府国际机场、机场高速、地铁 18 号线、快速通道等综合交通优势和资源，全面承接成都产业转移，积极发展临空经济产业。资阳新一轮新型城镇化、新型工业化进程，急需大量的建筑工人、产业工人，这直接为资阳农民就近就业创造了机会。同时，随着各类企业的聚集和城镇人口的聚集，还将带动其他相关配套产业的兴起，生产类服务业和生活类服务业将应运而生，其实这才是能够大量吸纳本地农民就业的行业，可以让失地或邻近农民能够迅速重新就业，增收现金收入。另外，新型城镇化的加速推进还可以盘活邻近城镇的农村土地要素资源，更多的货币化安置方式将直接为失地农民带来可观的现金收入。

但如前所述，由于现阶段农民文化素质偏低，若简单地从传统农业生产中走出来，缺少一技之长，则很难在城镇立足。政府应当重点要针对返乡农民工、失地农民的特点，结合推荐就业的岗位要求，开展实用人才培训。资阳在培训农民工、打造劳务品牌方面有一套好的办法和措施，可以借鉴和发扬光大。

（六）深化农村综合改革，优化支农惠农政策

党和国家在农村大的政策支持是农村发展的前提和基础，也为农民增收提供坚强的政策保障，制约和影响着前述五个方面对策建议。

一是降低成本增加效益。由政府提供更多更优质的农业公共服务，搞好小微水利工程、防雹降水，统一开展免费的土地集约高效整治、农村用电改造，低价出售种子、农药等生产物资，推进农村实现全面节约生产，提高种地家庭经营的效益。

二是加大资金支持力度。健全农产品保护制度，稳步提高重点粮食品种最低收购价。完善补贴方式，扩大农业补贴范围、增加补贴额度。对基层政府和农民普遍满意的土地流转，给予财政资金奖励、贷款贴息。全面落实农产品政策性保险，财政补助购买农业商业保险，推进安岳柠檬等农产品价格指数保险试点。

三是推进制度机制创新。要落实好中央、省、市有关农村改革政策，加快构建“三农”发展体制。重点探索创新农村土地经营方式，推动农村土地承包经营权向业主、家庭农场和龙头企业流转。完善产业运行机制，要全面推行畜牧业“六方合作+保险”“五统两金一保”、种植业“四方合作+保险”机制，鼓励和扩大“公司+基地+农户”“寄养、代养”等新型生产经营模式。

四是全力实施脱贫攻坚。按照“四年集中攻坚、两年巩固提升”总体目标，突出新村规划引领，优化产业扶贫规划，强化医疗救助的兜底保障作用，特别是要建立健全贫困人口保障制度，包括养老保险制度、医疗保障制度等，将没有劳动能力的农民纳入最低生活保障。坚持因人因地施策、因贫困原因施策、因贫困类型施策，增强脱贫工作实效，确保到 2020 年，全市 379 个贫困村实现摘帽，10. 35 万户 27. 97 万贫

困人口全部脱贫。

国务院通过的《全国农业现代化规划》，聚焦强农惠农和助农增收，在支农惠农富农等六个方面采取综合措施，在农业农村投资、补贴政策及农业信贷三个重点着力。因此可以预计，随着国家一系列改革政策措施的实施，我国“三农”工作将迎来又一个发展的春天。资阳广大农民群众也将在新一轮西部大开发、成渝经济区规划实施和成资一体化发展中，找到增收致富新途径，全面提高生产生活水平，与全省全国人民一道如期实现全面小康奋斗目标。

课题负责人：周绵武

课题组成员：张君林　陈廷见